张钟俊院士查阅资料

1978 年上海交通大学访美代表团

1995 年 10 月在北京参加院士大会期间中科院为 80 周岁院士集体做寿

博士指导小组成员(左起:席裕庚、金钟骥、张钟俊、施颂椒、吴智铭)

与首批四位博士生(左起:钱振英、王志中、张钟俊、周斯富、华兆麟)

1991 年在美国与弟弟钟杰、妹妹钟娴、小弟景侠团聚

1979 年夏全家福

1908—2018
电子信息与电气工程学院

中国控制先驱——

张钟俊传

王延锋 姜玉平 陶宇斐 著

上海交通大学出版社
SHANGHAI JIAO TONG UNIVERSITY PRESS

内容提要

本传记以张钟俊本人的文章、著作、笔记、个人小传,以及上海交通大学和西安交通大学档案馆提供的档案资料为主,参照前人的评价和纪念文章,以及他的同事、学生、亲属的采访资料,加上地方史、志等为依据,系统地梳理张院士一生的学术成长经历。传记分中小学时期、交通大学时期、麻省理工学院时期、重庆抗战时期、战后重建时期、发展控制学科时期、引进和发展系统科学时期等几个主要阶段,分别叙述张院士在各个时期的理想志向、学术追求、取得的成就,以及人生际遇。传记还尝试分析他取得成功的经验,以及遭遇挫折的特殊时代背景,以供同仁后辈参考和纪念。

图书在版编目(CIP)数据

中国控制先驱——张钟俊传/王延锋,姜玉平,陶宇斐著.
—上海:上海交通大学出版社,2018
ISBN 978 - 7 - 313 - 20346 - 5

Ⅰ.①中…　Ⅱ.①王…②姜…③陶…　Ⅲ.①张钟俊—传记
Ⅳ.①K825.16

中国版本图书馆 CIP 数据核字(2018)第 241433 号

中国控制先驱——张钟俊传

著　　者:王延锋　姜玉平　陶宇斐
出版发行:上海交通大学出版社　　　　　　地　　址:上海市番禺路 951 号
邮政编码:200030　　　　　　　　　　　　电　　话:021 - 64071208
出 版 人:谈　毅
印　　制:常熟市文化印刷有限公司　　　　经　　销:全国新华书店
开　　本:710mm×1000mm　1/16　　　　印　　张:20.5
字　　数:303 千字　　　　　　　　　　　插　　页:4
版　　次:2018 年 11 月第 1 版　　　　　　印　　次:2018 年 11 月第 1 次印刷
书　　号:ISBN 978 - 7 - 313 - 20346 - 5/K
定　　价:98.00 元

序

　　张钟俊先生是我国著名的自动控制专家,1915 年 9 月出生于浙江嘉善,1934 年毕业于交通大学电机工程学院,获学士学位,同年赴美国麻省理工学院深造,分别于 1935 年和 1938 年获工学硕士和科学博士学位。他深爱自己的祖国和人民,学业有成后义无反顾地于抗战烽火年代的 1938 年回国,曾任国立武汉大学、中央大学、交通大学教授。抗战胜利后,回上海任交通大学教授,并兼任上海市公用局技术室主任。从 1940 年加入交通大学重庆分校起,到 1995 年去世,张先生在交通大学教育、科研战线上辛勤耕耘了整整 55 年。作为我国自动控制学科的创始人之一,张先生不仅对我国自动控制、系统工程、经济控制论等学科的开拓与发展做出了杰出贡献,而且以科学家、教育家的眼光,以学科建设为龙头,引领着我校自动控制学科的发展,为我校控制学科的人才培养、科学研究、国际交流做出了巨大贡献。

　　张先生注重身教言传,是我校优秀人才的培育师。早在 20 世纪 40 年代,张先生领导的交通大学电信研究所就开始招收硕士研究生,并有 24 人顺利毕业,他们日后都成为新中国社会主义建设和科技教育界的栋梁。在 20 世纪 80 年代恢复招收研究生之后,张先生在自动控制系建立了硕士点、博士点和博士后流动站,他以丰富的经验和极大的热情引领高水平人才的培养,坚持以"爱国心""事业心""责任心"教育学生,坚持高标准、严要求培养研究生,充分展现出其先进的教育理念和优秀的导师风范。

张先生是我校前沿科学研究的引领者。早在交通大学电信研究所工作时,他就讲授并指导学生开展网络综合、自动控制等前沿科学的研究。20世纪70年代初,他积极传播新兴的现代控制理论并用以解决惯性导航问题。1981年设立博士点后,张先生根据国际学术和科技发展的动向,以深邃的洞察力引领和鼓励博士生探索新的学科前沿方向,在大系统理论、预测控制、广义系统、多目标决策、鲁棒控制、机器人等新兴学科的前沿研究中取得了丰硕成果,有力地提升了上海交通大学控制学科的学术地位。

张先生是我校学科建设的先行者。在首次被评为全国重点学科后,张先生于1988年11月领导编制了《上海交通大学自动控制重点学科发展规划(1989—1993)》,提出了学科建设的目标和内容及具体措施,是国内高校控制学科和上海交通大学校内出现最早的学科建设规划。张先生作为老一辈的控制学科带头人,注重提携后辈,以极大的热情关注和支持中青年学者的成长,形成了一支在校内乃至全国都有重要影响的老、中、青相结合,结构合理的学术梯队。张先生对学科建设的深邃理解和丰富实践是后人建设一流学科的宝贵财富。

张先生是我校国际学术交流的带路人。作为老一辈的"海归",他深深认识到科学研究必须立足于国际化大环境,必须学习和汲取发达国家的先进科学技术为我所用。从1978年秋张先生参加学校首次访美活动开始,他以饱满的热情和充沛的精力投身于国际学术交往,多次利用短暂的出访时间,广交朋友,深入交流,推进合作,扩大交大控制学科和中国自动化事业的国际影响。他鼓励师生出国参加国际学术会议和进行学术访问,邀请国际知名学者来访或讲课,开创了我校控制学科的国际化局面。

张钟俊先生不仅是我国自动控制界的翘楚,更是国家和上海交通大学的宝贵财富。张先生传奇、曲折而又辉煌的一生,是新时期知识分子的典范和楷模。张先生留给我们后人的不仅是他的学术成果,更重要的是留给了我们爱国荣校、奉献社会、勇于开拓、不断创新、鞠躬尽瘁、献身事业、提携后人、甘为人梯的不朽精神。

在我校电子信息与电气工程学院110周年院庆之际,这本《中国控制先驱——张钟俊传》全面而详实地介绍了张先生的生平,反映了张先生对我国自动控制和系统工程等领域做出的重要贡献。希望这本传记的出版能使读者更加了解这位老一辈科学家的丰富人生和杰出贡献,学习他热爱祖国、奉献社会、献身事业的精神,以及开拓创新、严格务实的学风和提携后人的品格,这也是我们对张先生最好的纪念。

姜斯宪

于上海交通大学

2018 年 9 月 18 日

目　录

|第一章| 童年故乡 …………………………………………… 1

吴根越角 ………………………………………………… 1

谦尊而光 ………………………………………………… 4

京师龙门 ………………………………………………… 7

书香联姻 ………………………………………………… 12

文采英华 ………………………………………………… 14

震旦三义 ………………………………………………… 16

程氏义塾 ………………………………………………… 18

俊杰娴侠 ………………………………………………… 19

魏塘古风 ………………………………………………… 26

|第二章| 嘉兴与南洋 ……………………………………… 28

崇文好学 ………………………………………………… 28

梦想南洋 ………………………………………………… 33

勤奋自律 ………………………………………………… 41

梦想远航 ………………………………………………… 43

|第三章| 麻省理工学院 …………………………………… 47

麻省情缘 ………………………………………………… 47

勤奋与收获 ……………………………………… 49

学术与友谊 ……………………………………… 56

张钟俊与季文美 ………………………………… 57

张钟俊与顾毓琇 ………………………………… 61

| 第四章 | 抗战岁月 …………………………………… 64

归国流离 ………………………………………… 64

重拾信心 ………………………………………… 69

创办电信研究所 ………………………………… 73

培养方案 ………………………………………… 81

培养目标 ………………………………………… 84

桃李天下 ………………………………………… 86

特色与经验 ……………………………………… 90

电信网络 ………………………………………… 94

甜美婚姻 ………………………………………… 100

| 第五章 | 电力重建 …………………………………… 102

公用事业局 ……………………………………… 102

"二六轰炸" ……………………………………… 105

电力网改造 ……………………………………… 107

全面学苏 ………………………………………… 113

| 第六章 | 控制理论 …………………………………… 117

转向控制科学 …………………………………… 117

控制科学的学术论文 …………………………… 123

学科建设 ………………………………………… 137

学术职务 ………………………………………… 139

| 第七章 | 交大访美团 ………………………………… 144

访美背景 ………………………………………… 145

行程与活动 ……………………………………… 151

访问大学与公司 ……………………………………… 151

结交校友和华裔学者 ……………………………… 155

购置科研设备 ………………………………………… 157

缔结"姐妹学校" …………………………………… 159

考察美国大学教育 ………………………………… 160

收获与体会 …………………………………………… 165

| 第八章 | 系统工程研究与应用 ……………………… 171

控制理论与系统工程 ……………………………… 172

引入和发展经济控制论 …………………………… 174

推动系统工程发展 ………………………………… 177

创建系统工程研究所 ……………………………… 179

推动系统工程在社会经济领域的应用 ………… 181

新疆发展规划咨询课题 …………………………… 184

建立系统工程学术重镇 …………………………… 193

| 第九章 | 教书育人 …………………………………… 196

编译教材 ……………………………………………… 196

社会影响 ……………………………………………… 202

人才培养 ……………………………………………… 204

桃李满园 ……………………………………………… 211

| 附录一 | 张钟俊年表 ………………………………… 218

| 附录二 | 张钟俊发表的文章目录 …………………… 230

| 附录三 | 张钟俊1981年以后指导的研究生及其论文题目 … 257

| 附录四 | 张钟俊学生及家属纪念文章节选 ………… 260

| 参考文献 ………………………………………………… 310

| 后记 ……………………………………………………… 314

第一章
童年故乡

吴根越角

张钟俊(Tsunting Chang)1915 年 9 月出生于浙江省嘉善县魏塘镇,即现今嘉善县城所在地。[①]

嘉善位于美丽富饶的浙江杭嘉湖平原东北隅。早在春秋战国时期,嘉善由于地处吴国和越国南北交界,被称"吴之根越之角"。据《嘉善县志》记载,嘉善建县是在明宣德五年(1430 年),由原嘉兴东北的迁善、永安、奉贤三个乡和胥山、思贤、麟瑞三乡之余部组成,定县治于魏塘,隶属嘉兴府。[②] 永安地处嘉善中部,是县城魏塘镇所在地。嘉善人自古民风淳朴,性情温和,少犯科律,因而得名。清人编修县志,曾有言:"因旧有迁善六乡俗尚敦庞、少犯宪辟,故曰嘉善。"[③]

嘉善境内地势平坦,湖泊星罗棋布,河流交织如网。县城魏塘镇中心,由一条魏塘市河自东向西穿越全境而过,将城区分为南北两片。其间又有

[①] 关于张钟俊的出生年月,其个人档案及早期文献显示为 1913 年 9 月 23 日,但韩正之教授于 1990 年前后为他写小传时,张老曾当面告诉韩正之,其真实出生年龄是 1915 年 9 月 23 日,是因为其父亲想让他提前入学,故改成 1913 年 9 月 23 日。我们根据这一信息,采用 1915 年的说法为准。

[②] 嘉善县志编纂委员会:《嘉善县志》,上海三联书店,1995,第 6 页。

[③] 同上书,第 40 页。

众多南北走向的河渠,当地人常称为"港",与之垂直交错,又将南北两片城区分隔为若干方块形片区。市民大多傍水而居,称"枕水人家"。房屋正面朝街,便于开商铺,或家庭小作坊;屋背面靠河,以便船运物资及出门远行。

由于河道分隔,早期市内交通主要靠摇船摆渡,十分不便。至明清时期,魏塘有经济实力的大户人家纷纷捐钱修桥,以便民众出行。加上官府也有修造,于是河道上几近百余步距离,即有一座桥。桥之多成为魏塘镇建筑的一种特色。民间有流传顺口溜:"旧时街路十里遥,河港横穿十四桥。孙罗日谈小金江,亭鱼费太吊安塘。"十四桥,指的是老城区横穿东门到西门的十里长街河道上,建了十四座风格各异的桥梁。分别是孙家桥、罗星桥、日晖桥、谈公桥、小寺桥、金家桥、江家桥、亭桥、卖鱼桥、费家桥、太平桥、吊桥、安桥、跨塘桥。到新中国成立初期,魏塘全镇共有桥梁九十余座。① 这众多桥梁,大部分是石拱桥,在平静的河面上高高凸起,过桥如同爬楼梯,先上后下。桥面两侧,用石墩和条状石板做护栏,称"石栏板"。石墩大多雕有兽首,石栏板也多有雕花图案,成为江南一道独特风景;在河道较为狭窄的部分河段,则在河渠两旁用石头搭建桥墩,中间用两块或三块整块长石板或木板并排搭建成平桥,行走比较平稳。

如今保存最完好的一座桥,建于明代中期,位于孙文耀家老宅附近

---

① 嘉善县志编纂委员会:《嘉善县志》,上海三联书店,1995,第69页。

为行车方便,如今很多石拱桥已改造为平桥(左图为张钟俊祖宅附近的亭桥,右图为柳州桥)

　　河渠两旁是一排排的民居建筑,房屋地基是大石墩,其上多用杉木原木和木方建成。沿街面门窗也是杉木板,因年代久远而略显紫黑色。房屋周围加以石块或青砖砌墙,墙缝勾以白色石灰。房屋正门前地板通常是大石板,里屋地板铺上青砖。沿河街面也是石板铺路,由于行走多年磨损而显光滑透亮。杉木青砖房、石板路、石桥流水,这也是整个江南水乡的民居特点。

现代嘉善街景:虽然没有了当年的石板路,但建筑风格仍保留

谦尊而光

根据相关族谱记载,张家原籍苏州,于清康熙年间迁往魏塘,入嘉善籍,从事农耕及商业活动为生。张钟俊出生时的家庭所在地,即祖上留存下来的房产。据张钟俊后人及当地上了年纪的老人回忆,张宅当在旧城中心靠东城门,即中山路东门大街的亭桥(因桥中间有亭子而得名)东头一带。东城门附近也是魏塘早期集市比较集中之地,明清时期就已经商铺林立。张家祖上也开有商铺,做丝绸棉纺等小生意。张钟俊的祖父张兆熊小时候上过几年私塾,长大后一直在魏塘经商。虽然只是个普通商人,但也略通文墨。按当时魏塘殷实人家的风尚,要是只管经商致富,对文学艺术等传统文化一无所知,往往会被看轻,被划归没有文明教化之列,在社会上没有地位,那是难以接受的。因此,经商致富之后,稍微有些基础的商人通常会涉猎文艺,或通过自学,或拜师学艺,努力在书法、诗词、篆刻、收藏等某些方面有所知识和爱好,方显有所文明教化,不仅受人尊重,还可借此作为公共场合的谈资,有机会跻身上流社会之列。张兆熊平时经营一家商铺,兼有购置魏塘周边的少量田产。因此,张家家境还算比较宽裕,在闲暇时间也喜好搜集和阅读诗词散文,结交不少当时社会文艺名流。

张家在魏塘只是普通人家,其居宅应该比当地普通人家没什么特别之处。自20世纪20年代,张钟俊的父亲张受均(字恺敷)先后到嘉兴师范学校、嘉兴市浙江省立第二中学和杭州浙江省立第一中学任教,张钟俊也于1928年到杭州上学,之后辗转上海和外国求学,其弟妹也陆续外出求学和谋业。1937年抗战全面爆发不久,张父携带家小逃往江西境内的赣州避祸,随后又辗转到香港和上海,一路颠沛流离,旅途劳顿而患上肺疾。待时局稍微稳定下来,张父曾短期回家乡养病,不久于1944年悲愤离世。从此张家迁离嘉善,再没有回来居住。祖上留下的房产早已经变卖,历经多次市政道路改造,张宅已被拆除,现已无存。

张家在当地虽然不算大户人家,可也是书香门第。据张钟俊大女儿张文渊回忆,小时候父亲经常给子女们讲张家家训。祖上张宅门头正中间一直用一块大木板刻着家训"谦尊而光"四个大字,要求本家人世代躬身践行。"谦尊而光"成语典出《周易》的《谦卦》:"谦尊而光,卑而不可逾,君子之终也。"①唐代学者孔颖达注疏云:"尊者有谦而更光明盛大,卑谦而不可逾越,是君子之所终也。"②这实际上体现了儒家文化谦和礼让之精要,也很符合嘉善人性情温文友善之特点。张家以此为家训,要求无论身处尊卑,都要为人谦和友善,彰显光明美德;即便位处卑微,也不可逾越。可见张家从祖上起,深谙中华文化精髓,对子女有非常明确的要求,非一般无知识的农人或商贾所能及。

嘉善凭借其优越的地理环境,是水乡泽国、丝绸之府、鱼米之乡,宋元以降,经济上一直比较富裕,是华夏重要粮仓。嘉善更是文艺之乡,历史上出现不少诗人、文学家、书法家、艺术家。宋、元、明、清四朝境内有著作者多达600余人;明清时期的《嘉善县志》收录的境内历代文苑人物就多达788人;清《四库全书》收录和存目的嘉善籍人士著作有70余种。③境内的魏塘、西塘、枫泾等地,已成为明清乃至近现代中国许多重要文学、戏剧、书法、诗歌、绘画艺术流派的发源地。这源于嘉善人很重视文化教育的传统,以及历经长期儒家文明教化而成的温文风雅的地方风尚。据《嘉善县志》记载,嘉善的文化教育有很悠久的历史。早在宋、元时期,魏塘城乡即开设私塾、义塾、社学。明代早期,嘉善始创建县学,嗣后各地又创设书院。明清时期比较有名的书院,如思贤书院(1517年)、魏塘书院(1737年)、枫溪书院(1868年)、平川书院(1886年)等,吸引不少名家来讲学,产生广泛的社会影响。由民间义士捐资开办的义塾,以及官办性质的启蒙教育"社学"也纷纷兴起。于明宣德七年(1432年)创建的县学,设有教谕、训导来掌管。学生经考试录取,由官府免费提供膳食等生活费用,即俗称的"秀才"。清康熙后期,秀才定额为23名。后来又另有增广生员,无定额。从顺治二年(1645年)至光绪二十

---

① 郭彧译注:《周易》,中华书局,2006,第83页。
② [唐]孔颖达:《周易正义》,九州出版社,2004,第192页。
③ 嘉善县志编纂委员会:《嘉善县志》,上海三联书店,1995,第870页。

一年(1905年)的二百余年间,光是入县学的各类学生共计4 928名。① 明清两朝嘉善境内共出举人510名,进士187名。② 清光绪后期,魏塘开办初等与高等小学堂,至清末全县境内就有小学堂36所。③ 可见当时文化教育已经比较发达,普通民众对子女上学已十分重视。不过明清时期开办的县学、书院及私塾等,教学内容主要是四书五经,以及为应付科举考试的八股文及策论的写作。

至清末民初,在洋务风潮的影响下,嘉善的开明绅士已经不满足于这种传统文化教育。他们大多由于商业上的联系,经常往返于嘉兴、杭州、上海等地,眼界更为开阔,对外界新知识比较向往。殷实开明之家纷纷将子女送去外地上新式学堂(当时常称"西学"),乃至留学海外。张钟俊的父亲张受均及大舅孙文耀(字仲蔚)就是在这时期分别被送到北京的京师大学堂(后称北京大学)和上海的震旦学院(后称震旦大学)上学的。

张钟俊的祖父张兆熊虽然只是普通商人,但对文学有所爱好,青年时期在当地文艺界也有些交往。但由于自身学力的不足,与人结交中常常使他感慨:予生也晚! 自愧知识之不足,每每与人闲谈诗词曲赋书法绘画,只大概知其一二,未能真正深入领悟其中的堂奥。清末至民初,嘉兴及嘉善境内文人非常多,根据志趣爱好的不同,形成许多文艺小圈子,诗社、词派、画派、书法流派等林立繁多。只要是天资聪颖且受过较好教育者,通常会进入某个圈子交往切磋。文人聚会,总喜欢舞文弄墨,吟诗作赋,不时汇集成册并相互赠予,以彰显自己有某种特别修养和才华,也希望留下自己的笔墨,给后人有个纪念和传扬。每当这种场合,张兆熊只是当个看客,钦羡地欣赏他人的作品,自己却无力留下笔墨。随着年龄的增长,此生的遗憾慢慢地化为对下一代的期盼。他不想子女步自己的后尘,因此对下一代的教育也就格外重视。

幸好儿子张受均从小天资聪颖,记忆力特别强,并且生来乖巧好静,稍

---

① 嘉善县志编纂委员会:《嘉善县志》,上海三联书店,1995,第826页。
② 同上书,第829页。
③ 同上书,第826页。

有知识,对阅读也颇喜好,成绩一向很优异。张兆熊很喜欢这个孩子,从小视之如掌上明珠,甚或有所溺爱。心里得到宽慰之余,也慢慢地对他产生更多的期待,甚至对家庭的未来开始勾画一幅美好的蓝图。自从张受均在魏塘的程氏义塾开始上学,他便盘算着孩子的未来。他不希望孩子重复自己单调的人生道路,在当地做个普通商人,希望他能走得更远。他给孩子规划几种可能的前程:最低得走出嘉善,到外面有所见识,脱离传统的农商家庭形象;中等起码能中个秀才或到省城、上海等地读个新式学校,今后能在县府或州府嘉兴谋得一官半职,在事业上有所成就,也提升家庭在社会上的地位;最好当然是考上一所名牌大学,毕业后能在京城或南京、上海等大都市谋个好职位,不仅今后一生的生计无忧,还能光宗耀祖,显亲扬名。要走上这几种可能的人生道路,都必须走好的第一步,就是基础教育,因此必须从小严格要求。

京师龙门

可正当张受均在程氏义塾学业不断精进,正准备谋求出路之际,革命风潮四处风起。到 1905 年,科举制度被废,通过传统的科举走上仕途之路已经无望。张兆熊很为儿子的未来担忧,四处打听该何去何从,报考什么样的学校更有前途。1908 年,嘉善县城发生了一件不大不小的轰动事件,嘉善的名门显族孙家子弟孙文耀于上海震旦大学毕业,考取了浙江官费留欧生,将留学比利时,学习土木、机械与铁路工程。早在 1904 年,孙文耀在嘉善小学毕业,时值教会学校刚在上海兴办不久,由爱国人士马相伯为主要出资人,法国耶稣会监管的震旦学院在上海徐家汇开始创办。孙文耀作为嘉善县的邑庠生考入震旦学院,从此他在嘉善便是个小有名气的人物。历经预科和本科而毕业,现在又考取官费留学比利时,此事在魏塘街头巷尾引起一时热议。此事说它不大,是因为在一般人心目中,现在考上个大学什么的,似乎没有之前考取举人、进士那么显耀了,那是注定要做大官的准备。孙家祖上已有不少先例,孙文耀的祖父辈孙兴寿即清同治十二年(1873 年)的举人,在当地就颇有名望。现在学工程,将来谋个好职位容易,但不一定能当大官,工作也比较辛苦,距离光宗耀祖还是有些距离。说它不小,是在有见识的开明人士心目中,现在考取官费出国留学,其意义要超过明清的举人甚至进士。因为晚清洋务运动以来,许多有识之士就深感我国传统教育制度和教学内容的落后,不断吁请官府资助优秀学子到海外学习西洋的先进科技。现在的官费留欧,算是浙江省第一届,而且是国家急需建设的机械与铁路工程专业,意义非同小可。既然科举已废,时局不安,官场并非铁饭碗。留洋不仅能开眼界,有海外见识,令人羡慕,更有过硬专业本领,今后也许能有更好的前程。

张兆熊受到这件事的启发,其对张受均的期待也随之发生变化。不仅希望他能考个好大学,走出嘉善,还不时提醒他,指望他能走得更远,将来也能留学海外,为家族增光,目标比之前更高了。到 1908 年初夏,各种招生信息不断见诸报端,他在盘算张受均报考什么学校更适合。近处有省城杭州的之江大学,开办也有些时日,但比起震旦学院等名气稍逊;稍远且名气比较大的有上海的震旦学院、南洋大学(交通大学旧称,时称"邮传部上海高等实业学堂")等,但招生名额比较少,竞争很激烈,费用也颇高;名气最大当然要算京城的京师大学堂,那是朝廷官办,不仅规模大专业全,而且师资实力雄厚,今后谋业前途一片光明。当然,报考京师大学堂也是竞争最为激烈,成功的把握最小。报考上海的学校,虽然已有孙文耀成功的先例,但这条路对张受均已经不再合适。一则想进震旦学院,一般要先进其预科,相当于高中,此时他已经年龄偏大。二则震旦学院为私立性的教会大学,招收名额很少而且收费不菲,对报考的学生也有特别要求,大多招收在有教会背景的中学上过学的、有比较好的外语基础的学生,因为教会背景学校聘请有外教,专业课大多用外语教学。显然张受均不具备这些条件,只能另谋他途,最好是报考官办的大学,费用从优者。

权宜之下,张兆熊最后还是决定让张受均尝试报考难度最大的京师大学堂。张受均竟然给考上了。这不论在张家整个家族,甚至在整个魏塘镇来说,都是不小的轰动事件。因为当时京师大学堂每年在整个浙江省也就招收二十来名学生,非常难考。以张家这样普通人家,祖上从未有人考上秀才或举人,突然间能考上这样的顶级名校,确实让人感到意外惊喜,算是"跃了龙门"。

京师大学堂创办于 1898 年,原本是戊戌维新运动,西学与中学之争的产物。早在同治元年(1862 年),在恭亲王的奏请呼吁之下,清政府在京城开办京师同文馆,培养外语翻译人才,以便对外交涉。随着洋务运动的发展,洋务派感到不仅外语人才奇缺,富国强兵更需要科学技术人才,因为机器制造、火炮火器、轮船铁路等,无一不来自天文、算学等"西艺"。他们进而要求官府开办新式学校,同时培养翻译人才和学习西方的科学技术。1896 年,刑部左侍郎李端棻在梁启超的协助下,向清廷呈交《请推广学校折》,首次正式提出在北京设立"京师大学堂",并建议各省、府、州、县皆设学堂。① 经过洋务派与保守派的一番斗争,最终光绪帝于 1898 年 7 月 4 日正式下令,批准设立京师大学堂。大学堂第一任管学大臣(相当于如今的校长)孙家鼐建议将学堂分设中学与西学,并任命两位总教习分别负责管理教学事宜。首任西学总教习是美国来华传教士丁韪良,他原本也是京师同文馆的总教习,有名的中国通;中学总教习便是浙江嘉兴人许景澄。许景澄乃同治七年进士,不仅国学功底好,还精通几国外语,曾被派出使法、德、意、荷、奥等国,对西方文化比较了解,亲近西学,主张外交强国,还曾将自己的名字改为"许国强"。② 可见京师大学堂从开办伊始,便立志要成为西学重要阵地。

可是大学堂刚开办不久,1900 年夏即遭受义和团进京,住堂学生纷纷告假四散,学堂只得宣布临时解散。直到 1902 年清政府正式下令恢复,任命吏部尚书张百熙为管学大臣。张百熙乃湖南长沙人,亦为同治进士,一直积极主张废科举、办学堂、设报馆,提倡变法自强。他参照美国的哥伦比亚大学、耶鲁大学、宾夕法尼亚大学等的办学模式,制订了详备的办学方案,向清廷上奏《钦定学堂章程》获准。章程将大学堂办学计划分为三个阶段:大学预备科、大学专门分科、大学院。专门分科相当于现今的本科,大学院则相当于研究生院,预备科是进入大学本科的预备阶段,程度也就相当于现今的中

---

① 萧超然等编:《北京大学校史》,北京大学出版社,1988,第 9 页。
② 1900 年,孙家鼐因反对西太后阴谋废黜光绪帝而辞职,许景澄代管学大臣职务。后因许反对清政府利用义和团攻打洋人政策,被西太后处决,大学堂也随即停办。直到 1902 年清政府下令恢复京师大学堂,任命吏部尚书张百熙为管学大臣。见萧超然等编:《北京大学校史》,北京大学出版社,1988,第 14 - 15 页。

学,但分有专业,对应即将升入的大学本科。因为当时各地中学教育体制尚未形成,从各省选拔进来的学生只上完县学,即小学毕业,虽然国文等程度比现在的小学毕业要高,但自然科学知识及外语等其他专业知识还缺乏,需要进预备科做补充准备。预备科又分政科与艺科。政科里面有经史、政治、法律、通商、理财等科目,相当于现今的文科;艺科则分声、光、电、农、工、医、算等,相当于现今的理、工、农、医类。预备科三年制,考试及格则升入本科学习,再三年而毕业。[①] 另外还开办速成科,分仕学馆与师范馆。仕学馆主要培养中低级行政人员;师范馆则培养学堂教习,后脱离京师大学堂,成为北京师范大学前身。

张受均进入京师大学堂之时(1908年),大学堂仍按照原管学大臣张百熙制订的学制,他进入其预备科政科中的政治专业学习。此时预备科刚开办第四年(1904年开始招生),刚好有首届毕业生升入本科学习。当然,张兆熊决定让儿子报考京师大学堂也有经济上的考虑。京师大学堂作为官办学堂,所有费用由政府支出,按规定从户部存放在华俄道胜银行的五百万两银子的利息中支付,每年大约有二十一万余两,仍有不足部分则按一定比例由各省协助补充。由于所有学生免去学费、住宿费及膳食费等,家庭经济负担不高。

可是,张受均进京师大学堂学习的这几年,学校办学仍然很不顺利。先是校舍建设不断拖延,迟迟不能完成。1905年,清政府设立学部,选定在德胜门外的操场作为建设大学堂新校舍之用,并拨付部分建设费用。但校舍直到1908年才开工,到1911年秋武昌起义时,仅建成部分房舍就停工了。随着辛亥革命的爆发,学部中断给付经费,学校经费困难,先是面临停办,后又面临被迫与他校合并的危险。1912年1月1日,孙中山在南京宣誓就任中华民国临时大总统,临时政府任命蔡元培为临时政府教育总长。不久,孙中山将大总统职务让与袁世凯,袁世凯任命著名翻译家严复为京师大学堂总监督,接管大学堂。5月1日,教育部下令,改京师大学堂为北京大学,任命严复为北京大学首任校长,学校开始复课。

严复早年毕业于福建船政学堂,后被派往英国格林尼茨海军大学留学。

---

① 萧超然:《北京大学校史》,北京大学出版社,1988,第23页。

留学期间他注意考察英法等老牌资本主义国家,对西方社会政治、经济和科技文化有充分了解。回国之后,严复曾长期在天津水师学堂任总教习、总办(校长),大量翻译西方进步著作,积极支持和宣传变法维新。他到任北大之后,锐意改革,力求把北大推进到更高的发展阶段,以期终有一天能堪比欧美著名大学。可是此时北大的办学经费却非常困难,他四处奔走,却收效甚微。在连续数月领不到经费,教师薪水无法按期支付之际,严复只得四处筹借,举债办学,并开始精简机构,裁减人员。可到了1912年7月,教育部仍以经费困难等为由,提出停办要求。在全校师生顽强抗争之下,教育部只得撤销解散令,但学校也得做出一系列调整以应对经费短缺。比如消减学制,让部分学生提前毕业;分科学生开始征收膳食费,以弥补财政不足;裁减教员,辞退合同期满的外籍教员,以节约经费;等等。

张受均凭借扎实的国学功底和个人天赋,预备科毕业后顺利升入本科阶段学习,可此时也面临提前毕业问题。因为此时的北大整体环境并不安定,校领导几番变换,学生抗议风潮不断。先是校长严复因与教育部当局抗争,得罪一些当权者,不得已于1912年10月辞职,学生向教育部抗议挽留,但无效果。接着章士钊被任命为校长,他因故未就。教育部转而任命马良代理校长,遭部分学生反对。马良勉强到任后,以校产抵押向比利时一家银行借款,更引起学生群起攻击,批他盗卖校产,到任才两个月也被迫辞职。1913年1月,何燏候临危受命任校长。为裁减学生,他突然宣布凡预科毕业生欲继续升入本科者,需经过入学考试。这明显与之前"大学令"中预科学生修业期满,考试及格即可升入本科的规定相抵触。于是引起学生群起反对,一百多名学生涌入校长办公室与之激辩,迫使何当场书写辞职字据。过后何上书教育部要求严惩闹事学生。学生也不示弱,推举十余人为代表赴教育部请愿。最后教育部向学生施压,导致八名为首的学生被开除,在校预备科学生则被迫暂时解散,学潮暂时被平息。不久教育部又通知北大,要求并入天津大学,这又引起新一轮激烈的师生抗争活动。

在经费十分困难,学制要求缩短,师生不断面临裁减,抗议风潮四起的情况下,张受均于1913年夏毕业了,带着诸多遗憾离开风雨飘摇中的北大。他在北大求学的这些年,先后有张百熙、严复等著名学者和开明人士担任学校领导,更有一大批学有专长的学者在北大任教,力图将北大办成世界知名的大学。但是清末政府的颓废腐败,北洋政府的动荡不定,使得一个国家首府的官办大学,竟然沦落到经费拮据,举步维艰。原本怀着成就经济匡世之才的理想进京,可遭遇革命风暴与学潮的轮番冲击,体质比较柔弱,个性偏向沉静安稳的张受均实在不堪忍受,对京城所发生的一切感觉很失望。父亲张兆熊原本指望他能继续出国留学,或在京城谋个好职位,但这一切都变得越来越不现实,他只想尽早回乡。

书香联姻

虽说张受均未能走得更远,但能够考上京师大学堂,这已经是魏塘张家的很大荣耀。也正因为张家到这一代取得了这样大的成绩,才有后来张家与魏塘的书香之家孙家的联姻。书香之家相互联姻,这不仅在嘉善,更大一点的范围来说,在嘉兴乃至整个江南一带早有传统。据相关研究表明,南宋以来秀才之家相互联姻已经开始流行,到明清时期更是十分普遍。若某家小孩中了举人、进士乃至状元,通常会选择跟另一个同样有考取举人或进士的家族联姻。这不仅能光耀门庭,即刻提高家族在社会中的地位,也形成某种特殊的家族亲缘圈子,一种鼓励孩子读书上进的家族氛围,书香门第得以赓续不断。因为其下一代,表兄弟、表姐妹间会相互激励、相互比照,会激发他们奋发读书,以期取得更好的成绩。魏塘最有名的书香之家应该算钱氏家族,明清两朝,魏塘钱氏家族共出进士 11 人,举人 13 人。[1] 明代著名大学士钱士升就曾跟同样的书香之家,累有考取举人和进士的孙家联姻,在当地传为佳话。[2]

与孙家联姻也算是圆了张兆熊多年来的一个心愿。他看到自己儿子从

---

[1] 丁辉、陈心蓉:《明清嘉兴科举家族姻亲谱系整理与研究》,中国社会科学出版社,2016,第314页。

[2] 钱士升(1574—1652),嘉善魏塘镇人,明万历四十四年(1616 年)殿试第一(即状元),授翰林院修撰,与魏塘孙氏第七世孙联姻。钱士升之叔父钱继登(1594—1672)是明万历四十三年(1615 年)举人,万历四十四年(1616 年)进士。见丁辉、陈心蓉:《明清嘉兴科举家族姻亲谱系整理与研究》,中国社会科学出版社,2016,第314页。

小乖巧伶俐,勤奋好学又十分懂礼,但美中不足是性格比较柔弱,处事不够果断刚毅,担心他以后在人生道路上难以经风雨。在儿子的婚姻问题上,他希望能找个家教严格,有主见能独立持家的女孩子,能担得起教化下一代的家庭重任,好让自己的儿子在外有更好的发展。在张受均考上大学之后,这一愿望变得更为强烈。加上儿子已经年近二十,要是在普通的乡村家庭,早已经到了成婚的年龄。亲友们也不时议论催促,乘受均一举成名,受众人仰慕推崇之际,应该尽快把孩子的婚事定下来。其实张兆熊心里已有主意,他早就看中孙家的大女儿,即孙文耀的姐姐孙星英。此女孩知书达理,温厚善良,受过几年私塾教育,能读能写,沉稳持重还有几分倔强,是个理家的好手。此前有过不少富裕人家去提亲都没有答应,可见眼光比较高。孙星英虽然长相不算很出众,年龄也比张受均要大几岁,但正如俗话所说:"女大三,金如山",要是能与受均成婚,刚好弥补受均天性的不足。再说有孙家的家庭教育做底蕴,今后对小孩教育的各种忧虑可以休矣!虽然两家家境差距比较大,张兆熊心中不免有些迟疑,没有确切的把握,但他还是决心一试。他很快派人去提亲,没想到孙家很爽快地应许了。

原来在孙父的心里,受均也是比较理想的人选。本来两家相距不远,受均的成长及其在学校里的表现,孙家父母都一直看在眼里,他为女儿终于有个满意的归属而感到安慰。孙父原本思想开明,并不看重家庭固有的经济地位,在时局不断变换的当下,个人的知识和才能才是关键。再说在魏塘,无论人品还是才华,还能有谁比受均更合适的呢?这桩婚事很快就定下来,待到受均上京城入学,春节回乡便可举行婚礼了。无论在选择学校还是在婚姻问题上,张受均基本上都是无条件地听从父辈的安排。这也反映了父子两人个性的差异:父亲张兆熊非常有主见,对家庭各种重大事务早早就做好筹措安排;张受均则很少关心外界的事情,一心安静读书,对家庭重大事务也很少发表意见,一切顺应时变,听从父母的安排。不过这桩婚姻也确实给他带来许多实惠。孙家不仅在当地很有影响,也是读书人学习的榜样。现而今能跟孙家联姻,不仅很快摆脱普通农商家庭的形象,也算是找到一条走向上流社会的便捷通道。对于家族的未来,也显示了一片光明,不仅有孙文耀等成功先例,作为今后子女教育的典范,经济上也不时得到孙家的资助,还能从父辈学到许多为人处事的经验与智慧,在社会上也更受人尊重。

张兆熊原本希望儿子毕业后也能考个官费留学,或者在官场谋得个好职位。可惜张受均生性柔弱,体质又不太好,对京城的气候不太适应,毕业前在是否选择出国留学问题上先是犹豫不决,而后错失良机,只得放弃。张受均刚上大学不久就遭遇辛亥革命,清政府被推翻,官办的京师大学堂,其前景很不明朗。乃至到了1913年初夏,正当张受均即将毕业,原本打算在京城或省城杭州谋个官差。但此时革命风潮仍在四处发酵,城头国王旗变幻不定,政局动荡不稳,加上家境财力有限,无力打点疏通,朝上无人,仕途无门。无奈之下,他只得回乡,先在州府嘉兴师范学校任职,后在嘉兴市浙江省立第二中学谋得个普通教师的职位,到1928年才得以调进省城杭州第一中学任教。这也算是在乱世先求得个安稳。以张受均的个性和体质,又经历科举被废和改朝换代两次重大社会变革,青少年时代的追求和理想被时代洪流荡涤殆尽,这也算是不错的结局了。可是对其父的要求来说,差距还比较远,只能算是折合求中了。

带着世人钦羡的眼光,怀着经天纬地的宏愿走进京师大学堂,可没能继续留学海外,张受均心中无疑留下几多遗憾,也感觉有些愧对父母和亲友。不过,当中学教师这一职业,却为他培养子女创造了比较好的环境。犹如父亲对他的期望,他再次把这种显亲扬名的期望传递给了下一代。

文采英华

张钟俊的母亲孙星英出自魏塘的名门望族。据孙氏族谱记载,孙氏祖籍浙江余姚(今余姚梅川),乃春秋著名军事家孙武之后。祖上从元代末期即由姚江迁往嘉善,其后裔分成多个分支,散居嘉善各地,而以魏塘孙家最为显著。如今魏塘孙氏尊明代洪宣年间居于今里泽乡中寒圩村燕兜里的孙显卜为始祖。[①]

仅此孙氏分支,在明清两代就出了许多诗人、文学家、书法家、画家。比

---

① 嘉善县志编纂委员会:《嘉善县志》,上海三联书店,1995,第178页。

如明代孙光祖的《青云馆集》、孙茂芝的《游燕集》、孙世忠的《留耕堂集》、孙圣兰的《晓传常集》；清代孙琮的《山晓阁诗十二卷》《山晓阁古文全集》《山晓阁宋大家选集十卷》、孙铱的《廉静堂集》、孙衍的《花署联吟》、孙灿的《竹香吟稿》等等。明清两朝，魏塘孙氏家族共出进士 1 人，举人 5 人。[①] 但跟魏塘最显赫的钱氏家族、曹氏家族、魏氏家族等相比，孙氏家族所出人才还不算十分显著。也可以说，孙氏家族所出的人才，就是明清时期江南普通殷实之家重视儒学人文教化的一个缩影。在文艺成就方面最显著的，比如，在明清之际词风转变的一个重要阶段，以曹尔堪（1617—1679）等"柳州八子"词人所创立，以魏塘风景名胜柳州亭为名的"柳州词派"，在江南文坛上颇有影响。其地位堪比松江陈子龙（1608—1647）、李雯（1607—1647）、宋征舆（1618—1667）等"云间三子"为代表的"云间词派"，其起源甚至比云间派更早，在诗词发展史上有独特的地位。

柳州亭原址现已改造为柳州公园

---

① 丁辉、陈心蓉：《明清嘉兴科举家族姻亲谱系整理与研究》，中国社会科学出版社，2016，第320页。

此派词人，嘉善境内竟有多达二百余人，作品繁多。其中，钱瑛等选编的《柳州词选》所收录的 158 人的词作中，孙氏家族位居其中的词人就有十余人。明清时期魏塘人氏中最有名望的学者，当数前述的晚明钱士升。而钱氏乃魏塘孙氏第七世女婿，于明万历四十四年(1616 年)中状元，曾任明礼部尚书兼东阁大学士。

震旦三文

张钟俊母亲的祖父孙兴寿是清朝的举人，也是饱学之士，曾在当地的义塾和书院任教。他不仅深谙诗词乐律，还能写一手好文章，书法也极佳。因此，每到春节或邻里办红白喜事，经常请他写对子。到张钟俊母亲孙星英这一代及下一代，孙氏家族培养出的人才更多。其最显著者，当数张钟俊大舅父孙文耀(1889—1949，字仲蔚)。孙文耀出生于魏塘镇，在嘉善先后上私塾和小学，13 岁便考上秀才。1904 年，16 岁的孙文耀作为嘉善县的邑庠生，即县学生源，考取上海震旦学院(后称震旦大学)。在震旦大学期间，孙文耀不仅学习成绩很优异，而且是个很关注社会热点问题，积极参加社会活动的活跃人物，与翁文灏[1]、胡文耀[2]并称"震旦三文"，已经颇有名气了。

"震旦三文"与当时较早接受到西方科学教育的其他士子一样，有一种强烈的科学救国情怀。他们深知祖国的贫瘠落后，一方面在于政治制度的落后；另一方面在于国人对于新知识的缺乏，尤其科学技术的落后。因此，

---

[1] 翁文灏(1889—1971)，浙江宁波人，13 岁中乡试秀才。后入震旦大学学习，1908 年与孙文耀等一起考取浙江省官费留欧，留学比利时罗文大学地质学专业，1912 年博士毕业，获理学博士学位，是中国首位地质学方向的博士学位获得者。回国后先在北洋政府农商部工作，1913 年与丁文江一起创办地质调查所，是我国首个搞地质研究和人才培养的机构。翁于 1922 年接替丁文江任所长。后于北京大学、清华大学等任教，曾任清华地质学系主任，1931 年兼任代理校长，1948 年当选中央研究院首届院士。

[2] 胡文耀(1885—1966)，浙江宁波人。1904—1908 年震旦大学学习，1908 年考取浙江省官费留欧，留学比利时罗文大学，学习数理天文专业，于 1913 年获理学博士学位。回国后曾担任北京大学教授，北京高等师范学校教授，兼任北京观象台编辑。1931—1952 年任震旦大学校长。新中国成立后曾任上海第二医学院(由震旦大学医学院改建而成，现上海交通大学医学院)副院长，第一届全国政协委员，全国人大第一至第三届代表。

都一心想尽快学到西方最先进的科学技术,为振兴祖国服务。1908年震旦学院毕业后,孙文耀考取浙江省第一届官费留学生,与翁文灏、胡文耀等一起留学比利时罗文大学。孙文耀攻读的是工程技术、机械制造及冶矿工程。1913年以优异的成绩毕业,在欧实习一年后,翌年归国。留学期间,恰逢孙中山领导的辛亥革命,孙文耀积极响应国内形势,与翁文灏、胡文耀等留欧同学一道捐款支持。在获知辛亥革命成功之时,留欧同学无不欢呼雀跃,孙文耀与同学一起在校园里悬挂民国国旗,表示对新政府的支持。孙文耀的爱国热情和积极行动使他在国外留学时期就成为很受关注的人物。乃至1914年学成归国后,北洋政府当局有意高薪聘请他到政府部门工作,但他拒绝了政府的邀请,选择自己喜欢的专业技术性工作,到卢汉(卢沟桥至汉口)铁路(后改为京汉铁路)长辛店机车车辆厂(新中国成立后改为二七机车车辆厂)任工程师。由于专业基础扎实,业绩表现突出,不久他接替外国人担任副厂长,成为首位担任车辆厂厂长的中国人。他组织厂里的技术员工,自己设计各种机件图纸,建造轧钢车间、铸造车间等,自主生产机车零配件,为发展民族工业做了重要贡献。1918年7月,孙文耀受交通部派遣,到欧洲考察路政,并购置机车,引进技术,为以后机车国产化打下基础。由于其突出贡献,不久他被调任交通部路政司考工科科长、技正(仅次于"技监"的高级职位)兼技术委员、采购委员会委员等职,主管全国铁路的设计、土建、机车、机电等建设。1946年,孙文耀受聘北洋大学北平分校教授,次年到唐山交通大学任教。因常年在工地间奔波劳累,患肺病和心脏病,孙文耀于1949年6月因心肌梗死过早地离世。

受其兄的影响及资助,张钟俊的小舅孙季华(1902—)也曾于1927年留学比利时罗文大学,攻读电机经济学,获硕士学位,归国后曾任西安市系统工程学会副理事长,西安水资源学会理事长,公用事业局总工程师、高级工程师。曾任陕西省和西安市人大代表。

由于前辈打好了基础,到张钟俊这一辈,孙家后人在学业及事业上就更顺利了。孙文耀的后辈孙以尧、孙以芳、孙以宽、孙以亮等几个子女大部分在京城长大,从小接受的教育条件更好,均学有所成。其中,孙以尧(1908年生)追随其父亲的足迹,在震旦大学预科毕业后,留学比利时罗文大学,学习铁路工程,回国后长期在浙赣铁路工程处等工作,任高级工程师;孙以宽(1919年生)燕京大学毕业,后任辽宁省食品工业研究所总工程师、高级工程师。而孙以亮(1921年生,字道临)也是燕京大学毕业,后成为著名的电影表演艺术家,上海电影制片厂一级演员。其曾担任《渡江侦察记》《永不消逝的电波》等电影的主角,在20世纪六七十年代是家喻户晓的明星人物,成为新中国早期电影艺术的典型代表。

电影艺术家孙道临(1921—2007)　　孙道临(左)主演的影片《渡江侦察记》

程氏义塾

1920年8月,张钟俊始入嘉善县第一小学(后改名为魏塘镇中心小学、县实验小学等)就读。这也是当年他父亲曾就读的学校,原校址在现中山路浦弄街,距离当今县政府以南仅百余米。

到张钟俊上学时,嘉善县第一小学已有近百年的历史,原为清道光九年(1829年)开办的"程氏义塾"。[①] 程氏乃原籍安徽徽州的程素庵(学洙),在嘉善经商多年,积累不少财富,成为当地颇有名气的邑绅。程氏致富之后,效

---

① 政协嘉善县委员会文史资料研究委员会编:《嘉善文史资料》(第二辑)(内部资料),1987,第106-107页。

仿当时嘉善名门望族积极捐资修桥铺路、兴办义学的善举,捐出白银一万余两,以及义田 500 余亩,在现今浦弄街一带创办义塾。程氏义塾(又称"治东义塾")原来规模并不大,有三开间的厅堂建筑一栋和一些七楹、九楹的木瓦房(地址在现嘉善县文化馆一带)。在清朝时期,义塾主要供程氏后人、魏塘镇及周边乡村家庭较贫困的孩子上学。学校教师由程家聘请,学生学费全免,还规定每日供中午饭一顿。每到年终岁末放寒假时,还给每个学生发放大米一斗和衣服一身作为接济和鼓励,所有费用均来自所捐赠义田出租的收入。程氏义塾创办不久,又陆续有人捐田 400 余亩,共有学田 1 085 亩,是清末嘉善境内规模颇为壮观的一所学校,经费比较充足。① 为保证学校经费能长久维持,程素庵在校内勒石刻碑,明文规定:"凡程氏后辈,无论何人,不管发生什么困难,均不准动用义田租谷,和窃为已有。"

清末废科举,传统的义塾、书院等纷纷改为新式小学堂。程氏义塾也于宣统二年(1910 年)改为"程氏私立秉义小学堂"。学校管理由原来程氏家族转为"校董会",董事长仍由程氏家族后裔主持,但邀请了当地一些乡绅名流加入,逐步实现社会化管理。民国时期则去繁就简,直接改名"秉义小学",校长由上级教育管理部门任命,教学内容也由传统的四书五经为主,转变为国文、算学、常识等,实现现代小学制转变。

俊杰娴侠

从清末至民国时期,秉义小学一直是嘉善境内师资力量最强、教学质量最高、声誉最好的一所小学,有些教师甚至是从州府嘉兴等外地聘请过来的名师,在当地颇有影响。因此,魏塘有些名望的人家,通常都会把小孩送进这所学校上学。当时学制为六年,分初小四年,高小二年。张钟俊开始上小学时,由于父亲常年在嘉兴工作,每天上学,均由母亲孙星英接送。张钟俊的整个童年生活,主要由母亲陪伴,其性格及习惯的养成也主要受母亲的影响。孙氏乃大家闺秀,性情温厚,善于持家,对子女教导有方,对张钟俊养成

---

① 丁辉、陈心蓉:《嘉兴历代进士研究》,黄山书社,2012,第 46 页。

的乐观豁达、积极进取的性格有很大关系。

江南人家大都有早起的习惯。每每清晨,薄雾初晓,母亲便早早起来做好早饭,然后催促钟俊起床、吃早饭。待到阳光初现,魏塘市河上船夫们开始摇船启程,准备一天的忙碌劳作之时,母亲便护送他沿着河边的石板路由东向西,直到浦弄街右拐,再走几步路即到学校。若按旧制,程氏义塾的在读学子,每到农历初一和十五,早上课前必须到三开间厅堂正中间的正厅列队,面对程氏挂像跪拜,以示对学校创办人的感恩和纪念。教师们也顺便提醒学子要发扬美德,珍惜时光,努力学习,将来成才要懂得回报社会。到了民国时期,这些过时的礼仪已被废除。但是每年开学典礼,时任校长都会详细向学生介绍学校的历史渊源;教师们在课堂上也不时提起学校创办的不易,希望学子们珍惜机会;家长也时常教导孩子要有感恩之心,不要辜负先辈的期望。这些优秀传统美德自然而然地在学生心中扎下了根,也时时激励他们要努力奋进。

种种因素,促成这一时期从魏塘秉义小学毕业出来的人,后来在社会上成为栋梁之材的比较多。仅就跟张钟俊同级、同班毕业出来的魏塘学子,后来考上国内名校,毕业后又到国外留学,获得国外名校博士学位,回国后有较大贡献的,就有朱德煌、周家仁、吴沈钇等数人。朱德煌与张钟俊同年出生,是跟张钟俊关系最要好的儿时伙伴。两人家境相近,从小就常一起玩耍,后来又一起上学,成绩也是一样的优秀。小学毕业后,朱德煌跟张钟俊一起考取嘉兴市浙江省立第二中学,从初中直到高中毕业,后考取浙江大学机械工程专业。1935年毕业后留学德国柏林大学,继续学习机械工程,获硕士学位后转到丹麦哥本哈根大学学习经济学,获经济学博士学位。回国后朱德煌曾在中国人民解放军部队工厂工作,任高级工程师,为我国早期军工建设做出了贡献。周家仁也是跟张钟俊同年出生,魏塘镇人,一起在魏塘小学毕业,先后在魏塘和嘉兴上中学,毕业后考上浙江大学纺织专业,后又考取公费留学英国曼彻斯特大学,获纺织学博士学位,回国后任英商上海信合纱厂工程师等职。吴沈钇比张钟俊小一岁,魏塘镇人,小学毕业后先后在嘉兴和杭州上中学,1935年浙江大学土木工程系毕业,后留学美国密歇根大学研究院,获土木工程博士学位。归国后曾任同济大学土木工程系教授,成为我国著名的建筑学专家、上海市政协委员。

待到张钟俊上三年级时，二弟张钟杰也开始上学了。张钟俊作为大哥，担当起兄长的责任，每天带着弟弟一起上学，不用母亲再辛劳接送了。钟俊、钟杰兄弟俩同上一所学校，早晚相伴，其乐融融，度过一段美好时光。由于学习成绩特别优异，张钟俊在小学五年级时就跳了一级，1925年初夏，张钟俊以优异的成绩毕业。但这反而给他带来一些麻烦。此前嘉善境内没有中学，只有县学，即小学。正当张钟俊临近小学毕业，嘉善县第一所初级中学才开始筹办，预备于1926年秋开学，正在全县宣传招收优秀小学毕业生。但张钟俊显然不能再等了，因为学校才刚开办，校舍建设仍有待完善，师资也未备齐，教学质量犹未可知。张钟俊天资聪颖，从小便被称为神童，又非常好学，父亲张受均担心钟俊的学业被耽误，那就太可惜了。为了升入更好的学校，父亲决定让他报考位于嘉兴市的浙江省立第二中学。张钟俊果然不负父亲所望，以优异的成绩考上浙江省立第二中学。

还处于少年的张钟俊，要离开家乡和母亲到百里之遥的嘉兴跟随其父生活，其难舍之情可想而知。不过这反而锤炼了他独立自强的个性和坚忍不拔的毅力，培养了克服生活中各种困难的勇气。据张钟俊大女儿张文渊介绍，从小父亲就经常给他们讲张家与孙家的事情。孙家不仅祖上是名门望族，在当地很有影响，而且大舅、小舅都在国外留过学，见识广、文化水平高。他们回国后也在大城市工作，而且业绩显赫，子女都很争气，均考上燕京大学。相比之下，张家显得相形见绌，无可炫耀之资。他们必须克服各种困难，加倍努力，和孙家的表兄弟妹看齐。

也许是在这种压力之下，张钟俊学习特别用功。他从小学开始就爱好读书，广泛浏览自然科学与人文类书籍。为了开阔眼界，除了学校规定的英语作为主修外语，他还尝试自学了德语，这为他今后的学术道路打下了一定的基础，可以参阅多种外文文献，广泛吸收当时国际上最前沿的研究成果。不仅如此，他以身作则，带领弟妹几个勤奋读书，一定要跟孙家看齐。日后因其父过早去世，他作为家中老大，承担了所有家庭重任。在抗战艰难时期，他带领弟妹几个离开家乡在外闯荡，后来他们全都学有所成，还能留学海外，在各自行业均有所建树。

张钟俊二弟张钟杰(后英文名为 Gerard Chang),1916 年生①,于 1922 年开始在嘉善上小学,1928 年小学毕业时父亲从嘉兴调往杭州,张钟杰得以随父亲到杭州省立第一中学上初中。钟杰的个性和才华都跟大哥钟俊有些相似,从小聪慧机灵,十分好学。父亲为他们兄弟两人取名,就有期望成为人中俊杰之意。钟杰从小学到中学成绩都很优异,1933 年高中毕业时,本来想追随大哥报考交通大学。可是这段时期交大校园出现了一些意外和恐慌,可能是由于学习负担过重,加上营养不良,不少学生患上肺痨,就是如今所说的肺结核,这在当时几乎被认为是不治之症。大哥钟俊在初入交通大学时,学习也是非常努力,有时晚上要经常熬夜学习,到大三就感觉身体有些吃不消,也担心患上痨病,每晚在完成基本课外练习之后便早早入睡。因此,他建议钟杰还是不要报考交大为好。加上此时张家家庭经济负担已经很重,只靠父亲一点工资收入,要支持兄弟两在外地上大学十分吃紧。权宜之下,钟杰选择报考杭州的之江大学土木系。

之江大学的前身是 1845 年由美国基督教长老会在浙江宁波开办的"崇信义塾"(Boys Boarding School),1867 年迁至杭州,改名"育英义塾",开始

之江大学主楼,位于现浙江大学之江校区内

之江大学钟楼,位于现浙江大学之江校区内

---

① 张氏兄弟的事迹,见政协嘉善县委员会文史资料研究委员会编:《嘉善文史资料》(第三辑)(内部资料),1987,第 92 - 96 页。

只相当于小学。1907年在杭州秦望山麓兴建校舍,才逐渐发展成为大学,因新校舍坐落于钱塘江畔弯曲之处,形恰如"之"字,故1914年改名"之江大学"(Hangchow Christian College)。当时之江大学分文理两学院,有国文、英文、政治、经济、教育、哲学、化学、生物、物理、土木等共十个系,属全日制综合性大学,教师多为长老会从美国聘请,师资力量雄厚。其中的土木系在国内高校也是非常强的专业,学校新落成的图书馆、科学馆等,就是土木系自行设计建造的,不仅优美壮观,而且非常精致,是国内高校少有的。土木工程也是当时国家急需的专业,就业前景非常好。

可当1937年夏钟杰大学毕业时,却遭遇抗战全面爆发,这么好的专业一时间竟然就业无着落。父亲原本希望钟杰也跟钟俊一样,大学毕业后能到国外留学,拿到国外名牌大学的硕士乃至博士学位后回国,前程自然会更好。但7月7日卢沟桥事变爆发后,出国留学之路基本无望。钟杰先是在之江大学继续读土木工程专业的研究生,但随着南京和上海的失陷,杭州告急,之江大学师生撤离杭州,往西而行,先是步行至富阳,再乘船沿江逆行至安徽屯溪,形势仍然危急,不久即宣布撤散。钟杰则随父颠沛流离达半年之久,直到1938年秋大哥钟俊回国,将父母稍加安顿后,钟杰也随兄进川,在乐山武汉大学土木工程系读研究生兼任助教。毕业后,钟杰先后到叙昆铁路、川康公路等地任工程师。1943年,由西康省派出到美国康奈尔大学土木工程系学习,获土木工程硕士学位。1945年由大哥张钟俊资助,继续在美国纽约州立大学攻读商业管理,1947年获工商管理专业硕士学位。此时国内处于战乱,国民党政府腐败无能,已不得人心,许多留美学生对是否回国效力采取观望态度。钟杰感觉自己努力钻研的土木工程和工商管理专业,也将报国无门。他只得在纽约找个建筑公司一边做些临时性的工作,一边焦虑地关注国内局势的发展。

在20世纪40年代末到70年代,钟杰一直在美国纽约州的建筑工程公司任职,最后职务升至建筑设计高级工程师。70年代中期,随着美国总统尼克松访华,中美关系出现缓和,钟杰希望能做点对中美交流和祖国经济、科技文化建设有益的事情,更盼望能够早日回国与家人团聚。他早早地向公司提出退休申请,终于在1975年获批提前退休。随即他与夫人刘希娅(有一半中国血统,一半英国血统)在美国南部的休斯敦经营一家中式餐馆,取名"东方上海"(Shanghai East),表示对祖国和家乡的怀念。他亲任餐馆的董事长兼总经理,经常以自己的餐厅作为跟当地华人及国内来访者的联络地点,促进中美民间交流。我国驻华盛顿大使及休斯敦领事馆经常与之联系挂钩,凡中国在休斯敦进行的商务谈判,以及中国访美团体到达休斯敦,他都利用自己的餐厅宴请。

1978年秋,当张钟俊随交大访美团到达休斯敦,钟杰在自己的餐馆热情地宴请了交大访美团全体成员。时隔三十余载兄弟再相见,已是两鬓花白,老泪纵横,感慨万千。钟杰从青年时代便追随大哥,同样怀着工程实业救国的理想报考大学乃至海外留学,可遭遇战祸和时局动荡,年轻时代的梦想都已化为乌有。直到晚年,他才得以安定地利用自身的特殊经历和社会关系,为中美科技文化交流和祖国的经济发展做出自己微薄的贡献,也算是圆了当年的报国心愿。

妹妹张钟娴(英文名Julia Chang Hsueh)于1918年出生。钟娴自幼机巧聪慧,善于言辞,是家中唯一女儿,深得父母欢心。她先是在嘉善上了两年小学,1928年,父亲从嘉兴调往杭州的浙江省立第一中学任教,并在学校附近租有房屋居住,钟娴得以在省城杭州上完小学和中学,算是比较幸运的一个。可天有不测风云,原本一切顺顺利利,1937年中学刚毕业,正准备报考大学之际,却遭遇抗战全面爆发,不仅求学无门,连基本生活都无着落。在随父南下颠沛流离一段时间之后,待大哥钟俊回国即随兄进川。先在乐山就读国立武汉大学经济系,此时乐山不断遭遇日本空军轰炸侵扰,校园四周一片瓦砾,人心惶惶。翌年钟俊转到重庆沙坪坝的中央大学任教,钟娴也只得随兄离开,转入位于重庆北碚的复旦大学经济系就读。钟娴选择读经济专业,有自己兴趣的因素,也受父亲的一定影响。其父原本是北京大学政治系毕业,当时的北大政治系颇有些"经世济民"之意,涉及不少国家财政经济等内容。可惜他大学毕业时处在动乱时局,没有机会施展自己的专业才能,他期望后辈子孙能够继承自己的志愿。父亲常给她讲,学习财政经济类,今后对国家经济建设也可大有作为。经济学在和平建设时期,应该是个非常不错的专业,尤其是对钟娴这种做事比较细腻的女性。可惜的是,她也没能逃脱父辈的厄运,在战时的重庆,一切经济行为均围绕军需,经济资源均为政府和军方垄断,一切按计划行事,经济专业毕业几乎没什么就业市场。况且战时重庆犹如临时的避难所,人才扎堆,来去匆匆,很多年轻人都在焦虑等待,无所事事。钟娴大学毕业后,在重庆也基本处于无事可干,赋闲在家的无业状态。

按当时风尚,能读到名牌大学毕业的知识女性,要么来自富裕家庭甚或豪门,本身不需就业,靠家庭的资财生活,只需嫁个门当户对的富足人家,伴随夫君出入于上层社会活动圈,起到装扮门庭及调和各种社会关系的作用,自然不用为生计问题着想;要么是出自殷实开明之家,有很强的独立个性,靠自身才能和勤奋便可过上不错的中产阶级生活。钟娴既非富裕家庭出身,自然无机缘出入于名门;想靠自身努力谋生,却又走投无路,连个体面的工作都难寻觅,处于十分尴尬的境地。幸好有大哥钟俊作为依靠,让她遇上了个好姻缘。钟俊有个交通大学同级同学和好友薛履坦,是交通大学土木工程系1930级学生。同样怀着工程实业救国的理想,薛履坦1934年毕业后留学欧洲,获德国柏林工业大学土木工程博士学位,专攻土壤力学专业。1941年学成归国后,薛履坦也到了重庆,在位于磐溪的中央水工试验所担任工程师和土木实验室主任。交通大学重庆分部成立后,薛履坦不时到母校看望校友,还到交通大学土木系兼任一些课程,偶尔也到张家拜访。张钟俊和薛履坦两人经常一起闲聊,回想当年一起在交通大学求学、怀揣同样的理想和雄心出洋、一心想回国干出一番事业的经历。面对当下时局维艰,青少年时代的理想难以实现,他们感慨人生的无常,志气相投而成为挚友。在大哥张钟俊的引介之下,钟娴与薛履坦在重庆相识相恋,并于1943年6月在重庆大学礼堂举行婚礼。这也算有个交托,了却大哥肩上的一项重任。

最小的弟弟袁景侠出生于1932年,比大哥钟俊和二哥钟杰均小了十几岁。小时候由于一个堂姑膝下无子,他被送给堂姑家做继后,随了堂姑父袁姓。堂姑父原属地主家庭,在20世纪五六十年代经历多次政治运动的冲击,精神上受到很大打击而失常,导致家庭生计比较困难。因此,景侠的生活及上学主要仍由大哥钟俊资助。幸好抗战结束后张钟俊回上海任公用事业局的技正,待遇还算比较丰厚。景侠得以到上海中学上学,并以优异的成绩考上大连工学院(现大连理工大学),成为大连工学院首届学生。大连工学院是新中国创办的第一批大学之一,政府非常重视,又得到苏联专家的援助,条件相对优厚,学习和生活费用基本不用家庭负担。景侠小时候曾因其堂姑父的家庭背景及经济条件,时常感到有些自卑。但正如祖上家训所言,位处卑微亦不可逾越。大哥钟俊也经常鼓励他克服心理阴影,奋发有为。他通过自身勤奋努力,克服了心理障碍,终于在学业上也有所成,当上了大连理工大学的教授、教研室主任、博士生导师。

张家兄弟妹四人,除了钟娴从文,其余兄弟三人均在理工专业学有所专,颇有建树,均上了《嘉善县志》的人物榜,很不简单。

魏塘古风

张钟俊的个性,颇有几分魏塘古风余韵。他兼有张家谦和俭让的优良传统,同时也具备孙家温文风雅的个性。自从小学时期,张钟俊就比较好交友,性格直爽,出手大方,经常接济经济比较困难的同学,虽然自己经济上并不十分宽裕。他处事独立,判断力强,在选择上高中、大学,乃至出国留学等人生几次重大关节点上,他都有自己的打算并且坚持,最后取得成功。

进入社会以后,无论在抗战的艰难时期,战后重建和院系调整时期的去留选择,还是后来"文革"时期蒙受冤屈,他都能坦然应付,对社会人生充满信心,给家人子女传递自信。据其大女儿张文渊的回忆,在 20 世纪 50 年代,家庭成员众多,全靠父母亲两人的工资收入维持,加上张文渊因踢足球小腿骨折,需要几次动手术和较长一段时间的卧床恢复。但是父亲毫无怨言,除了细心照顾,还尽可能腾出时间,利用他的俄文优势,大量翻译苏联电力专业著作和教材出版,争取稿费为她治疗。为安慰家人,消除经济压力产生的心理负担,父亲每月都设法积攒一点费用,请全家到西餐馆用餐一次,给大家开开心。在"文革"初期,父亲曾经蒙冤长达一年之久,被关押在学校一小间阴暗的屋子里,被隔离审查,工资也被停发达一年多,家庭基本生活都发生了困难。但张钟俊并没有因此灰心丧气,他反复安慰家人,一切都会过去,会好起来的。为解决生计困难,他背着家人向朋友筹借了三千块钱。这在当时相当于个人一年的收入,一般人很难想象,如果经济上不能很快好转,将如何归还。但张钟俊很自信阴霾很快会过去,一切都将好转,不用担心还款问题。当怀疑被解除,恢复自由之后,他立即投入紧张的工作中,尽量挽回被耽误的时间,没有任何抱怨,也不会对过去的冤屈耿耿于怀,就当没有发生过一样。任何困难都压不垮,在突如其来的逆境中坚持自信,一有机会马上投入奋斗,绝不虚度时光,这源于他早年练就的乐观豁达的人生信条。

第二章
嘉兴与南洋

崇文好学

1925 年秋，张钟俊离开母亲和多年相伴的弟弟钟杰，跟随父亲前往嘉兴上学了。因为父亲已经在嘉兴从教多年，有了一定的社会经济基础，上学及生活并无特别困难，只是时时会想念母亲和弟弟。嘉兴距离魏塘也不过几十里路，若按当今的交通，只需一小时左右的通勤时间。可是当时铁路交通不是很便利，短途出行主要还是靠水路，划船通过弯弯曲曲的河道，来回一趟要大半天。因此，若非重要节假日及寒暑假，平时不能回家团聚。幸好有从小一起玩大的同学朱德煌也到嘉兴上学，两人还经常相约周末一起去河边玩耍，或逛逛书店，或到南湖坐船消磨时光。以张钟俊开朗豪爽的性格，他很快融入新的环境，并结交不少同学好友。其中，同班同学褚葆一①，也是书香世家，聪明好学且志气高远，成绩与张钟俊不相上下，外语尤佳。两人

---

① 褚葆一(1913—2011)，浙江嘉兴人，嘉兴中学毕业后考上上海商学院，1933 年毕业后考入燕京大学研究院。1934 年赴欧留学，先后在伦敦经济学院、德国法兰克福大学、柏林大学等攻读国际经济、国际贸易、金融等专业。1938 年回国，任中央大学教授、系主任。新中国成立后，上海商学院改名为上海财经学院，褚葆一任副院长。20 世纪 50 年代起，张钟俊夫人杨媞姝到上海财经学院任教，曾得到褚葆一的帮助，两家关系较密切。1978 年改革开放后上海社会科学院成立世界经济研究所，褚葆一任首任所长。

非常合得来,经常一起学习,从初中开始一起自学德语,成为最要好的朋友。省立嘉兴二中良好的学习环境与雄厚的师资,加上有一批家学传统优良、聪明好学的同学相互激励、相互竞争,使钟俊在嘉兴这三年的初中生活,过得既充实又愉快。

嘉兴是我国历史悠久的文化名城,自古素有"崇文好学""秉礼勤劳"之美誉。唐宋以来,嘉兴已经是文人荟萃,人才辈出,考取的举人、进士不胜枚举。到明清时期,嘉兴更是有出产"江南才子"之盛誉。这源于嘉兴人崇儒学、好读书,亦好藏书的传统,史有"好读书,虽三家之村必储经籍"的赞誉。早在南宋绍兴年间(1142 年),时称"秀州"的嘉兴就开始新建殿堂斋舍,以为孔庙与州学之用。到了宋淳熙四年(1177 年),建有御书阁,作为州学藏书之地。宋庆元元年(1195 年),秀州升为嘉兴府,州学改为府学。此时期,除了各县纷纷新建县学,书院也获得大发展。书院开始于盛唐,始为搜集图书,校理经籍,撰写文章之地。唐末以降,书院逐渐演变为学者名流聚徒讲学的重要场所。① 县学、书院、藏书楼(藏经阁)、义塾、私塾等成为明清时期嘉兴文化教育的主要形式。正因为嘉兴在文化教育方面的深厚底蕴,浙江省教育管理部门才决定将省立第二中学建在嘉兴,这也是对嘉兴人发展文化教育的极大鼓励和肯定。

张钟俊入读的嘉兴市省立第二中学(现嘉兴一中),创立于清光绪二十八年(1902 年)。这一年,清政府按照管学大臣张百熙上奏的《钦定学堂章程》,下令改革旧学制,将各地原有的书院、义塾等改为新式学堂。嘉兴府于是将原鸳湖书院改为嘉兴府学堂,校址就在天官牌楼鸳湖书院旧址(今嘉兴市府址)。② 光绪三十一年(1905 年),改名嘉兴府中学堂,实际相当于现今的初中。宣统三年(1911 年)改名省立第二中学堂。民国元年(1912 年)改称省立第二中学校。新中国成立后,于 1954 年改名嘉兴一中,校名沿用至今。

---

① 丁辉、陈心蓉:《嘉兴历代进士研究》,黄山书社,2012,第 31 页。
② 鸳湖书院由嘉兴府知府许瑶光于清道光年间创办。许瑶光,字雪门,号复叟,湖南长沙人。清道光二十九年(1849 年)拔贡。同治三年(1864 年)升任嘉兴府知府,任期达 17 年。任内为政廉明,求实务,大力兴办教育,建孔庙,设学堂、书院,用力甚勤,使嘉兴教育成绩达浙江全省前茅。

后被定为地区重点中学,初中部停办,专办高中部。1962年迁至范蠡湖畔,即现今的校址。① 在嘉兴近现代教育史上,培养出优秀人才最多的中学要数嘉兴一中与秀州中学(教会开办)。这两所学校毕业出来的学生,成长为科学家、文学家、历史学家,当选科学院院士、工程院院士的可谓数不胜数。

在嘉兴上学这三年,对张钟俊学业基础和个人志向很是重要。在嘉善上小学,虽然有母亲和祖父母的悉心照顾,生活上可谓无忧无虑。但毕竟母亲和祖父文化程度都不高,课余时间在家辅导,只能教些简单的读字认字和算学加减法等内容,其余全靠学校里先生的责任心和教育方法了。进入初中则不然,除了算学难度加大,要开始学习几何等内容,更重要的是要开始学习外语,这是母亲和祖父所不能胜任的。此时父亲在嘉兴中学教授英语、算学、历史和地理等课程,正逢其时。由于嘉兴中学有比较强的师资实力,加上课余时间有父亲的亲自辅导,钟俊的数学与英文成绩进步很大,实际上他到了初中毕业阶段,所掌握的知识内容已经大大超出同龄人的水平,国文与算学都开始学习高中部分的知识了。由于学有余力,在外语方面,他除了熟练掌握学校开设的英文课程内容,还在父亲的指导下,开始自学德文。这对当时的升学考试似乎没什么帮助。但这看似无意的安排,其实是父亲为他做的长远规划,对其后来的学术发展有非常大的帮助。因为在20世纪二三十年代,德国仍然是头等的世界科学与技术强国,许多重要的科学及工程技术最新研究进展,需要参考德文的期刊资料。在年龄还比较小的时候开始学第二外语,至少发音和口语比较容易,进步比较快,要是到了成人,在知道外语的重要性才开始自学,那通常都太晚了。

1928年夏,当钟俊在嘉兴初中毕业时,父亲已经调离嘉兴,赴省城杭州的省立一中任教。此时中华民国南京政府刚建立不久,新政府对发展我国基础教育比较重视,仿照英美的教育体制,对大中小学教育的目标、培养模式、学制等均制定了新的规范,颁布了一系列新的规程。相应地,各级地方政府教育部门对教育的投入规模也空前增加,各地纷纷开办新式中学,或扩展规模,或新修校舍,中等学校的数量和规模迅速增长,同时向社会广纳人

---

① 嘉兴市志编纂委员会:《嘉兴市志》(中),中国书籍出版社,1997,第849-850页。

才到学校任教,基础教育处于大发展时期。

父亲调往省城杭州工作,这对钟俊兄弟妹几个的入学本来是个好机会,毕竟杭州比起嘉兴和嘉善而言,教学条件要好得多。但是,这对钟俊来说,却面临十分艰难的抉择。这一年弟弟钟杰也开始升初中,妹妹钟娴也已经上小学二年级,祖父母都已年迈,没有其他经济资源,一家老小的生活费用,以及兄弟妹三人的教育支出,全靠父亲的工资收入承担,还有租房费用,经济压力一下子很大。因此,初中即将毕业的钟俊,立即面临一个十分现实的问题:到外地上高中以便今后有更多机会上个更好的大学,还是在杭州上高中,今后升入本地的大学。从当时大学招生的情况看,很多大学都办有附属中学,从本校的附属中学升入大学相对比较容易,升学比例较高,而从其他学校考进来的考生非常困难,只有极个别非常优秀者才能胜出。因为适应新式教育的中学尚少,很多地方性的普通中学所教授的科目还是传统的科目为主,国文、算学、历史、政治等科目比较重视,而英文及物理、化学、生物等科学教育的师资力量比较薄弱,教学要求也就不高,从这些普通中学要升入比较有名的大学就很困难。

此时钟俊的理想是能像他的舅父孙文耀一样,学习国家经济建设急需的工程技术专业,今后有机会尽量争取到国外留学,即早年的实业救国理想。有过硬的技术本领,加上有个洋博士学位,即便没有什么靠山,凭自身的本事也能干出一番事业,在社会上挣得一席之地。为实现这一理想,最好是能考上交通大学的附属中学,即南洋中学上高中,以备今后报考交通大学。此时大舅孙文耀在交通部任要职,能上交通大学的话,可能以后出国留学的机会多一些。可是上海作为当时中国最繁华的大都市,物价自然很高,到上海上高中和大学,费用实在太高。一家老小反复商议之下,最后只好妥协,让钟俊先报考浙江大学的附属中学,今后若能上浙大,毕业工作后待经济上有所缓解,再考虑出国留学的事也不迟。从报上的招生广告得知,浙江大学工学院有个附属高工电机科在全省广告招生。① 张父前去打

① 全名为"国立浙江大学代办浙江省立杭州高级工业职业学校",学校没有自己的校舍和校牌,教室在浙江大学工学院内,教师多为浙大教师兼任。

听，相关招生人员介绍说，这个附属高工相当于浙大的附属学校，学制两年，主要学习一些基础科学知识与工程技术，毕业成绩优异者，可优先升入浙江大学工学院继续深造，其余可选择在当地就业。张父觉得这还不错，尤其电机科，能学到实用知识和技能，毕业可有两种选择，看看钟俊今后的成绩和志向再做决定。于是他决定让钟俊先报考这个附属电机科试试。

张钟俊此时十分迷茫，思来想去也没有什么更好的途径，只能听从父亲的安排，很轻松地考上了这所浙大附属高工。可是入学之后，方知学校的办学目标和安排的课程跟广告宣传的有很大差距。所谓的附属高工根本不是浙大的附属中学，实际只是个中等职业技术学校，毕业后即介绍到本地一些工厂做初级技术员的工作。如此看来，他想从这所学校直接升入浙大读本科基本无望，感觉自己上当了，很是失落。

钟俊不断向父亲吐露自己的不满，要求想办法转到正规的高级中学。张父此时刚调到省城杭州不久，没有什么熟人门路。钟俊不得已只好写信把情况告知远在北京的大舅父孙文耀，看看有没有更好的解决办法。大舅父的回信非常坚决，让他赶快想办法报考其他高等院校的附属中学。因为当时都是各校单独出题招生，考试时间并不统一，可以同时报考多所学校，收到录取通知书后可择优而入。大舅父还介绍交通大学的招生情况，最好让钟俊去报考其附属的南洋中学。虽然已经是秋季入学，正式的招生工作早已经结束，但个别成绩特别优异的还可以报考插班生，他可以先去信打个招呼。费用问题也不用太担心，只要考上了，大舅父会鼎力支持。大舅父的来信无疑是给绝望中的钟俊一针强心剂。他重新振作起来，决心去碰碰运气。于是钟俊找来高中一年级的课本自学起来，并在数学、国文、英文等几个主要学科特别用功。由于初中基础好，加上有父亲的辅导，他不仅自学完高一的数学、国文、英文等课程，还把高二第一个学期的数学内容也提前学完，把教材里面所有习题都做了一遍，提前做好转学到南洋中学的准备。勉强在浙大附属高工读完一学期后，钟俊便到上海参加插班生选拔考试。

梦想南洋

1929 年 2 月,就在春季开学的前几天,张父带着钟俊和他在浙大附属高工的成绩单来到上海南洋中学。校长看到他的成绩单,认为考得很不错,得到准许参加选拔考试。他原本打算插班进入高一下学期学习,因此参加的是高一插班生的考试,只考国文、英文、算学三科。钟俊对这些考试毫无畏惧,很有信心地提前完成了所有答卷。待到第二天下午考卷评分出来后,老校长王培荪先生亲自来查看考生的答卷。当看到钟俊的国文、英文考卷都很好,算学又得满分,老校长非常高兴,便接着问钟俊:"你高一算学考这么好,高二的题目能做得来否?"钟俊表示高二的内容他也会一些,可以试一试。于是老校长要来一份高二试卷让他当场做,结果算学教师李传书先生看了之后认为也能及格,跟班上高二应该没问题。于是钟俊得到校长的鼓励和批准,直接跳级到高二下学期插班上学。

入学就得到老校长的赏识,钟俊信心倍增,学习非常用功,高二读完一个学期,总成绩名列班上第二名。从此,他一心一意地做报考交通大学的准备。到 1930 年夏高中毕业时,为了保险,钟俊分别报考交通大学、清华大学和浙江大学的电机工程专业,这也是国内当时最有名的三所理工科大学。结果三所大学都发来录取通知书,他毫不犹豫地选择了交通大学的电机系。一则交通大学的电机工程系是我国高校办得最早、当时师资实力最强的一个系,二则交通大学隶属交通部,

南洋中学时期的张钟俊

按惯例成绩优异的毕业生可由交通部直接选派到美国留学。加上有大舅父在交通部任职,各种信息资源及社会关系也可能有助于今后出国留学,因此交通大学必然成为他的首选。

交通大学创办于 1896 年,是清末洋务运动,教育上提倡"中学为体,西学

为用",以实业救国的产物。① 早在 1895 年,以康有为、梁启超为首的"公车上书"就提出废科举、兴学校,提倡西学以救亡图存。此提倡立即受到张之洞等洋务派重臣的大加赞赏。受此启发,翌年,津海关道、太常寺少卿盛宣怀"禀明两江督臣刘坤一,筹款议建南洋公学。"②这是首次提出要创办"南洋公学"。同年,盛宣怀上奏清廷《请设学堂片》《筹建南洋公学及达成馆舍片》等获准,拟由他督办的招商、电报两局每年捐出白银十万两,在上海徐家汇开办以"中学为体,西学为用"的官督商办新式学校,即南洋公学。盛宣怀亲任督办,翌年请何嗣焜(字梅生)为首任总理(即校长)。何嗣焜制定了《南洋公学章程》,将公学初设四院:师范院、外院、中院、上院,构成小学、中学到大学连贯一体的教育体系。

南洋公学上院(图片来自上海交通大学档案馆)

---

① "中学为体,西学为用"思想源自 19 世纪 60 年代冯桂芬的《采西学议》一文。冯桂芬(1809—1874),字林一,江苏吴县人,师从林则徐。清道光二十年(1840 年)进士科第二,精于经史、历算之学,授翰林院编修。同治初年进李鸿章幕府,提倡经世致用。中午后在上海设广方言馆,培养西学人才。先后在上海、苏州、金陵(南京)等地书院讲学,改良主义先驱。提出"以中国之伦常名教为原本,辅之诸国富强之术",教育上坚持儒家伦理教化,同时应"采西学""制洋器"。之后张之洞在《劝学篇》(1898 年)中又对"中体西用"思想进一步系统阐发。见《交通大学校史》编写组:《交通大学校史1896—1949》,上海教育出版社,1985,第 13 页。

② 上海交通大学校志编纂委员会:《上海交通大学志》,1996,第 3 页。

张钟俊所就读的电机工程学院,其历史渊源于1908年创办的电机工程科,是国内高校创办最早的电机工程学科,被誉为"中国电机工程师的摇篮"。此时招商、电报两局已归邮传部管辖,校名也改为"邮传部上海实业学堂"。校长(时称监督)唐文治制定的《邮传部上海高等实业学堂章程》,增设铁路科、电机科、国文科(国文科并不招生,是为加强全校师生国文教育)。[①] 至此,学校初步办成以工科为重点,兼顾传统文化教育的办学体制,体现工程实业救国的最初理想。开始几年,电机工程科规模并不大,属三年制专科,主干专业课教师主要靠聘请美籍教员。从1908年开始创办直到20年代初,每年招收10名左右学生。[②] 学生毕业后多数被派往美国的企业实习一段时间后回国工作,少数条件好的可在美国高校继续留学,拿到学位再回国。电机科首任科主任是美国人海腾,一年后海腾任期满回国,又聘请美国人谢尔登(S. R. Shelden)担任。之后陆续聘任美籍教员桑福德(H. B. Sanford)、汤普森(G. Thompson)等为教员。电机科从开始创办,教学上模仿美国大学的模式,教材也大多以美国大学教材为蓝本,以英文讲授。

1920年底,时任北洋政府交通总长叶恭绰以"交通要政,亟需专材"为由,为统一学制和提高办学质量,向国务院提出将当时交通部所辖四所学校:北平邮电学校、北平铁路管理学校、唐山工业专门学校及上海工业专门学校合并,"以南洋为中坚",定名为"交通大学",分别称"交通大学北平学校""交通大学唐山学校""交通大学上海学校",办学经费由交通部下属铁路局给付。[③] 翌年,政府批准"交通大学组织大纲",实行董事会管理,首届董事会推举叶恭绰为校长。1921年8月1日,校名正式改为"交通大学上海学校"(英文名:Chiao Tung University, Shanghai Branch)。[④] 同年,电机工程科由原来三年制专科升级为四年制本科,四年级分设电力工程门、有线电信

---

① 上海交通大学校志编纂委员会:《上海交通大学志》,上海交通大学出版社,1996,第22页。
② 1911年首届毕业生10名,随后几届依次为16名、8名、10名、7名、8名。
③ 《交通大学校史》编写组:《交通大学校史1896—1949》,上海教育出版社,1985,第123页。
④ 同上书,第125页。

门、无线电信门(1924年5月又将有线、无线电信门合并为电信门),并仿照欧美的大学实行学分制与学位制。在叶恭绰主持交通大学时期,交通大学获得长足的发展,办学经费比较充足,教学管理严格,逐步形成"求实学、务实业"的办学传统和朴实学风。

南京国民政府成立后,1928年10月,国民政府对中央各部进行改组,增设铁道部。随后,交通大学移归铁道部管辖。将设在上海、唐山、北平三处的交通大学各部统称交通大学,分为上海本部、唐山土木工程学院、北平铁道学院。校长也由原来交通部部长王伯群兼任改为铁道部部长孙科兼任。1930年10月,孙科辞去校长职,国民政府任命原铁道部次长黎照寰为校长。[①] 黎照寰到任后,辞去铁道部次长职务,专心致志于交通大学建设,对我国交通人才的培养和交大的快速发展做出重要贡献。在孙科、黎照寰掌管交通大学期间,推行"交通行政与交通教育相辅而行"的政策。1929年春,铁道部与交通大学组织了部校领导组成的交通教育整理委员会,对交通大学进行全面整理。提出了交通建设十年计划,分为"从精神上提起交大精神"及"从物质上重新建设"。包括改善组织、增加经费、重建校舍、提高程度、充实内容、增进教学效能、改善教职员待遇、部-路-校连贯、实业计划研究及调查、毕业实习及留学办法等等一系列措施。[②] 从此开始,交通大学进入一个大发展时期。院系设置方面,原机械、电机两科扩充为机械工程学院和电机工程学院。原合并到唐山的土木工程科,返回上海重建为土木工程学院。1930年新成立了科学学院,1931年又成立交通管理学院。外加中国文学系、外国文学系,负责全校国文与英文的教学。由此,交通大学形成以铁路、交通为中心的较完整的工科大学。

---

① 黎照寰(1898—1968),广东南海人,曾留学美国哥伦比亚大学经济科和宾夕法尼亚大学政治科,获政治学硕士学位。1910年加入孙中山领导的同盟会。参与创办中国科学社和中国经济问题研究会。历任中山文化教育总干事、广九铁路管理局长、民国政府交通部铁路处长、铁道部次长等职。担任交通大学校长达十二年(1930—1942),对交通大学发展贡献很大。新中国成立后曾任上海市政协第一届至第四届副主席,第三、第四届全国政协委员。
② 《交通大学校史》编写组:《交通大学校史 1896—1949》,上海教育出版社,1985,第215页。

慶時深念母校創造之
辛苦與建設之困難
平時勿忘母校成立之
宗旨與施教之使命

黎照寰敬題

黎照寰(前排中)及其给母校题词(图片来自西安交通大学溯源馆)

在张钟俊入学的 1930 年，交通大学开始进入新中国成立前的"黄金时期"。从国内大环境来说，北伐战争结束后，上海华东一带社会赢得一段相对稳定时期，经济迅速恢复和发展，人民生活安定，教育经费投入充足。从交通大学自身内部环境来看，校领导兢兢业业，教师工作热情高昂，学生勤奋踏实，学习氛围非常浓厚。学校基础设施建设基本完善，校容大为改观，教师待遇提高，早期毕业生派出国外留学者，纷纷拿到国外名校硕士或博士学位归国任教，各专业师资齐备，名师云集。

恭绰馆(图片来自上海交通大学档案馆)

校舍建设方面,1929 年 2 月和 1930 年 10 月,铁道部先后两次拨付经费,开始兴建校舍。1930 年 1 月建成学生宿舍"执信西斋"(第一宿舍);6 月建成铁木工厂;1932 年 1 月建成"恭绰馆"(工程馆);1933 年 3 月建成"容闳堂"(总办公厅);同年秋,建成工业化学实验室。随后又相继建成自动机实验室及其他生活设施,开辟了运动场,改建校门,美化校园等。① 在教师匹配方面,交通大学非常注重与美国名校的对接。从早期开办电机工程科开始,师资主要聘请美籍教师,毕业生多数被派出到美国名校继续学习,或到美国工厂实习一年。20 世纪 20 年代中期开始,随着交通部派出留学生及庚款留美生纷纷学成归国,师资本土化开始形成。张钟俊就读交通大学的教师中,有教英文的凌鸿铭、唐庆诒;教微积分的胡敦复;教物理的裘维裕、周铭、赵富鑫;教电工学、直流电机和蓄电池的马就云;教热力工程的陈石英;教交流电路和交流电机的钟兆琳;教输电工程的寿俊良;教无线电工程的张廷金、史钟奇;教化学的徐名材;等等。这些教师绝大多数是到国外名校留过学,获海外高校博士或硕士学位,学科基础过硬,知识面广,知悉当时国际上本学科最前沿的研究状况,教学要求严格,在当时国内高校中享有盛誉,堪称一代名师。

课程设置方面,仍依循美国的通才教育思想,电机工程学院以美国麻省理工学院及康奈尔大学的课程为蓝本。课程的编制,分为必修课、选修课、规定选修课三类。一年级多为共同基础课程。比如国文、英文、物理、物理实验、化学、化学实验、微积分、机械图画、工厂实习、军事训练等课程,各学院相通;二年级主要是专业基础课,各学院有差别,但同一个学院学生大多一起上课;三年级进入较高深的专业理论课程,有必修也有选修;四年级分组或门,研究专门的应用科目,各门学生分开上课。由于课程的设置、教材选用及实验设备的购置等大多仿照美国名校麻省理工,所以当时的交通大学也常被称为"东方麻省理工"(东方 MIT)。

从办学传统与学风建设方面,交通大学正在从 20 世纪 20 年代的"求实学、务实业"发展成为 30 年代直到现在的"起点高、基础厚、要求严、重实

---

① 上海交通大学校志编纂委员会:《上海交通大学志》,上海交通大学出版社,1996,第 5 页。

践"。其中的"基础厚"与"要求严"让张钟俊印象特别深刻,也影响了他一生的治学与教学实践。所谓基础厚,从1930年科学学院的创办可见一斑。科学学院的建立,目的是为加强学校基础自然科学的教学与研究实力。当时交通大学的工科在国内高校中已经非常有名,但是数学、物理、化学等学科实验设备相比其他高校明显偏弱,师资人数也偏少。这反映了之前交通大学的一种办学理念,即很重视实业,但轻基础理论。因为之前是为交通部,以及后来为铁道部培养技术人才,课程设置也强调专业对口,以便今后在工作岗位上能立即发挥作用。这种强调实用性在当时专业技术人才非常短缺的情况下,为满足急迫之需是必要的,但却不利于毕业生今后一生的职业发展及社会需求的变化。科学学院的建立就是为改变这种局面,其动机是"应用科学与理论科学的相互提携",实现理科与工科"通力合作"。①

师生自行设计的校园小火车(1933年)(图片来自西安交通大学溯源馆)

按照科学学院院长裘维裕的看法,大学阶段应该更重视对学生思维能力的训练,科学思想的训练:"大学的使命,并不是教授学生一种吃饭的本

① 《交通大学校史》编写组:《交通大学校史 1896—1949》,上海教育出版社,1985,第235页。

领,或者解决学生的出路问题,大学的使命,是要养成一种健全的人格,训练一种相当的科学思想,有了这种训练,毕业以后,无论什么工作,就都可以担负,都可以胜任","大学的重要使命,是给学生一种科学思想的训练,并不是灌输给他们一种职业上的知识"。① 他力图转变过去的纯工科教育为通才教育,加强学生在数理化方面的基础训练,养成思维能力和独立解决问题的能力,理论基础更宽厚,以便今后继续深造,也能适应社会的广泛需求。科学学院下设三个系:数学系(系主任胡敦复)、物理系(系主任裘维裕)、化学系(系主任徐名材)。实际上是将 1928 年秋成立的三个系进一步充实加强,分别给各个学院大一和大二开设基础理论课。其中数学、物理与物理实验课在电机工程、土木工程、机械工程三个学院均在大一和大二上满两年。电机工程学院的数学课也要求上两年:大一的微积分和大二的微分方程。化学课程也上两年:大一的化学与化学实验,大二的工程化学与化学分析。数学、物理、化学教学内容之深、广和必修学分之多,在当时(及现在)的工科大学里是很少见的。

据张钟俊后来回忆,他到麻省理工学院留学期间,无论是高等工程数学或者电磁场与电磁波理论都能得心应手,对他后来做毕业论文帮助很大,就是因为在交通大学时期数学和物理课打好了扎实的基础,有不少内容在本科时候就接触过,继续深造就比较容易。交通大学要求严,主要体现在大量的练习题和考试上。工科各学院每年要做物理习题达两百多套,都是教师们精心设计和挑选出来必须完成的。数学习题也很多,物理与数学课几乎每周一次小考,而且都是利用课外时间,比如上晚自习等进行。裘维裕教授、周铭教授的物理课及胡敦复教授的数学课,不仅讲课深入浅出,知识广博,而且每次课后都留下不少练习题让学生反复演练,做到真正运用自如,熟透于心。这两门课都因为要求严格,成为有名的"霸王课"。此外,钟兆琳教授的交流电机和直流电机课也是一学期有一百多套习题,每周一次小考。大量的练习题和频繁的考试确实让很多学生感到很畏惧,感觉负担很重,但是毕业之后继续深造之时才知道严格的训练带来的

---

① 《交通大学校史》编写组:《交通大学校史 1896—1949》,上海教育出版社,1985,第 235 页。

勤奋自律

进入交通大学,张钟俊时刻以大舅父孙文耀为榜样,一定要努力学习,以优异的成绩毕业争取获得出国留学资格。上学的头两年他非常用功,平时除了学习,几乎没有什么娱乐。这也是当时交通大学学生的生活常态,很多同学都坚持一条基本原则:不虚费一点时间。上课从未出现同学迟到,晚自习教室随时满座,学习氛围非常浓厚。张钟俊与其他同学一样,严格遵从交大学子自然形成的"四不"规矩:不抽烟、不喝酒、不打牌、不跳舞。除了早晨跑步等适当的体育锻炼,以及偶尔观看学校体育比赛,为班上同学加油助威,其余所有时间精力都放在学习上,甚至有时晚上要学习到深夜,到了用脑过度的程度。因为交通大学的电机工程学院,自从1908年开办以来,每年招生的名额不多,以往的毕业生,只要是成绩很优秀的,大多能获得公费资助到麻省理工学院、哈佛大学、康奈尔大学等美国名校留学的机会,十分令人羡慕。钟俊自信只要学习成绩优异,能排在班上前几名,就可能获得出国留学的机会。但是当时考上交通大学电机系的学生,都是全国优秀毕业学生中的佼佼者。据交通大学档案资料显示1930年报考交通大学的考生达617人,大部分来自江浙及上海有名的中学,实际录取只有92名,

张钟俊在交通大学的大二成绩单(上海交通大学档案馆提供)

录取比例仅为 14.9%,可谓优中选优。① 能进入交通大学的学生,无论个人天赋还是基础教育都不相上下,大家都怀着同一个梦想,壮志雄心,竞争异常激烈。经过两年的努力下来,到了大二结束,张钟俊的成绩在班上已经名列前茅,平均分达到 85 分,这十分不易。因为当时交通大学的《大学物理》和《高等数学》两门课的考试之严格,是全国都有名的,稍不留心,就有可能挂科。张钟俊不但每科都顺利过关,而且大二两个学期的《大学物理》分别获得 88 和 86 的高分,《微分方程》更是获得 98 和 99 的高分,的确非常优秀。

但是到了大三,张钟俊感觉身体有些吃不消,因用功过度,开始出现身体衰弱迹象。尤其到 1932 年的冬季,出现有肺痨(即肺结核)的嫌疑。因当时交通大学学生得肺痨的已比较多,学校对部分学生宿舍采取了隔离措施,且有部分学生开始休学养病,在校园内外都有所传闻。肺痨在当时可是不治之症,十分恐慌。钟俊很为自己未来担忧,于是采取保守策略,每天吃过晚饭就早早入睡,以保持体力。加上由交通部选送出国的机会已经取消,按当时情形来看,公费留美似乎只剩下华山一条路——考取庚子赔款留美生。但庚款留美名额非常少,一般每个年度,在一个专业里全国就只招收一个名额。那非要考上全国头名状元不可,这几乎是没有希望了。在三四年级,为

张钟俊大学四年平均成绩(上海交通大学档案馆提供)

---

① 《交通大学校史》编写组:《交通大学校史 1896—1949》,上海教育出版社,1985,第 227 页。

保持良好的体质,钟俊的拼命劲头开始有所松懈,但成绩仍保持在班上中上的位置,大学四年的总平均分仍保持在80分左右,只是进不了前两名了。

梦想远航

虽然公费留美的希望很渺茫,但钟俊仍然没有放弃出国留学的理想。当时出国留学的途径大概有三种:首选的途径,最好当然是考取公费留学。比如上述的庚款留美生,以及政府各部用专款选派的留学生,费用不用自己担心,名誉又很好。但这也是竞争最激烈、最困难的一条路,只有极个别特别优秀者才有机会胜出。第二种途径,也是最现实的通行办法,就是自费出国留学。但这通常是那些富贵人家的子女才有机会,比如大地主、银行资本家的子女或高官子弟。因为在美国连续念完工科的硕士和博士,拿到博士学位通常要4~5年时间,学费、房租及生活费交通费等各种费用加起来至少要上万块大洋,这在当时普通家庭是不可想象的。第三种途径可称为"曲线公费"。就是先行自费留学,待到一年学业结束,在国外名校拿到优异的成绩单,拿回国内申请中华文化基金会的公费资助继续留学。当然,如果留学成绩很优秀的,也可以申请到国外大学的奖学金,也能解决一部分的费用,但是两者的前提都一样:首先得筹集到出国留学头一年的费用。

第一种途径,他感觉已经没有办法了。在大一和大二的时候尚且还有希望,但大三以后他基本放弃了这种想法。第二种途径他也曾做过尝试,就是寻求有钱人家的资助自费留学。如何获得有钱人家资助呢?当时有个流行的便捷途径,就是跟有钱人家女孩成亲。比如,找个资本家的女儿结婚,靠岳父母家出钱资助出国留学。民国时期此法在上海交通大学及其他上海高校毕业生中已有不少成功先例。此法本也无可非议,因为当时交通大学学子大部分是男生,很多专业并始是不招女生的,尤其电机工程这种纯工科更是没有女生,在读大学生也就很少有机会谈恋爱。由于学习非常紧张,除了亲戚关系,也不大有机会接触社会上的女性。不仅在交通大学如此,当时整个社会女性受高等教育的机会就很少,有少量的女大学生也大多是地主或资本家的女儿。交通大学毕业出来的学子,在社会上往往享有比较高的待遇和声誉,工资收入相对较高,也比较受大户人家女孩子的青睐。在婚姻问题上,除了部分是听从父母包办,大多也想找受过良好教育的知识女性。所谓的知识女性,多半也是地主资本家的女儿。

眼看毕业在即,公费留学基本无望,钟俊内心十分焦急。最后在父母亲的安排下,他终于同意尝试第二种路径。在大四的寒假期间,经一位亲戚介绍,曾在上海跟一个银行家及其女儿见过一次面。会面地点选在一家餐馆,说是为方便边吃饭边聊天,增进双方相互了解。可是钟俊只顾自己吃饭,整个过程跟对方没什么交流,只听亲戚不断夸耀自己如何聪明优秀,前程无量,对方又如何漂亮贤惠,落落大方,如此等等。其他谈不上什么印象和感觉,但是为了前程,似乎只能做些割舍了。年龄还不满二十,没有任何经验和思想准备,第一次面临婚姻大事的钟俊,遭遇的竟是这般景象,不免心中失落彷徨,感觉只是勉强应付,甚至有些羞愧难当。但毕竟对方也是来自体面人家,受到过中等教育,知书达理,也没什么可挑剔的。自己平时忙于学业,也没机会接触其他女性,没有比较,也就没有什么满意或不满意的。于是在双方父母的商议之下,几乎快成定局,只需等待一些时日,择吉订婚就是了。如若没有其他意外,按照当时的习俗,钟俊一毕业得先结婚,或至少要订婚,然后由对方家庭资助出国留学。

可大舅父的一封来信再次改变了他的命运。大舅父告诉他,即便毕业时考不上庚款留美生,也还有其他公费留美的机会,就是如上的第三种办法。先自费出去一年,待拿到一份美国名校研究院的优秀成绩单,他可帮助申请公费资助名额。快到山穷水尽,却现柳暗花明,这真是让钟俊喜出望外。但"曲线公费"也有一定风险,万一出去留学一年成绩并不理想,申请不成功那岂不前功尽弃?况且如何筹集到这第一年的所有费用也是个问题。但想到有大舅父的鼎力支持,钟俊还是决定一试,这才促使他下决心断绝跟资本家女儿继续来往。这当然让他父母亲有些恼怒,原本费尽心思为他铺就的一条平稳道路,竟被他如此轻易放弃。但对钟俊来说,心头一块沉重的石头算是落下了。靠资本家的资助出国,虽然出洋留学的目标能顺利实现,但有攀附权贵之嫌,毕竟名誉不那么好听,日后不仅在同学朋友面前难以启齿,在家庭和社会上也抬不起头,还是靠自己努力争取得来的更有底气,也更自由。

1934年春,即将交通大学毕业的张钟俊凭着交大的成绩单及老师的推荐信,已经成功申请到麻省理工学院的研究生入学资格,并幸运地获得免掉一半学费的优惠。可是此时他仍然为如何筹集到出国留学第一年的费用而发愁。春假期间,钟俊回到杭州家中,一家人连续开了好几天的家庭会议商讨解决之法。之前他曾几次明确向父亲提出请求,希望能早想办法帮助他筹集出国留学的费用。但父亲表明了家庭的困难处境。全家老小的生计,现在全靠父亲一人的微薄收入维持,况且他们兄弟妹有四个,不能厚此薄彼,若因为让钟俊出国留学而债台高筑,再过几年到钟杰他们毕业了又如何办?一家商议了好几天,僵持不下。最后经母亲和大舅父的大力支持,才凑齐了三千块大洋,钟俊这才算松了一口气。但父亲也提出相应的条件。首先,他出去之后,务必心无旁骛,努力学习,争取拿到麻省理工研究生院的优秀成绩单;其次,生活尽量节俭,争取拿到奖学金,在拿到博士学位之后,争取在美找到一份工作,将节约的酬薪拿回来偿还留学借款,作为父母日后养老之用;最后,为公平起见,要求他学成回国后一定要负责资助弟弟钟杰今

全家福(1933年),从左至右:张钟俊、张钟娴、孙星英、张受均、张钟杰

后出国留学的全部费用,并照顾好钟娴。钟俊留学心切,就一口气应许下来。但此时他也深切地感受到父母的艰难。母亲没有工作,父亲的体质每况愈下,自己作为家中老大,如今已经大学毕业,也到了该替父母分忧,承担起家庭重任的时候了。

第三章
麻省理工学院

麻省情缘

1934 年 8 月，张钟俊与朱兰成、徐正方等几位交通大学毕业的同级学友，从上海的黄浦江畔登上美国太平洋号邮轮，开始了他的留洋梦想。

麻省理工学院（Massachusetts Institute of Technology）是位于美国东部马萨诸塞州波士顿市的一所私立大学，创办于 1861 年。学院从创办伊始就非常重视与美国工业发展的联系。19 世纪中期起，美国工业化城市化快速发展，蒸汽机、铁路、工厂迅速涌现，大量需要工业技术人才，学院应运而生。

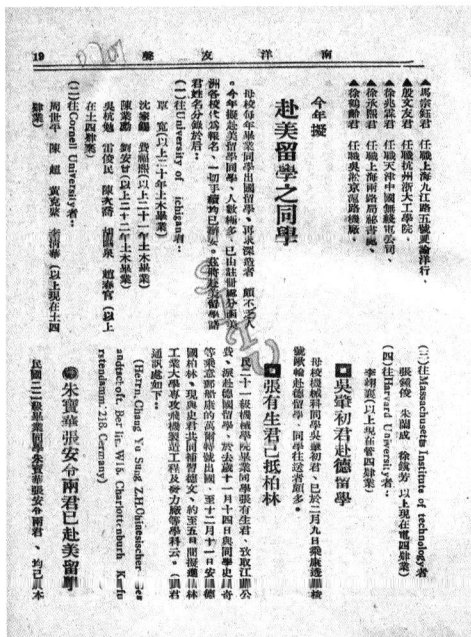

1934 年《南洋友声》第 29 期上刊登的赴美留学毕业生名单(上海交通大学档案馆提供)

学院的创始人威廉·罗杰斯(William B. Rogers，1804—1882)原本是弗吉尼亚大学的地质学教授，曾参加波士顿一带铁路建设的地质勘探工作，对美国迅速崛起的现代工业，尤其是铁路与机械工业非常着迷。从 19 世纪 40 年代起，罗杰斯就梦想在美国工业发达地区波士顿创办一所理工结合的技术学院，为快速发展的工业培养技术人才。1860 年 11 月，罗杰斯联合了一个拥有 18 名成员的委员会，正式向马萨诸塞州政府提交《关于建立麻省理工学院的法案》，申请在波士顿后湾区创办一座博物馆、一个艺术协会和一个工业技术学院。第二年该法案获得州政府批准通过，以此作为学院创办的法定标志日期。但实际上当时经费十分困难，加上美国南北战争的爆发，校舍无法开始建设，并没有真正开班办学。① 1862 年 7 月，林肯总统签署了《莫里尔赠地法案》，该法案准许各州政府获得一份土地支配权，以作为支持文化教育等公益事业之用。马萨诸塞州政府于是将其获得赠地中约三分之一的售地收入赠送给学院，加上罗杰斯本人六万美金的捐助，以及社会上零散的私人捐助，到 1863 年学院才获得足够的启动资金，开始新建校舍，到 1865 年才正式招收第一批学生，头一年只有 15 名学生入学。

学院开办之初，罗杰斯便强调他的"新式教育"理念，即以实验室为基础的教学体系，通过实验教学和动手操作来为学生提供亲身实践的经验。他仿照法国和德国的综合技术学院(polytechnic)及格拉斯哥大学(其弟亨利·罗杰斯在此任教)的模式，强调理论学习与操作能力并重，认为实验教学将理论和实践结合在一起，效果远远超过其他学校广泛采用的授课—演示—背诵法。② 这一教育理念发展成为麻省理工学院沿用至今的校训：手脑并重(拉丁语 MENS ET MANUS 体现在大印章及校徽上)。

从麻省理工学院创办的早期历史可以看出，交通大学参照麻省理工学院的办学模式是很有道理的。当时国内环境还处于工程实业救国阶段，社会需求大量的工程技术人才，麻省理工学院的技术型教育非常适合。不同

---

① 戴维·凯泽：《麻省理工学院的成长历程：决策时刻》，王孙愚等译，清华大学出版社，2015，第 23 页。

② 同上书，第 26 页。

的是,在 19 世纪末 20 世纪初,国内很多工业行业还未发展,学生没办法到对口的企业实习锻炼,也很难请到企业工程师来校兼课。因此当时的做法是,在交通大学上完三年基础课程,毕业后由政府相关部门出资,派出到美国相应的企业实习一年,进一步熟悉操作技能和企业管理规程后回国效力。这也是向西方发达国家学习最便捷有效的一种办法。此外,中国的政治体制与美国也大不相同,从清末到北洋政府时期,我国仍然是中央高度集权的制度,学校被划归政府相应的部门管辖之下:邮船部、交通部、铁道部等,虽然也模仿麻省理工的管理模式,实行校董事会制度,但校长人选往往要听从所管辖的部门选派,而非董事会自主推荐。其有利之处是经费有保障。这方面早期的交通大学条件要比麻省理工好得多,学校领导不用过多为经费问题担忧,校园用地、校舍建设、实验室建设比较顺利,能很快建成规模。但国内跟美国大学最大的差距在于,首先是聘请不到有名的科学家,没有像皮克林、康普顿、布什等在科学上有开拓性的人才来引领和推动;其次,缺乏企业创新的社会环境。19 世纪末 20 世纪初的美国是工业化快速推进的社会,企业家创新活力踊跃,有迅速增长的杜邦公司、通用电气公司、贝尔电话公司等国际知名企业相助,更有大批中小企业参与,高校与企业的联合研究激发很多新研究课题,研发成果很快能实现产业化。相比之下,20 世纪初的中国仍处于工业化起步阶段,工业企业发展缓慢,创造活力仍不足,学生难得机会做研发锻炼,甚至有些学生毕业后无法在自己的专业就业,导致学非所用,才能得不到有效发挥。直到 20 年代末 30 年代初,上海的工业企业有了初步发展,交通大学的教授们也能有机会到上海的一些企业兼职,也聘请一些企业技术工程师到校兼课,跟麻省理工的做法极相似。到了黎照寰任校长时期,新建科学学院,大力加强交大的科学教育,这跟麻省理工学院的科学化转型基本上是同步的。

勤奋与收获

张钟俊入学的麻省理工学院工学院是由创建于 1882 年的电机工程系发展而来。1882 年也即沃克开始接任罗杰斯当校长的头一年。沃克就职以后,大力拓展学校的专业方向。除了电机工程系,他还创建了化学工程系,加上之前的建筑学系、物理实验室、工业化学实验室等,使学院初具规模,基本涵盖了当时美国工业发展急需的专业技术门类。在张钟俊进入麻省理工学院的 1934 年,工学院院长由大名鼎鼎的范尼瓦尔·布什副校长兼任。由于康普顿和布什的影响力,工学院聘请到一大批国际有名的教授队伍,科研实力空前增强。张钟俊的导师莱昂(Lyon)和斯特拉顿(J. A. Stratton)都是当时国际知名的电机工程专家。①

张钟俊选择申请去美国麻省理工学院留学,有几个方面的原因。首先是当时交通大学的学制和传统全面仿照麻省理工学院的模式,常被同行称为"东方 MIT"。交通大学使用的教材、教学内容等都与麻省理工学院高度相似,申请到麻省理工读研究生的成功机会比较大。早期交通大学毕业生

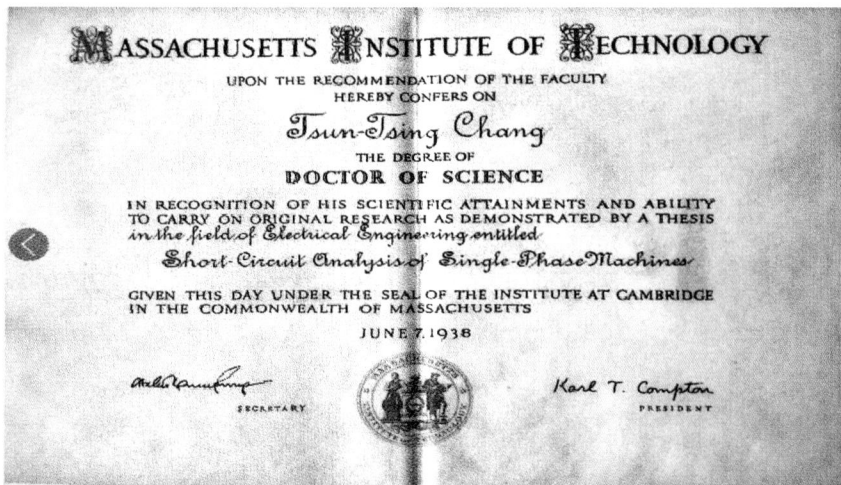

勤奋与收获:博士学位证书(1938 年)

---

① 斯特拉顿(J. A. Stratton, 1901—1994),1923 年获麻省理工学院学士学位,1925 年获麻省理工学院电机工程硕士学位,1927 年获瑞士苏黎世理工学院科学博士学位。博士毕业后在麻省理工学院以及德国慕尼黑、莱比锡等大学任教。1945 年被任命为麻省理工学院电机工程实验室主任,后升任教务长(1949 年)、副校长(1951—1959)、校长(1959—1966)、福特基金会主席(1966—1971)。1957 年获国际 IEEE 荣誉奖章。是国际著名电机工程专家、电磁场和电磁波理论专家,美国电机工程学会创始人之一,美国物理学会会员。其 1941 年出版的《电磁学理论》成为经典教材。斯特拉顿 1948 年曾来信邀请张钟俊到其主持的电机工程实验室从事雷达项目研究,张钟俊未就任。

中,成功申请到麻省理工学院留学的,已有周厚坤(1910 年)、李熙谋(1915年)、裘维裕(1916 年)等不少先例。其次,有前辈顾毓琇的成功典范。顾毓琇于 1923 年清华大学毕业后留学麻省理工学院,1928 年获博士学位,回国工作业绩非凡,历任浙江大学电机系教授、系主任,中央大学工学院院长,清华大学电机系主任、工学院院长等职,是中国电机工程界的领袖人物,非常受尊敬。最后,是张钟俊的工程实业救国的个人理想。如前所述,受其大舅的影响,张钟俊从少年时代即怀着工程实业救国的梦想,一心想出国留学。到交通大学学习期间,这种愿望更为强烈,也更为明确,就是要到世界上工程技术研究实力最强的名校留学,麻省理工学院当然是其首选。

在中小学时期,张钟俊的人生追求跟当时大多数中国学子一样,怀着工程实业救国的理想,一定要学好数理化和外语,在国内先考个名牌的理工科大学。毕业后争取到国外著名理工科大学拿到博士学位,最好是国家建设急需的工程技术专业,回国后既容易就业,发挥才华的机会很多,在社会上也很受尊重。此时期他的学习榜样就是大舅孙文耀,理想的专业应该是土木、机械、铁路、电力这些国家经济建设急需的。但是自从进入交通大学以后,随着对社会现实认识的加深,他逐渐意识到舅父的人生道路对他并不现实。舅父到欧洲留学时期,当时还是晚清,中国外出留学生人数非常少,几乎所有技术专业都人才奇缺,没有什么竞争对手。因此,留学生归国后非常受重视,很容易升任各技术职能部门的领导岗位。但现在行情已有变化,到20 年代末 30 年代初,出国留学人员逐年增多,拿到海外硕士博士文凭回来已经不算稀罕,今后机会就不会那么多了。加上自己的家庭无任何背景,想走学而优则仕的道路将异常艰难。当年父亲就是教训,一个北大毕业的高才生,最后落得只是个默默无闻的中学教师。

他不想再重复父辈的遗憾,得重新规划自己的人生道路。国内从电机工程学科毕业出来的,最成功的典范就是顾毓琇。顾毓琇不靠任何社会关系,就凭自己的学术水平立足,在国内外学术界都享有很高的地位。张钟俊慢慢意识到走纯学术道路对自己更适合。在学业上他不畏惧任何竞争,只要稍加专心用力,无论在数学、物理、外语及其他专业课程他都能得心应手,很快取得好成绩,这已经证明自己在学术道路上是有发展潜力的。今后若是做学术研究,在科研机构或者高等院校谋得个职位,边做教学边搞科研应该是比较合适的选择。这当然得选择国际上电机工程最强的名校为申请对象,保证所受的教育及从事的研究是国际上最先进的,麻省理工学院当然是最佳选择了。但是为了得到公费资助,他必须对专业方向进行调整。当时交通大学电机系分为电力和电信两门,张钟俊学的是电力门,申请到麻省理工学院也是进入电力专业。但当年中华文化教育基金会的公费资助没有电力专业,只有一名研究电信的名额。而且从舅父的来信得知,负责审查这个电信名额的将是交通部电政司司长兼北京大学物理系教授任颜光。任颜光之前是研究滤波器的,属于电子通信领域。为了能顺利获得公费资助,张钟俊到美国后赶紧申请转入电信专业,最后确定以电信网络为研究方向。这也算是投其所好,似乎有些背离自己原初的理想。但转向这一方向之后,他立即发现前途一片光明。因为当时国际上电子通信技术正处在大发展之中,许多全新的领域有待研究,可选的题目方向非常多,只要具备天赋和足够努力,定能做出优异成绩来。

麻省理工学院地处美国波士顿市区,查尔斯河对岸高楼林立,一片繁华景象,可是刚到异国他乡的张钟俊却没有旅游观光的雅兴。他除了上课和做实验,其余时间就一头扎进图书馆,陷入知识的海洋里尽自己最大的努力吸取营养。这里的图书资料真是太丰富了！他感觉自己真是很幸运,能在青年时期来到梦寐以求的世界著名大学求学,这是人生最幸福不过的事情了。在这样优越的环境里,自然而然的产生一种催人奋进的力量,他经常会阅读到深夜而不感觉疲惫。第一个学期下来,他拿到了优等成绩单,所有科目考试都是 A 等。因此,第二学期开始他就得到学校的全免费奖学金。这不仅暂时解除了他的经济负担,也让他安心开始硕士学位论文的写作。

1935 年 6 月,张钟俊以一篇微扰法计算热辐射的毕业论文 *Theory of A-C Bolometer by Perturbation Method* 通过答辩,获得电机工程硕士学位。同时,他因为成绩优异,获得继续攻读博士学位资格。这也是难得的机会,因为当时整个学院获得攻读博士学位的名额非常少,每年也就几个名额,竞争很激烈。暑假期间,大舅的一封来信也给他带来好消息,他顺利通过了中华文化教育基金会的公费留学申请,可连续两年每月获得 80 美金的资助经费。他终于可以安心下来全身心地继续投入学习和研究。

进入博士学习阶段,麻省理工学院的要求更为严格,除了要学习本专业的核心课程,还要求到理学院选择一门专业课作为副科。不仅要掌握该副科专业本科核心课程的内容,还要选修该专业两门研究生的课程。张钟俊的主科专业是电机工程,导师建议他选择数学作为副科,因为打好数学基础,今后拓展研究方向比较容易。张钟俊听从导师的建议。他原本在交通大学数学基础比较好,因此,第一学期就把数学系的几门核心课程拿下,到 1936 年春季学期,他就开始选修数学专业的研究生课程了。就在这一年,他有幸结识著名数学家、现代控制论创始人诺伯特·维纳(Norbert Wiener)。[1]维纳给数学系研究生开设一门傅里叶分析,这是他最新研究的一个领域,也是造诣很深的一门学问。就在 1934 年,刚当选美国科学院院士的维纳,应美国数学学会的邀请,写出《复域上的傅里叶变换》的专著。此时,利用傅里叶变换处理电机和做电路分析还是比较新的尝试,很多问题还在探索之中,是学术前沿正在研究的问题,维纳经常将他正在思考的前沿问题拿到课堂上跟同学讨论。这对张钟俊启发很大,也影响到他今后的教学风格。

维纳堪称一代数学奇才,从几岁开始就对很多艰深的数学问题着迷并执着地钻研,阅读兴趣也很广泛。他的讲课知识非常渊博,不仅对数学、物理、电子工程等有深入研究,还对生物学、哲学、心理学很多问题都有独到的理解,讲课也很有自己独特风格。他的课除了基本理论讲得很清晰透彻,还不时将纯数学理论应用于分析各种物理、电工、生物,甚至社会等问题,不断

---

[1] 诺伯特·维纳(Norbert Wiener, 1894—1964),祖籍俄国,出生于美国哥伦比亚,1909 年本科毕业于美国塔茨学院数学系,随后进入哈佛大学研究生院,先是学习生物学,后转到康奈尔大学学习哲学,一年后又转回哈佛学数理逻辑。在申请到学校一笔旅行奖学金之后,到英国剑桥大学、德国哥廷根大学等跟随著名数学家罗素、哈代、希尔伯特等研究数学。18 岁获得哈佛大学哲学博士学位。1919 年到麻省理工学院任教,1932 年升任正教授,1933 年当选美国科学院院士,后觉得此高级科学官僚组织让人烦扰,两年后辞掉。1934 年当选美国数学学会副会长。30 年代开始关注布什正在研究的模拟计算机,二战期间接受一个关于火炮控制系统的项目,他尝试利用机器来模拟人脑的计算功能,建立预测理论,并用于防空火力控制系统。1948 年发表《控制论》(Sybernetics)专著,标志这一学科的诞生,被称为"控制论之父"。

抛出新题目让大家一起思考。学生上他的课，常常感觉就像参加国际数学研讨会。张钟俊的数学功底非常好，因此对维纳的课程印象特别深刻，课余时间有机会就常去找他讨论问题。维纳对他的印象也非常好，此时维纳刚从中国讲学一年回美，在中国期间他与清华大学的李郁荣等有合作研究，对中国传统文化比较感兴趣，对来自中国的学生比较同情，也很愿意帮助，随即他们成为朋友。张钟俊的弟子韩正之教授给我们转述维纳的一个故事，说有一天傍晚，张钟俊等几个同学吃完晚饭到校园周边散步，路上偶遇维纳，见他一个人站在河边一直盯着河水出神。他们就走上前去问维纳，河里是否有什么特别的让他这么好奇。哪知维纳反过来问："你们看看河水里是什么？"张钟俊等感到一片茫然。维纳马上解释，这河水面的波浪，其实是一系列正弦波的叠加。大伙这才恍然大笑。这就是维纳，他善于观察分析身边的各种自然现象，在分析问题时，总离不开他的数学工具。

进入博士阶段学习一年结束后，1936 年 6 月，张钟俊在博士候选人考试中取得了全校第一名的优异成绩，正式成为博士候选人，开始毕业论文的撰写工作。他选择单相电机短路问题作为研究方向，尤其集中解决凸极电机短路的暂态过程。这是一个多年来悬而未决的难题，其中涉及求解有周期变化参数的常微分方程。他很快联想到天文学家曾利用傅里叶级数探讨天体运行的周期性变化，此时维纳的数学课帮了他很大的忙。他大胆地将这种方法推广到单相凸极电机的短路动态方程。经过较长时间的周密论证和巧妙的推理，他终于成功地解决了这一问题，首次在理论上获得这类电机的一个模式常数。后来这个常数在另一个硕士研究生的实验中得到验证。[①]1937 年 12 月，张钟俊完成了博士论文写作，题目为《单相电机短路分析》(*Short Circuit Analysis of Single Phase Machine*)，论文顺利通过答辩，与会的答辩专家对他的论文给予很高的评价，认为张钟俊提出的解决方法不仅对电机是新的解决途径，对数学研究也是一个创新。他也成为麻省理工学院电机工程系历史上第 28 位博士学位获得者。论文完成后，他把其中的

---

① 韩正之：《中国自动化技术的开拓者——张钟俊》，《自然杂志》1991 年第 3 期，第 220—225 页。

核心内容写成两篇文章发表。其中一篇发表在麻省理工学院 1938 年的学报上，另一篇在回国后以英文发在清华大学 1940 年的理科学报上。

在开始写作博士论文的同时，张钟俊还参加麻省理工学院的其他研究工作。其中，1937 年夏，电机系要编写一部《电路学》教材，聘请张钟俊以研究员的名义参与编写。张钟俊用一半的时间(每周约 20 小时)协助吉耶曼(E. A. Guillemin)①教授做编辑工作，获得每月 100 美元的工资，这不仅使他完全解除了经济窘迫，还开始有所结余。吉耶曼是国际著名的电信网络专家，此时期正在研究线性网络的分析与综合问题。张钟俊与他合作有不少收获，此时国际上电信网络也才开始起步，张钟俊的研究兴趣转向电信网络领域，初步有些研究心得，为他后来回国继续研究打下了基础。

1938 年春，刚获得博士学位的张钟俊被麻省理工学院聘请为博士后副研究员，留下继续协助吉耶曼做研究，获得每月 200 美元的工薪收入。1938 年上半年时间，他主要解决了两个网络理论问题：一是矩阵方法在网络综合上的应用；另一个是正定二次式(definite positive quadrations)。

在美留学这四年，张钟俊非常用功，收获也是颇丰。麻省理工学院优越的校园环境和图书资料，雄厚的师资力量，在

获得博士学位时的张钟俊(1938 年)

世界最前沿领域有不断的开拓，若干新颖的研究方向等待学者们去全身心的投入。这种令人振奋的学术研究氛围，无形中对他形成巨大的压力，必须

① 吉耶曼(E. A. Guillemin，1898—1970)，美国著名电机工程专家、计算机科学家。1922 年获美国威斯康星大学学士学位，1924 年获麻省理工学院电机工程硕士学位，随后获得一笔旅行奖学金，到德国慕尼黑大学师从著名物理学家索末菲(Arnold Sommerfeld)做研究，1926 年获博士学位。随后回到麻省理工学院教学与研究，主要从事通信线路传输、电话倍增器、平衡网络、滤波器及雷达等研究工作，在通信网络方面贡献突出。1936 年升任副教授，1944 年升任教授。1940 年被任命为国防研究委员会的微波咨询专家委员，1948 年获总统奖。1960 年当选麻省理工学院首任韦伯斯特讲席教授(E. S. Webster Chair)，1963 年退休。

尽快学到有用的知识，并尽快加入研究的行列，做出自己应有的贡献。他几乎处于忘我的状态，没有到校外游玩的心情，一心扑在学习上。尤其头两年，经常要夜读到午夜才休息，恨不得把所有专业书籍全都记下来。经过几年的潜心研究，他不仅能够独立地分析和解决电机电路问题，还对网络综合和伺服机件等新近发展的领域发生了兴趣，并具备了独立研究的能力，搜集了大量研究资料，为日后回国教学与继续研究打下良好的基础。

学术与友谊

在美国紧张的学习生活并没有使张钟俊处于与世隔绝的孤立状态。相反，他在麻省理工学院的四年生活是很丰富的。在学术上，有两位导师的帮助与指导，加上个人的天赋和努力，他很顺利地完成了毕业论文。在学术大环境方面，当时是康普顿担任校长时期，学校很重视国际前沿学术交流，不断邀请世界一流学者到校交流访学，举行各种学术研讨会、研讨班，学术氛围很活跃。在经济上，导师斯特拉顿先后帮助他申请奖学金，安排助教、副研究员等职务，取得普通讲师一半左右的工薪收入，迅速摆脱难关。此外，与维纳及吉耶曼等建立的师生友谊，也为他日后开辟新研究方向奠定了基础。还有同年赴麻省理工留学的交大同级学友朱兰成与徐正方等经常一起学习交流，相互鼓励。尤其朱兰成，在电磁学及电工技术方面极富才华，个性也开朗豪爽，与张钟俊又是同一个导师，研究方向也相近，两人经常在一起切磋学艺，相得益彰，其乐融融。①

1935 年是张钟俊留学四年中最为开心的一年。这一年他不仅以优异的

---

① 朱兰成 1913 年出生于江苏淮阴，1934 年毕业于交通大学电机工程系，同年赴美国麻省理工学院留学，分别于 1935 年和 1938 年获科学硕士和博士学位，随后留校任教。二战期间从事雷达与波导理论研究，成为国际电磁波权威专家，战后荣膺总统科学奖章。1952 年获麻省理工学院终身教授职位。国际 IEEE 学会院士、美国物理学会院士、美国科学院院士。1941 年曾作为美国军方通信技术人员代表到重庆指导通信电台建设，与张钟俊联系较多，回美国后为张钟俊筹建交通大学电信研究所筹集到一批重要图书资料。20 世纪 60 年代为台湾新竹电子研究所及随后的新竹交通大学建设出力很大。

成绩取得公费留学的资格,扫除了经济上的阴霾,还取得继续攻读博士学位的资格,实现自己留学的最初目标。同时,国内传来的好消息不断,他的几位同窗好友张煦、季文美、曹鹤荪等也申请到公费出国留学,同级学友钱学森已经到麻省理工学院航空系留学,钱学森的堂弟钱学榘也已经考取清华庚款留美生,将于第二年到麻省理工学院。一帮交大学子聚集剑桥,同学间交流就更多了。其中,同室好友张煦考取庚款留美生,将于翌年留学哈佛大学通信工程专业。季文美与曹鹤荪则考取民国政府航空委员会的留学项目,1935 年春到意大利都灵大学留学。

张钟俊与张煦(左)在麻省理工学院研究生宿舍楼前(1936 年)

　　1936 年秋,正当张钟俊通过了博士阶段的中期考核,进入博士论文撰写阶段,好友张煦刚抵达哈佛大学之际,麻省理工学院举行了盛大的新校区搬迁 20 周年纪念活动。学校将当年启动搬迁的渡船装扮一新,临近傍晚从旧校区的后湾徐徐驶近查尔斯河畔对面的新校区,在夜晚灯光照耀下显得华美而隆重。大批校友回校参加欢庆活动,张钟俊也邀请张煦一起参观麻省理工学院校园,共享学校历史上这一值得回忆的荣光,并在张钟俊所住的宿舍楼前留影纪念。

张钟俊与季文美

　　张钟俊在上高中、大学到美国留学时期,关系最要好的同学要算季文美。他俩都是先到南洋中学上高中,然后考上交通大学,毕业后一年先后到欧美留学。季文美与张钟俊是浙江老乡,又认识最早,工作及成家立业之后，两家人又长期成为邻居，交往密切，成为一生知己。①季文美 1912 年 1 月出生于浙江义乌县农村，1925 年到金华上初中，1928 年秋考入浙江大学工学院附设的高工电机科，从此开始跟张钟俊成为同学。1929 年春，张钟俊转学插班到上海南洋中学，季文美同样对浙大附属高工感觉失望，于是写信让张钟俊帮忙打听转学到上海中学的途径。但季文美开始想到的是能否转学到上海一所私立的立铎学院学文科。他从报上得知，有好几位非常有名的教师，如夏丏尊、叶圣陶、朱光潜等大学者都在该学院任教，非常仰慕，想转学到那里就学，于是写信给张钟俊叫他帮打听如何申请。可是张钟俊回信却劝他转学到南洋中学，并说该校不仅师资实力雄厚，而且可以跳级。更方便的是，该校入学比较公正，只凭学生考试成绩，不需要学历证明。至于以后学文科还是理科，可在高中毕业时再作决定。于是到 1929 年的暑假，季文美带着成绩单到上海南洋中学参加考试。凭着优异的成绩，他得以直接跳级插班到高三，又跟张钟俊成为同班同学了。

1930 年夏，季文美跟张钟俊一样，同时报考了交通大学和浙江大学的电机系，同样收到两校的录取通知书。此时他却面临艰难决策，父亲希望他上浙江大学，因为离家近，费用省。可是季文美有些倾向于交通大学。上中学以来，他分别在上海和杭州都生活学习了一年，感觉省城杭州跟大上海还是有明显差距，加上交通大学的电机工程系在全国高校里是最有名的。但是继续在上海上学，确实给家里增加不少负担。当时的义乌乡村，经济尚不发达，仅靠父母务农，举全家之力供他这几年上完中学已经不容易，想继续留在上海，恐怕家庭经济难以支撑自己的理想。正在打算放弃上海，但又心有不甘之际，他打起背包回到杭州，来到张钟俊家中一起商量。当张父听到他也同时收到浙江大学和交通大学的录取通知书时，非常高兴又态度十分肯定地说："哪有考取了南洋（交通大学旧称）还不去上南洋的？"②于是，他俩又

---

① 关于季文美生平及其与张钟俊的关系，参见季文美所写的《悼念张钟俊级友》一文，见席裕庚主编《厚德博学　孜孜一生——纪念张钟俊先生诞辰 100 周年》，上海交通大学出版社，2015，第 116 - 117 页。

② 季文美：《悼念张钟俊级友》，载席裕庚主编《厚德博学　孜孜一生——纪念张钟俊先生诞辰 100 周年》，上海交通大学出版社，2015，第 116 页。

成为大学的同班同学。

如果说在张钟俊上中学和出国留学两次人生重大选择的关节点上，均得到大舅父孙文耀的大力支持；那么季文美在升高中转学和升大学两次重大人生决策的关节点上，也是得到张钟俊及其父亲的支持。季文美视钟俊为知遇之恩，非常感激，俩人成为一生知己。上交通大学的四年时间里，两人住同一宿舍，一起上课，一起做实验和实习，一起课外活动，学习上相互激励，生活起居形影相随，亲如兄弟。季文美来自普通农村家庭，靠父母省吃俭用才勉强支撑其上学费用。张钟俊因为有其父亲在杭州省立中学任教，此时正是中国教育大发展时期，教师待遇有所提高，相比之下生活还算比较富足，经常慷慨资助季文美的平时零用，俩人学习生活均无忧无虑，一起度过美好的大学时光。

1934年夏交通大学毕业时，张钟俊按照早就规划好的人生旅程顺利地赴美留学，季文美则考取南京国民政府的资源委员会，被分配到首都电厂工作。在好友张钟俊以及同级学友朱兰成、徐正方等一起在黄浦江边准备登上轮船远航赴美之际，季文美到江边码头送行。目送朝夕相处的好友登上轮船驶向大海，即将开启新的人生历程；自己则只身乘坐火车返回南京，即将走上不同的人生道路；相伴多年的好友从此将大洋相隔，不知何时才能相见，季文美说不出心中的酸楚，不禁黯然神伤。回到南京首都电厂报到后，季文美不时会想如何改变自己的人生道路。此时，张钟俊的奋斗理想和人生志向不时感召着他，出国留学的愿望变得越发强烈。不久他从报上看到教育部招考公费生留欧学习机械工程专业的消息，心里不免有些激动。此时他正患眼疾，并不适宜报考。但有几位朋友极力鼓动和帮助，认为他那么优异的成绩，有这样好的机会不去尝试太可惜了。季文美听从劝告去报了名，果然顺利考取了，跟曹鹤荪等交通大学同级校友同一批赴意大利留学。

季文美报考的是民国政府航空委员会委托教育部代招，赴意大利学习航空工程的学员，将于当年年底前出国。按照当时公费留学的惯例和航空委员会的要求，他录取后要先到教育部报到，然后按统一安排去南昌航空委员会报到和实习一段时间，以了解国内航空工业发展状况和实际需求，明确出国留学的目标和方向。此外，航空委员会聘请了不少意大利顾问，他可以利用出国前的这段时间跟他们学习一点基础的意大利语,以方便在国外的学习和生活。季文美到意大利后,先是在那波利学习意大利语,后到都灵大学进暑期班补学几门课程。虽然初到异国他乡,但因为公费留学有政府的人员先行安排,一切手续不用自己操心,学习上不算紧张,生活费用也不高,又不用自己交学费,因此每月都有些结余。他很快写信把情况告知张钟俊,俩人便开始以书信方式在大西洋两岸相互鼓励和交流学习心得。当得知张钟俊在美国东部生活费用比较高,他又是自费,季文美便将自己手头的结余汇一些给他,以缓解他的紧张。张钟俊则给季文美买了不少专业书籍邮寄过来,包括振动、强度、数学等方面最新出版的书。他深知在机械工程技术知识方面,当时的美国麻省理工学院已经处于世界领先地位,加上语言等方面的关系,很多最新的专业书籍季文美可能不便获取,只要是他力所能及的,都尽量帮助。这些经过精心挑选的书籍,也确实是季文美非常需要的,对他日后的研究帮助很大。

1936 年,季文美获得都灵大学航空工程专业博士学位,按航空委员会的要求在意大利航空制造企业实习一段时间,次年回国。他先是在江西南昌飞机制造厂工作,抗战全面爆发后工厂内迁,他也迁往四川南川飞机制造厂任工程师、支配课长、厂长佐理等职,曾参与仿制伊16驱逐机获得成功。1940 年开始,他被派到重庆办事处,此时张钟俊已经从乐山的武汉大学转到重庆中央大学任教,老同学又有机会经常见面。由于时局吃紧,交通受阻,从国外进口的材料一时无法运送,不久工厂处于长期停工待料状态,整天无事可做。眼看抗战时艰,自己却无力报效祖国,季文美很想离开工厂。刚成立的交通大学重庆分部正缺乏师资,张钟俊便设法找人帮他脱离航空委员会,调到交通大学任教,参与筹建交通大学航空系,并于1944年开始担任新成立的交通大学航空系主任。1942 年开始,俩人又成为同事和邻居。到1945 年底交通大学复员回上海,①两家一直是邻居达十余年,两家子女也都时相过从,情同手足。直到1952年开始院系调整,交通大学、浙江大学、原南京中央大学三校航空系合并,在南京组建华东航空学院,季文美调往南京工

---

① 从战时状态转入和平,返回原地,简称复员。

作。1956 年华东航空学院迁往西安,称西安航空学院(现称西北工业大学),季文美再次西迁,两家才又分开,但一直经常保持联系。

张钟俊与顾毓琇

顾毓琇是张钟俊赴美留学的重要联系人、学术生涯的领路人和一生的学习楷模。顾毓琇,字一樵,是我国著名科学家、教育家、诗人、戏剧家、音乐家,学贯中西的著名学者,也是我国电机工程学界的主要开拓者和领路人。顾毓琇 1902 年出生于江苏无锡,1923 年毕业于清华学校,同年赴美求学。分别获麻省理工学院电机工程学士学位(1925 年)、硕士学位(1926 年)和科学博士学位(1928 年),是第一位获得麻省理工学院科学博士学位的中国人(就目前的资料所知,他也是在张钟

顾毓琇(1902—2002)

俊之前获得麻省理工学院电机工程科学博士学位的唯一一位中国人)。他仅用五年时间分别获得学士、硕士和博士学位,这本身也创造了麻省理工学院历史上的一个奇迹(当然,在清华留美预备班时期,他的学历已经相当于美国大学大二的水平,到美国即可直接进入大三插班学习)。回国后,顾毓琇先后担任浙江大学电机工程系教授和系主任,中央大学工学院院长,清华大学电机工程系教授、系主任、工学院院长。1938 年任教育部政务次长,中央大学校长。抗战胜利后任上海市教育局局长,国立政治大学校长,兼任国立音乐学院首任院长,中央大学、上海交通大学教授,中国工程师学会副会长,中国电机工程师学会会长等职务,先后获 IEEE"兰姆"奖、"巨比利"奖、"国际桂冠诗人"称号等。其一生在美国电机工程师学会期刊发表大量文章,对"非线性控制"理论的发展做出突出贡献,誉满全球,被国外多所大学邀请讲学,还出版诗集、戏剧数十部,可谓"科艺双馨"。顾毓琇 1950 年移居美国,先后任麻省理工学院客座正教授,宾夕法尼亚大学教授、荣休教授,并

被聘为美国国家科学院理论及应用力学委员会委员。[①] 20 世纪 70 年代以后,顾毓琇多次回国访问和讲学,受到几代国家领导人的接见。其中,1979年 5 月曾在上海交通大学作为期三周的讲学,系统介绍他在电机工程及非线性控制系统理论方面的工作,张钟俊是主要的接待人员。

虽然在 20 世纪二三十年代中国派出的留学生中,留学麻省理工学院并学有所成的并非少数。但是学业成就最大,后来对祖国科技、经济、文化建设做出重大贡献者,在行业间普遍认可的有所谓中国"MIT 三杰"之称:顾毓琇、钱学森、张钟俊。其中,钱学森与张钟俊前后一年到麻省理工学院留学,钱学森于 1936 年获得麻省理工学院硕士学位后转到加州理工继续读博,而顾毓琇年龄上比他们两个要大一辈,也比他们早留学近十年时间。顾毓琇与张钟俊之间的关系,可以说是亦师亦友。张钟俊很崇拜顾毓琇,在交通大学即将毕业、美国留学以及回重庆工作时期,顾毓琇是他人生追求的榜样。尤其在他留学麻省理工时期,顾毓琇的成功榜样是无形的力量。当时顾毓琇是清华大学电机工程系主任、工学院院长,也是张钟俊在国内的重要联系人。张钟俊在留学专业选择、导师选择、实习及毕业去留等问题咨询过顾毓琇,得到他的不少建议。顾毓琇很欣赏张钟俊的才华,在张钟俊留学期间,顾对张的学习、生活有诸多关照。待到张钟俊即将学成归国及就业选择方面,顾毓琇也提供许多建议,包括清华大学电机系给张钟俊的聘书,也是受顾毓琇的推荐。

张钟俊选择学成及时回国,担任武汉大学与中央大学教授等经历,均与顾毓琇的建议有关系。顾毓琇与上层及学术界都有广泛交往,社会活动能力很强。可是这事后来却成为张钟俊的一个"祸根"。由于顾毓琇曾是民国政府的高级官员,跟海外同行有广泛联系。"文革"开始后不久,由于在美国和重庆时期与顾毓琇的接触交往,张钟俊被怀疑是美国特务,被隔离审查达一年之久,不仅薪水被扣押,家境陷入贫困,子女上学及就业均被连累。(另一原因是与控制论创始人维纳的交往,这是后话。)但没想到改革开放后,两人还能够在美国重逢。在张钟俊随交通大学访美团访美期间,受到顾毓琇

---

① 顾毓琇:《百龄自述》,江苏文艺出版社,2000,第 1 页。

的热情接待,张钟俊也为邀请顾毓琇回国内访学交流牵线搭桥,顾毓琇曾将自己在九宫格方面的研究成果交张钟俊在上海交通大学出版社出版。两人还在多次学术会议上相逢,一起探讨国际前沿学术进展,怀念早年的留学经历和一起交往的那一段美好时光。

第四章
抗战岁月

归国流离

1938 年 2 月,张钟俊在学业上开始有所收获,刚获得博士学位,又被麻省理工学院电机系聘用为博士后副研究员,准备在学术上进一步施展才华,待进一步有成就才回国服务。忽然,他接到父亲从国内江西赣州寄来的亲笔信,得知很不幸的消息:日军已攻陷南京和上海,随后杭州也沦陷了,包括老家嘉善在内的浙江境内已沦为日寇铁蹄之下。父亲携全家逃往江西避祸,处于失业状态,不仅一路辛劳,又身患肺病,经济上十分困难,希望他赶快回国,取道香港见面,安排全家生活。国危家难交织一起,张钟俊心急如焚,很想立即放弃美国的研究工作,迅速回国与父母相见。可是此时自己身上空空如也,立即回国则无力安排父母生活。父亲来信表明家境已十分困难,实际上一家人是在杭州沦陷前几日才仓皇出逃,家业根本来不及处置,身边只有为数不多的现金银元,恐怕无力支撑长久。看到家信,张钟俊感到非常焦急,却又非常无助,当年出国时许下要资助父母养老和支持弟弟钟杰留学的承诺,如今突然事变,不仅无法兑现,连简单安排父母亲的基本生活都很困难。他只能强忍心中的忧愤,坚持在美工作一段时间,等待积攒一笔基本费用才回国。在美国的这最后半年时间里,他一直是在紧张与焦虑中度过,真是度日如年。

1938 年初夏,张钟俊写信给仍在赣州避祸的父亲,先期约定好在香港与父母家人见面的地点。暑期临近,拿到工薪,他还未来得及跟麻省理工学院的领导、导师和同事正式告别,就已经购买好回国的船票,从旧金山取道菲律宾马尼拉抵达香港。时隔整整四年,终于见到日思夜想的父母和弟妹,张钟俊心里总算得到一点安慰,但却很心酸。尤其见到父亲身体和精神状态的巨大变化,他感到说不出的忧虑和愧疚。父亲原本体质不好,经历近半年的颠沛流离和惊恐,更加疲弱不堪。虽是夏末,赣南及香港气候仍很炎热,父亲不时咳嗽,显然肺病已比较严重,却无条件医治。家人逃离杭州时非常仓促,又无交通工具,仅靠步行,只能随身携带一些细软衣物,其余家什书籍等不知何处。① 父亲已经失业,弟弟钟杰与妹妹钟娴也已失学达半年之久,无任何经济来源,一家人飘落他乡过着穷迫无奈的生活。跟他出国前的景象相比,简直是两个完全不同的世界。

　　张钟俊此时才真正感觉到作为家中老大的责任。他赶快想办法购买香港到上海的船票,一家人坐船到上海。先是在旅店暂时住下,然后在法租界拉斐特路(Route Lafayette,今复兴中路)的怡德里租了一间过街的一居室让父母居住。他将在美国工作半年多积攒下来的一千两百美金抽出一千美元给父母,安排他们的生活和父亲的用药。他自己则立即给美国的导师去信,辞去副研究员的职务,对自己的不辞而别表示抱歉,同时阐述自己选择回国的缘由。

　　在上海暂住的几日,他曾经回母校交通大学看望部分自己的老师。此时交通大学徐汇校园已被日本宪兵占领,日人将其改为"同文书院",并将校门上的"交通大学"匾额取下,换上了"东亚同文书院"的匾额。交通大学则租用徐汇震旦大学的校舍以及中华学艺社的校舍继续办学。② 之后他又到

----

　　① 据相关研究估计,全面抗战爆发前杭州城内人口大约 50 万人,1937 年 12 月 24 日杭州沦陷,大量人口往西南逃难,到 1938 年春,留在城内的不足 10 万人。

　　② 1937 年 8 月 13 日,日军疯狂袭上海,制造了"八一三"事件,淞沪抗战开始。此时正值暑假,许多师生已经离开上海,无法组织搬迁。9 月 6 日,教育部密电校长黎照寰,要求交通大学尽力在原地继续办学。黎校长召开教授会,决定把图书资料及仪器迁往法租界,三、四年级设法在沪上课,一、二年级迁内地上课。同时北平、唐山两处交通大学学生也南下合并到上海交通大学上课。黎校长曾电文教育部,提请搬迁浙江兰溪的计划,未获批准。12 月 30 日,日本宪兵队占领徐汇校舍。见上海交通大学校志编纂委员会:《上海交通大学志》,1996,第 33 - 34 页。

美资在上海的电力企业拜访一些同行朋友,也顺便了解困难时期国内电力行业的生存状况。美商电力企业有意挽留他在上海工作,也顺便可照顾年迈体弱的父亲。可张钟俊对此全然没有兴趣,面对日军在上海的暴行,目睹母校的沦陷衰落,他感到万分愤慨,决定尽快离开上海,奔赴大后方,为抗战贡献自己的应有力量。

回国之前,张钟俊在麻省理工学院的优异成绩,名声早已传至国内。因此,在拿到博士学位之后的半年中,他先后收到了国内广西大学、清华大学、浙江大学和武汉大学等聘请他为教授的聘书。拿到聘书之时,清华先是搬到长沙,后到昆明组建西南联大;浙江大学先是迁至建德,后到广西宜山,再部分迁至贵州湄潭;只有武汉大学仍留在临时首府武汉。考虑到弟妹入学就业等问题,他决定接受武汉大学的邀请,去武汉任教。[①] 可是在他准备归国之时,武汉会战已经大规模展开,民国临时政府机构已迁往重庆,武汉大

重拾信心:兄弟妹三人合影(1940年)

---

① 张钟俊选择到武汉大学的主要原因之一,是武汉大学有他认识和推崇的嘉善老乡高尚荫。高尚荫(1909—1989),嘉善陶庄镇人,1930年东吴大学毕业,同年赴美国留学,1935年获耶鲁大学博士学位。同年回国受聘武汉大学教授,从事病毒研究。1949年任武汉大学生物系主任,后升任教务长、副校长等职,1980年评为学部委员(中科院院士),是我国著名病毒学专家。张钟俊留美期间曾拜访过高尚荫,他受聘武汉大学教授也是一定程度上受高尚荫的影响。

学也只得临时迁往四川乐山。于是张钟俊携带钟杰与钟娴,乘船从上海经广州转道进川,于1938年10月抵达乐山的武汉大学。

武汉大学也是国内开办最早的大学之一。1893年,湖广总督张之洞与两江督臣刘坤一奏请清光绪帝在湖北武昌开办"自强学堂"。1902年自强学堂改名"方言学堂",辛亥革命后改为"武昌高等师范学校",1928年南京政府成立后改名"国立武汉大学",成为与当时中央大学、清华大学、北京大学、浙江大学等齐名的"国立五大名校"之一(因五校联合统一招生得名)。武汉大学的电机工程系于1934年开始筹建,第二年正式招生。由于刚开办不久,师资力量还十分薄弱。开始只有系的创办人,曾参加武昌起义的系主任赵师梅教授和另外一位陈季丹教授,课程开设很不完整,特别需要张钟俊这样的国外名校博士学位获得者加盟。因此,当张钟俊提出安排弟弟钟杰的临时工作和妹妹钟娴的入学问题时,学校一口答应,开始一切顺利。

1938年10月下旬,历经数月的辗转劳顿,张钟俊终于在四川乐山有个临时落脚之地。此时学校已经开学一个多月,但校舍建设、实验室设施等仍未完成,师生们已经紧张地投入边教学边搞校园建设的工作中。虽然条件艰苦,但大家信心十足。张钟俊也受这种创业精神的感染,立即开始投入他的教学准备工作。他分别担任了"输电学"和"交流电路"两门课程,这是他回国的第一份教学工作,因此,他非常珍惜,也准备得十分仔细。他根据自己在国外所学和随身携带的资料,开始编写讲义,每编写一部分就讲授一部分,课时不够就利用节假日和周末补课。第一个学期下来,学生普遍反映效果很不错。加上他与学生年龄相近,又性格活泼,与学生很快打成一片,上课经常中英文结合,给学生讲授专业知识的同时,也让同学有机会练习英文口语,很受欢迎。到了第二学期临近暑期,学校出于好意决定给他工资提升两级以挽留,这已经超过了一般老教授的待遇。可是此时,日军机开始轰炸乐山,并向学校投下燃烧弹。当时武汉大学的乐山校舍大都是临时建起来的一层楼木瓦房,日军机投弹之后,校舍一片浓烟,火光四起,遍地瓦砾,场面非常凄惨。

眼看好不容易建起来的简陋校舍,转眼间到处是废墟,师生们心痛不已。由于乐山嘉宣的武汉大学当时地处边远,仍未来得及建防空设施,师生的安全成了很大的问题,在外面有些门路的都纷纷离去。到了暑假,弟弟钟杰在武汉大学当了一年助教之后,已经赴叙昆铁路做地质勘查工作,妹妹钟娴也准备转到重庆的复旦大学经济系就读,张钟俊却忧心忡忡,是去是留,犹豫不决。他在送妹妹钟娴往重庆的同时,顺便去拜访在重庆的一些交通大学的老师与同学。众人聊起"七七事变"以来各自的经历与遭遇,无不对时局表示深深的忧虑。有同学建议他不如转到重庆沙坪坝的国立中央大学任教,一则个人安全较有保障,二则兄妹有个照应。张钟俊随意地到中央大学校园看了看,没想到刚巧遇到电机系主任陈章教授。陈章早就知悉张钟俊以优异成绩学成归国,只是之前无法与他取得联系,现在既然来到重庆,邀请他到中央大学任教也就顺理成章了。考虑到自身的安全以及照应妹妹钟娴在重庆入学,他只得遗憾地离开了乐山,到了中央大学电机系任教。

国立中央大学创立于 1928 年,由原来的国立江苏大学基础上扩建改名。1937 年抗战全面爆发,学校分别搬迁至重庆沙坪坝和成都华西坝继续办学。作为政府特别优待的首府大学,中央大学办学经费比其他高校均优厚,院系及学科建制也最齐全。尤其 1932 年民国政府任命罗家伦为校长以后,他大力对学校进行扩充,招生规模逐年扩大,成为当时国内高校中学科门类最齐全、入学人数最多的一所高校。此外,他高薪延聘了许多著名学者到校任教,一时间名师云集,在抗战期间成为与西南联大齐名的高校。张钟俊在此开了"交流电路"和"网络学"两门课程。"交流电路"属于基础理论课,因他在麻省理工学院时,就协助吉耶曼编写了一部《电路学》教材,内容非常熟悉,之前在武汉大学又讲了一遍,已经算是轻车熟路了;"网络学"则是他尝试开设的一门新课,也是他刚开始研究的一部分心得,很多问题还处于探索研究之中,比较有挑战性。这已经开始显露出他教学和科研的一种风格:不想墨守成规,不断尝试新的题目,迎接新的挑战。

在当时处于困难时期的国内高校中,中央大学的校舍条件和教师待遇算是最好的,若以个人前程计,张钟俊理应选择继续在此发展。可是,他毕竟是知恩图报之人,当 1940 年暑期,原交通大学就读时期的班主任、化学教授徐名材在重庆发起重建交通大学,并向张钟俊发来邀请之时,他毅然地放弃中央大学的优厚条件,投入交通大学重庆校区的艰苦建校工作中。

重拾信心

日寇猖狂，甚嚣尘上，狂称三月将全吞我中华大地；其时国运不济，战祸来临，抵抗不力，举国哀鸿。1937 年 12 月 13 日，民国政府首府南京失陷，随后上海、杭州等地先后沦陷。仅仅半年时间，东北、华北、华东大半国土遭受日寇铁蹄蹂躏。南京、上海、杭州等地许多高校来不及整体内迁。日军全面控制上海后，交通大学徐汇校园随即沦为日寇宪兵军营。1937 年 7 月抗战全面爆发时，正处在休假期间的大多数交通大学师生无法及时联络，更来不及商议学校西迁事宜，许多校友纷纷往西南方向避祸，学校教学仪器、设备、图书资料等大批重要资产也无法内迁，学校处于停顿状态。直到 1941 年，仍滞留上海的部分交通大学师生只得在法租界租用震旦大学校舍及中华学艺社房产，以私立大学(称"南洋大学")的形式艰难维持。

逐步汇聚重庆的交大师生一时无书可教、无书可读。西渡的众学子组成临时校友会，时常集会议论，慨然东望，感伤时局，为近半个世纪以来学子们历经艰难创立起来，已经颇有规模和声誉的交通大学即将付诸东流而悲叹不已。校友们纷纷商议如何模仿西南联大、中央大学及浙江大学等西迁重建的办法，在重庆另立交通大学分部。其中，原上海交通大学化学系主任、当过多年学生班主任的徐名材教授用力最勤。徐名材当时在重庆任资源委员会属下的油料厂厂长，有较好的经济条件，热心公益事业，在师生中有较高的声望和号召力。他积极响应交大师生的诉求，倾其财力相助，筹备在重庆另设交通大学分部。他的举动也得到许多交大校友支持。于是 1940 年 9 月 10 日，在学校师生及重庆校友会的一再要求下，民国政府教育部决定成立交通大学重庆分校，任命徐名材为分校主任，并由成渝铁路工程局出资，开始在九龙坡建筑交大校舍。在校舍未落成之前，先由设在小龙坎的中央无线电厂重庆分厂拨借两幢楼房供交大师生使用，作为临时校舍。当时中央无线电厂重庆分厂的技术人员大多是交通大学电机系校友，厂长是交通大学 1930 届毕业的王端骧，全都积极支持母校的重建工作。在各方鼎力相助之下，1940 年 11 月，交通大学重庆分部终于在小龙坎正式开学。

翌年秋,九龙坡校舍初步建成,交通大学重庆分部便从小龙坎迁往九龙坡。交通大学重庆分部首任主任由徐名材教授担任,但由于徐名材还担任无线电厂长职务,事务太繁忙,第二年改由交大校友吴保丰担任校长。当时上海本部仍在法租界延续,重庆分部领导未敢直接称"校长",而谦称"分校主任"。吴保丰于1921年交通大学电机科毕业,1923年留学美国密歇根大学,于1925年获电机专业硕士学位回国。1935年当选国民党中央委员会候补委员,1945年为中央执行委员,曾担任国民党中央广播事业管理处处长、交通部电信管理局局长等职。1942年秋,正当九龙坡校舍建成,当时交通大学上海本部已沦为汪伪政权接管,许多交大师生愤然离开上海,拒绝承认汪伪政权管辖下的交通大学。于是,在政府和教育部门的支持下,重庆分部遂即宣布为交通大学本部,扶为正统,通电斥责上海法租界交大为"伪交大",不予承认,并设法将在上海的部分师生接收到重庆。1942年10月,吴保丰受民国政府教育部之命,任代理校长,并于1944年正式担任校长。教务长始为陈湖兼任,但陈湖在交通部另有职务,后由中央大学电机系主任陈章兼任,翌年陈章辞去兼任教务长之职,全职回中央大学电机系,又改聘李熙谋担任。陈章、陈湖均为交通大学电机系毕业(1921届、1929届),在本身另有重要职务和工作繁忙的情况下,也抽出时间加入母校的重建工作,令师生们很感动。1942年前后,吴保丰、陈章、陈湖、李熙谋、王端骧、赵曾珏、张钟俊、张思侯、张煦、曹鹤荪、季文美等一大批交通大学电机系毕业的精英再次汇聚重庆交通大学,师资力量逐步得到充实。他们当年在交通大学求学时期都是成绩名列前茅,然后到国外名校留学,分别获博士或硕士学位。这在战乱时局,确实不易。虽然条件还很艰难,但是大家信心满满,决心共度时艰,尽快恢复交大昔日的荣光。

交通大学重庆校区先是开设机械、电机两个系,各系招收新生40名,之后几年又陆续开办航空、土木、管理等系。张钟俊被邀请参与筹建电机系,并担任首任系主任职务。学校刚开办不久,陈湖不得已离开交人,在陈章到任教务长之前,张钟俊还临时兼任教务长之职达数月,可谓事务繁忙。学校筹建之初,最困难的在于师资、图书资料、仪器设备与校舍建设几个方面。尤其师资,当时跟外界很难取得联系,只能邀请在重庆的交大校友来校上课。开学头一年,很多专业师资缺乏,全校只有二十余名教师,往往一个教师要兼任多门课程。资历较深的校友,又往往在交通部或其他部门有了职务,只能兼职上课,或者设法脱离原单位到交通大学当全职教师。据张钟俊同级好友曹鹤荪回忆,他当时到交通大学重庆分校任教,也是出于偶然。[①]曹鹤荪原本在民国政府航空委员会下属的成都空军机械学校任高级教官,1940年夏到重庆招生,因事务太多延误回成都。正当他准备到车站买票回成都时,在车站的路口碰到了张钟俊。此时张钟俊夹着个铺盖卷和他打招呼,说是受徐名材老师之邀到刚筹建的小龙坎交通大学分校任教,他教授微积分,还另请了一位教师教物理。但物理教师至今仍不知下落,徐老师曾写信到成都邀请他(曹鹤荪),但一直没有回音(因他还在重庆,未接到邀请信),快要开学了徐老师很着急。于是,曹鹤荪跟着张钟俊一起去见徐名材老师,在徐老师答应可通过交大校友会或交通部协调他调离军事院校后,他才得以留在交通大学重庆分校任教。但航空学校师资也很缺,根本不让他调离,还发出通缉令,把他告上了军事法庭。后来吴保丰校长辗转托上面人

交大九龙坡校舍(1945年)(图片来自西安交通大学溯源馆)

---

① 曹鹤荪:《怀念张钟俊兄》,载席裕庚主编《厚德博学 孜孜不倦——纪念张钟俊先生诞辰100周年》,上海交通大学出版社,2015,第114页。

物说情,此事才不了了之。曹鹤荪先是在机械系任教授、系主任。1942年航空系正式成立后,曹鹤荪任代理系主任(曹1944年赴美、加学习考察,由季文美接任),1948年升任教务长等职。新中国成立后进行院系调整,他调离交通大学,先后到南京航空学院、哈尔滨军事工程学院、长沙国防科技大学任教授、教务长、副校长等职,成为我国著名空气动力学家。

当时校舍条件非常简陋,在小龙坎时期,是临时在一栋原做厂房用的瓦房上课,教学计划参照中央大学和重庆大学有关学制,实验设备一无所有,只得借用中央大学、重庆大学的实验室,有的实验只能暂时不开课。搬到九龙坡校舍,虽说是新建,校舍宽敞了一些,但也不过是一层楼的木瓦房,通风和通光都不太好。张钟俊身为正教授,也只有一间大约十二平方米的宿舍,室内仅有一张三抽斗桌,一张椅子和一个木凳,一个竹架和一张中人床,显得很拥挤。尤其是,他的窗户朝西,正对着相隔两米远的大厨房,不仅光线很暗,厨房炒菜时飘出的油烟味,直接进入他的房间,不时呛人。但乐观豁达的张钟俊对此并无怨言,每天在房间里专心致志地备课和写作,还风趣地对前来看望的同事和学生们说:"我是最先享受到饭菜的香味,太幸福了!"[①]他的乐观自信也感染了同事和学生。

在交通大学重庆分校时期,张钟俊先后开设"运算微积分""物理学""电工数学""交流电路""电力传输""电工原理""网络学原理""伺服机件"等多门课程,教学任务非常繁忙。此时期的张钟俊精力十分充沛,在繁重的教学任务之余,也开始边教学边做研究,尤其新开设课程"网络学原理"与"伺服机件"在国际上也是刚刚兴起,很多问题有待研究解决。他将在美国刚开始的研究方向进一步整理,参照国外新近发表的论文,编写教学讲义的同时,也进行新的研究探索。当有新的心得体会,他就将自己的最新思考拿到课堂上讨论,启发同学研究的兴趣,也传递了克服战时困境,为今后发展祖国科技事业的信心。

---

① 曹鹤荪:《怀念张钟俊兄》,载席裕庚主编《厚德博学 孜孜不倦——纪念张钟俊先生诞辰100周年》,上海交通大学出版社,2015,第115页。

创办电信研究所

张钟俊在重庆工作的这几年,最大的成果之一是创建了电信研究所。1942年九龙坡校舍建成后,师资力量逐步得到充实。到了1943年春,校领导们便开始动议创办一个专门培养研究生的研究所。除了师资力量,当时动议创办电信研究所还有几个方面的原因。首先是时局所需,即当时迫切的社会需求。当时电信事业急需人才,包括电信总局、中央广播事业管理局、中央电工器材厂、中央无线电器材厂等单位高等电信技术人才奇缺。以前不少企事业单位可以聘请海外学成归国的高级人才,甚至还可聘请一些国外技术人才。随着抗战全面爆发和迁都重庆,一路颠沛流离,居无定所,条件艰难,造成大批人才流失。通信技术在战争时期所起的作用十分巨大,形势紧迫,必须尽快自己培养。其次是海归人才锐减的现实。在20世纪20—30年代全面抗战爆发前,由于国内形势趋于向好,经济发展较快,官派及自费出国留学的人员均迅速增长。民国政府对大学及国有企事业单位的支持力度空前增加,高校教师及企事业单位高级技术人才待遇优厚,加上庚款留学归国等因素,留学海外名校获硕士和博士学位归国的人员持续增加。但随着全面抗战爆发,时局动荡,生计维艰,政府对官派留学实行严格控制,民间自费留学人员也迅速减少,学成归国者更是急剧下降,造成高端人才奇缺。再次是高等教育发展自身的规律。20年代末至30年代中期,随着时局的逐步稳定,我国高等教育取得长足发展。包括交通大学在内的若干所国内高校,本科阶段的教育已经接近国际同类高校本科教育的先进水平,进一步发展更高层次的人才培养是必然趋势。民国政府教育部根据各高校发展的这种形势,积极提前制定了发展研究生教育的相关规则。1934年,民国政府教育部曾颁布《大学研究院暂行组织规程》,鼓励有条件的大学力争举办研究院或研究所,专门培养研究生,并对研究院、所如何培养研究生及其相关招生和管理都做出明确的规定。1935年4月,民国政府又公布了《学位授予法》,规定大学及其研究院、所的学位分为学士、硕士、博士三级。但除了少数实力比较强的大学和一些国外教会组织办的一些私立性质的学校,当时国内大多数高校都还不具备招收研究生的条件。交通大学电机工程系本科教育层次虽然条件较好,但往更高层次的研究生教育,跟美国的麻省理工、加州理工等国外同类名校相比,仍有不小差距,发展研究生教育还有待时日。不久抗战全面爆发,这些规定暂被搁置。

交通大学率先由电机系创办电信研究所培养研究生,有自身一定的条件。如上所述,当时交通大学电信专业师资比较雄厚。交通大学电信专业成立较早,其渊源于1908年交通大学在国内大学首创的电机工程科。交通大学电机工程科开始为三年制专科,主干教师主要靠外聘,而且多数外聘教授学历也不高,通常是本科或硕士学历,师资也不稳定。20年代中期,随着一批留学国外名校获硕士或博士学位的人员逐步归国,师资力量逐步加强,并基本实现本土化,教师队伍比较稳定。1927年,原土木、机械、电机科改称学院,正式成为四年制本科教育。电机工程系分设电机和电信两个学门,到20世纪30年代中期,该系已经培养了一大批电机和电信方面的专业技术人才,在国内电机和电信专业方面属于实力最强的一个系。其中的成绩最优秀者,又通过庚子赔款留美项目等形式被选派到美国麻省理工学院、哈佛大学、加州理工学院、密歇根大学、康奈尔大学等欧美名校留学,获得硕士或博士学位,并在国外相关企业见习或实习一段时间后回母校任教,形成良性循环。到30年代后期,交通大学已经拥有一批具有博士学位和教授头衔的电信专业师资。重庆交通大学的创办,开始分设电机、机械两个系,后又增加航空、土木和管理三个系。其中电机系分设电力和电信两个学门,延续老交大的传统。电机系仍然是重庆交通大学实力最强的一个系,所招收学生占全校比例最多,通常约占三分之一,达一百六十余人。[①] 但起初学校只有本科层次,研究生培养尚未实现。而当时国际上电子通信技术吸收了新近发展起来的电子学、无线电学的新发现和技术发明,正突飞猛进,技术日新月异。比如在美国,纽约州有线电话网络正在有规模的架设;在欧洲和北美,无线通信技术在航海、航空和商业行业已经广泛应用;二战时期,加密无线

① 史贵全:《新中国成立前培养工学硕士最多的机构——交通大学电信研究所》,《中国科技史料》2001年第1期,第54页。

电通信技术在军方已经大量使用,新的通信元器件在不断研发,新的加密收发报技术正在发展,一批有线和无线电企业正在建设。这些新的电信技术发展显然是本科层次教育不能胜任的,更高层次的研究生教育势在必行。之前由交通部主办,以交大教师为主要师资的重庆璧山交通人员训练所就是为了培养高级电信技术人才。该训练所已经开办了好几年,初步有了培养高级电信技术人员的经验,现在也合并到交通大学九龙坡校区,升级转换为正式培养研究生也是水到渠成的事。

  1943 年春夏之交,电信总局局长朱一成来访交通大学。他向校长吴保丰提到电信总局及其下属单位高级电信技术人才短缺的现实,探问交通大学能否协助电信部门及其下属企业培养高等技术人才。这就开始商议成立电信研究所事宜。双方同意准备由原来的交通技术人员训练所的基础上,升级转换为电信研究所,原训练所则停办。即由单纯的电信技术人员培训方式,转换为理论研究与前沿应用技术研究相结合的方式。吴保丰原来在电信管理部门有兼职,对总局及其下属企业的需求比较了解。而朱一成曾经于吴保丰之先,短期担任过交通技术人员训练所所长,算是吴保丰的前任,两者同是交通大学电机系毕业的校友,原来就有密切交往,相互间比较信任。于是双方很快达成初步意向,电信研究所由交通大学与电信总局合办,毕业生主要去向是为电信总局及其下属企业服务,在读的生活费用也理应由电信总局提供。随后吴保丰与朱一成又分别向中央广播事业管理处、资源委员会中央电工器材厂、中央无线电器材厂等单位通报联络,得到这些单位的赞同。于是由校长吴保丰向教育部呈请成立电信研究所。1943 年7 月 20 日,民国政府教育部批示"高 36325 号"指令,准予备案,以此作为研究所正式成立的官方标志。但是,一开始正式批示的机构名称较长,称"工科研究所电信学部"。因为按照 1934 年颁布的"规程",其中第三条规定,"各研究所依其本科所设各系分若干部,称某部研究所某部"。[1] 交通大学即将培养的是工学硕士研究生,依托的是电机工程系,理应称为"工科

---

  ① 史贵全:《新中国成立前培养工学硕士最多的机构——交通大学电信研究所》,《中国科技史料》2001 年第 1 期,第 54 页。

研究所",又因为研究方向是电子通信,其后加上"电信学部"。但大家习惯称其为"电信研究所"。到了1946年,教育部对1934年制定的"规程"做了修改,制定了新的规程。新规程规定大学研究机构"依学系名称为某某研究所",取消了下设各部的建制。这样一来,交通大学"电信研究所"才算真正名至实归。

电信研究所筹备成立之初,也曾经历一段小小的波折。在研究所主要负责人的人选问题上,电信总局与交通大学出现了争执。电信总局局长朱一成认为,既然电信研究所主要是由他们出资筹办,培养的研究生也主要围绕电信总局以及中央电工器材厂、中央无线电器材厂等单位的人才需求。因此,研究所的负责人理应由他们推荐。校长吴保丰则认为,电信研究所既然是建在交大,导师主要由交大电机系师资兼任,研究所负责人选应当由交大内部协商推选,以免出现内部分歧。但当朱一成提出由张煦来负责筹办并担任研究所所长后,吴保丰也认为这是非常合适的人选。因为张煦原来就在交通技术人员训练所任教,有一定管理经验,在学生中颇有威望,吴保丰也就不再反对。

张煦与张钟俊在交通大学时期便是电机工程系同级同学,成绩都非常优秀,只是专业有所不同,张钟俊在电力学门,而张煦在电信学门。张煦于1934年交通大学毕业后曾到设在上海的中央研究院物理研究所工作一年,后考取庚款留美生,留学哈佛大学通信工程专业,于1940年获科学博士学位回国。张煦留学哈佛期间,研究方向就是通信工程,博士学位论文是电磁振荡器件参数方面的研究。在硕士毕业到攻读博士学位的间歇时间,他曾在美国通信技术研发实力最强的贝尔电话公司实习半年,并到美国多处军用通信器材工厂参观见习。读博期间,他又配合国内抗战所需,协助民国政府国防部采购大量军用通信器材,收集发达国家最新通信技术信息资料。回国后,张煦在重庆大学和交通大学所教学的课程内容,主要是无线电和长途电话,先后开设"无线电工程""长途电话工程""电话传输"等课程,并协助美军和民国政府国防部在重庆建设无线电台,有坚实的理论基础和较丰富的电子通信技术经验。从专业的角度讲,张煦应当是最适合不过的所长人选。

张煦回国后,先是在交通部重庆璧山交通技术人员训练所任教授,兼任重庆大学教授。交通大学重庆分部建成后,张煦也到交通大学兼任教授。1942年,交通大学九龙坡校区建成后,同年冬季,交通部交通技术人员训练所也从璧山迁往九龙坡,训练所所长也是交大校长吴保丰兼任,由此交通大学和交通技术人员训练所实际上就合在了一起。但从人事所属部门来看,张煦当时名义上仍属于交通部邮电司,不属于交通大学。朱一成建议张煦脱离邮电司,全职到交通大学任教,全力培养电信技术高级人才,以应对当时高级电信技术人才十分短缺的困境。张煦很高兴地听从朱一成的安排,觉得继续在邮电司做行政工作没多大意思,想全职回到自己喜欢的专业。因此,他积极参与研究所的前期筹备工作,制定详细的培养计划,制作招生广告,物色各专业的导师,甚至到重庆大学等开始从应届毕业生中物色入学研究生人选(第一届准备招收两名研究生,重庆大学电机系的刘宜伦教授给他推荐了应届优秀毕业生江泽佳、谭恩鼎作为后备人选)。①

　　开始一切似乎有条不紊地进行,只待上级一纸令下,就可以正式挂牌招生,当年秋季就可以开班培养研究生了。可事有风云突变,交通大学的教务长李熙谋不同意电信总局的干预,坚持电信研究所由交大自己建,负责人由交大自己选定,不用电信总局推荐。原来交通部内部有派系之争。以朱一成、吴保丰为　派,赵曾珏、胡瑞祥等为另一派;李熙谋则支持赵曾珏派。因此,朱一成与李熙谋处于对立的派别。吴保丰虽然倾向朱一成,但也不愿得罪赵曾珏派,面对李熙谋的反对,他作为校长也不好直接干涉。朱一成想让张煦在重庆交通大学成立电信研究所,实际上是有意将他从邮电司拉出来,脱离赵曾珏,成为他和吴保丰的派系之下,以便今后好沟通联络。吴保丰与张煦私交也很好,在璧山训练所工作期间,他们平时住在重庆市区,当时单身在重庆的张煦经常搭乘吴保丰的专车到璧山训练所任教,回来时有时候顺便在吴保丰家吃完饭才回家。吴保丰非常爱惜人才,很欣赏张煦的才华,

---

　　① 关于交通大学电信研究所的筹办过程和人选变动情况,张煦在个人小传、"反右"和"文革"时期的思想检讨和交代材料中有详细记载。另外,张钟俊在思想检讨材料中也提到,电信研究所开始制订的培养方案是仿照哈佛大学的研究生培养模式,后来才转向麻省理工学院的模式。

感觉他性情随和好相处,也有意留张煦在自己身边工作。但李熙谋坚持不让张煦离开邮电司,这让他左右为难。因为赵曾珏、胡瑞祥也对张煦有恩。胡瑞祥是张煦留学美国时的国内指导教师,赵曾珏是胡瑞祥的继任者,也是张煦在邮电司的顶头上司,对张煦非常友好。李熙谋的坚持也有他的理由:一则张煦是赵曾珏的重要助手,赵曾珏在交通部身兼多职,十分繁忙,许多事务需要张煦操办;二则他不想张煦成为吴保丰和朱一成的派系,对他形成上下夹击之势,对他的用人安排及教务计划形成不利局面。当然,李熙谋的坚持也有他的私心。在他到任交通大学教务长之前,接替陈湖的陈章教授也先期辞去了交通大学教务长之职,到中央大学电机系全职任主任,在陈湖、陈章交接的间隙,教务长的空缺暂时由张钟俊代理(约三个月)。李熙谋到任之后,安排张钟俊转任电机系主任。

可是1942年夏,张钟俊到兰州参加全国工程师学会的年会,回到重庆之后忽然发现他的电机系主任之职已被他人取代,之前他竟然毫不知情。秋季开学前夕,当他正要到办公室准备新学期的教学安排事宜,教务长李熙谋却通知他到教务长办公室,说是有事情相商。当他走进教务办公室,却见教务长李熙谋和另外一位新来者坐在里面聊天。李熙谋见张钟俊走进来,立即起身向他介绍这位新来者,说这是新上任的电机系主任,倪俊教授。倪俊也起身准备与他握手。张钟俊顿时感觉莫名其妙,一片茫然,十分尴尬,不知所措。他愤慨地转身走出办公室。初涉世事的他感觉自己完全是被人耍了,像一个过河的卒子,临时被人利用,过后又突然被抛弃,没有任何预兆,也没有任何理由。他反复回想,究竟什么原因?回母校工作这两年,教学工作一直尽心尽力,深得学生的喜爱;初步走上领导岗位,管理上也尽职尽责,虽然还缺乏经验,但并无明显差错。年龄还不到三十的他,正以为自己的才华和付出开始得到领导的赏识与重用,前途大有可为,甚至有些颇为春风得意之际,忽然被这突如其来的打击一阵猛抽,一时晕头转向,百思不得其解。

原来这位倪俊教授在教育部门很有些资历和背景。他原来也是交通大学毕业,与李熙谋同班,留学归国后到多个部门工作过,当过清华大学电机系主任,抗战初期随清华迁到昆明,任西南联大电机系主任。可是到昆明才几年,他却因贪污购置实验设备公款而被学生赶走,现在又跑到重庆交通大学来了。西南联大虽然在数理科学及文史哲领域都非常强,但就电机工程学科来讲,实力却在交通大学之下,而且当时在昆明的西南联大,待遇、工作环境也不如交通大学。交通大学电机工程系刚开办不久,需要添置大量实验设备,且有大批校友鼎力相助,经费相对比较充足。看来他又看上这个肥缺位置了。当然,从个人关系来讲,倪俊是李熙谋的大学同学,又一起出国留学,关系一向交好,碍于情面,李熙谋不好直接将其拒之门外。加上有上级部门打过招呼,李熙谋作为教务长,也不好拒绝,担心得罪这背后的复杂背景。

但李熙谋显然为张钟俊这位嘉善老乡感到难过。[①] 张钟俊在工作上倾尽热情,专业才能无可挑剔,教学上也已经表现出非常好的组织能力;而且他年轻活跃,经常跟学生打成一片,深得同学的喜爱;要是他因不得意而离开,不仅是学校的损失,也会引起学生以及其他教师的不满,他这教务长的位置也将坐不稳。因此,一旦有合适的岗位,定要为他争取,可算是作为补偿,也可挽留人才,安稳人心。现在电信研究所即将开办,正是最合适的时期。他坚持让张钟俊来担任所主任,而且设法将研究所从电机系独立出来,取得与系主任平级的校直属机构的地位,这才平息了张钟俊心中的愤怒和学生的不满情绪。果然,过了不到一年时间,这位盯住肥缺而来的倪主任,再次旧病复发。原来,他除了在九龙坡交通大学任职,还兼任生产合作社的理事长,后来与合作社的经理鲍冷雪勾结,贪污毛纺织厂配给交通大学的一批毛呢子,在全校师生中闹得沸沸扬扬。后来理事会要详查他们的账目,张钟俊被推荐作为此案的查账人员之一。他异常兴奋,用力最勤,认真地履行了这一职责。最终这位倪主任被愤怒的学生赶走,十分狼狈。张钟俊心中的嫉恨终于有所消解,不过这系主任之职暂时是回不去了。

经历这一事变,张钟俊终于认识到世事的复杂。原来理想中的单纯学术路线,学而优则仕,凭自己的才华和勤奋,从系主任而院长乃至校长,即顺

---

① 李熙谋(1896—1975),嘉善西塘人,上海工业专门学校(交通大学前身)毕业,考取浙江官费留美,1918年获麻省理工学院电机工程硕士,1920年获哈佛大学哲学博士,回国后曾任浙江大学电机工程系主任,学院首任院长。1949年去中国台湾,曾任台湾电子研究所所长。

毓琇的成长之路,看来自己是走不通了。这是他有生以来第一次遭受打击。之前从国内求学到海外留学,乃至回国工作,都一路顺利。凭自己优异的成绩,拿到国外名校博士文凭,就是一块过硬的敲门砖。在武汉大学任教不到一年,对方就已经准备给他加薪挽留,提高到跟资深教授同级的水平;后来到中央大学乃至交通大学,同样受到热情接待,年仅26岁就当上交通大学实力最强的电机工程系主任。没想到自己正处于事业上升的关键时期,正在憧憬更美好的前程之际,被当头一棒,一阵猛醒。他不得不思考自己的处境,与李熙谋等老前辈直接冲突显然很不明智,尤其自己一贯的直率个性,性情中人,喜怒哀乐毫无隐藏地暴露于言行,在民国政府内部派别林立,到处暗藏玄机、腐败丛生的大环境里,他感觉自己很难独立求稳,还是选择远离官场斗争为好。

吴保丰虽然贵为校长,但有其他政务缠身,教师聘用及教学安排等基本上是教务长李熙谋做主,他也不好直接干预。当然,张煦要全身脱离邮电司也有一定难度。他虽然名义上人事关系属于交通部邮电司,但他在璧山训练所任教授期间,其真实身份隶属国防部,负责为军方培训高级通信技术人才,另外还要协助国防部接洽美国军方派来重庆安装和维护电台的通信技术人员,事务比较繁忙。在战争非常时期,国防部用人绝对优先,像他这样的通信技术人才,要完全脱离国防部比较困难。最后,在李熙谋的坚持推荐和各方调解之下,1943年7月,正式任命的电信研究所所长是张钟俊。于是张煦将拟好的培养计划和招生广告交给张钟俊,自己不再在交通大学兼任教授,准备带同家属一起悄然离开交通大学。临行前,交大电机系的许多学生自发前来宿舍劝阻挽留,但张煦感觉留下来已经没有多大意思。他原本为人谦和,双方都不愿得罪,更不愿成为双方权力斗争中的一颗棋子。1943年夏末,张煦毅然离开交通大学,全职回邮电司工作。他的离开虽然免却了上层的一些矛盾,但也给研究所的建立带来一定的损失。刚筹建的研究所失去一位非常难得的电信专业教授,这也是1943年秋不能如期开班的一个重要原因。

眼看一切准备基本就绪,电信研究所即将开班,上级却要临阵换帅,筹备工作只能暂时搁置,导致当年招生出现了困难。因为时值暑假期间,当年毕业的本科大学生已经分赴各地就业,一时无法遴选招收入学,只能等到第二年才能开学了。[1] 因此,研究所成立名义上是在 1943 年 7 月,实际开始培养研究生则到第二年秋。

培养方案

按照 1943 年夏由张煦为主持人制定的培养方案,研究所主要效仿哈佛大学及麻省理工学院培养硕士研究生的方式,借鉴交通技术人员训练所的培养经验,参照民国教育部颁布的学位法规程制定。研究所学制定为两年制,分四个学期,需修满 60 个学分。第一学年主修专业基础课,第二学期开始确定论文方向,第二学年主要做毕业论文。毕业论文方向由导师与电信总局、中央广播事业管理处、中央电工器材厂、中央无线电器材厂等委托用人单位协商而定,尽量兼顾学术前沿基础研究与企业实际需求。研究所最初拟定的培养计划如下表所示。[2]

课　　程	学分	修习学期	总学分
电磁学(Electricity and Magnetism)	3	1	3
电磁波及天线(Wave Propagation and Antenna)	3	1	3
电声学(Electroacoustics)	3	1	3
电信网络(Communication Network)	3	2	6
工程电子学(Engineering Electronics)	3	2	6
近代物理(Introduction to Modern Physics)	3	2	6

---

[1] 1943 年曾计划招生两名,由张煦到重庆大学物色当年电机系优秀毕业生入学,其中汪泽伟(1920—2013),后留重庆大学任教,1947 年派往加拿人 McGill 大学攻读硕士学位,1949 年回国后曾任重庆大学电机系教授、系主任,重庆大学校长等职,全国第七届人大代表,我国著名的电工理论专家。谭恩鼎后来留学美国,回国后成为著名电工专家,其主编的《电工基础》成为我国高校优秀教材,被若干高校使用很多年。

[2] 张钟俊:《工科研究所电信学部成立报告》,载交通大学校史撰写组编《交通大学校史 1896—1949》,上海教育出版社,1985,第 405 页。

（续表）

课　　程	学分	修习学期	总学分
无线电设计（Radio Design）	2	2	4
专题研究（Seminar）	5	4	20
论文（Thesis）	3	3	9
总分			60

由于人事变动以及师资力量变化等因素，到1944年正式招生和开班上课，由张钟俊负责的实际培养方案比1943年初拟的方案做了较大调整，由原来张煦主持的主要参照哈佛大学特色转变为主要参照麻省理工学院培养特色。抗战胜利后，交通大学回迁上海徐家汇校区复课，电信研究所也理所当然随迁。根据张钟俊于1947年4月所写的《电信研究所复员建设概况》，文章对研究生的课程设置、任课教师、专题讨论会以及论文写作等都做了概要描述。其中，课程设置分必修课7门，选修课5门，共12门课。[①] 结合该所1946—1949年毕业的研究生成绩册等原始档案来看，实际的培养方案如表所示。[②]

	课　　程	学分	开课学期	任课教师
必修课	电信网络	2	1	张钟俊
	高等电工算学	6	1，2	张钟俊
	电视学	3	2	朱物华
	高等电信实验	1	3	朱物华
	电磁波	6	1，2	黄席椿
	超短波	3	1	陈季丹
	天线与波导	3	3	任　朗

① 张钟俊：《电信研究所复员建设概况》，《交大电机》，1947年4月。

② 史贵全：《新中国成立前培养工学硕士最多的机构——交通大学电信研究所》，《中国科技史料》2001年第1期，第55页。

	课　程	学分	开课学期	任课教师
选修课	近代物理（及实验）	4	1,2	周同庆
	载波电话	2	2	陈　湖
	真空技术（及实验）	2	2	陈　湖
	滤波器设计	3	2	沈尚贤
	电磁测定	1		裘维裕
专题讨论				
论文				

从上表看,实际的培养方案跟之前初拟的方案有不少变化,没有电磁学与无线电设计等课程,但增加了高等电信实验、电视学、真空技术及滤波器设计等课程。这主要是实际聘请到的师资与之前的预想有所变化所致。张煦的离开导致电磁学与无线电设计这两门课暂时搁置,而聘请到朱物华则在国内首次开设电视学这门新课。在战乱时局,人才奇缺,师资不稳定,而且教学任务往往很重,要同一学期开几门课,有些教师是临时请来,往往身兼多职,除了在交通大学任教,有些还在交通部、电信总局、国防部以及其他电信企业管理部门有兼职,一旦其他部门有紧急任务,随时可能会离开。因此,培养课程山现变化也是正常的。比如,1944 年秋,张钟俊的同学朱兰成(时任麻省理工学院副教授)以美国军方通信技术人员的名义(美国援华空军部队,授美军上尉军衔)到重庆工作一段时间。当时已是抗战后期,事情不算很多,张钟俊赶紧请他到电信研究所兼课。朱兰成给学生讲了一门"微波波导学"课程。这是一门很新的分支学科,而且朱兰成当时已经是国际知名的微波波导学专家,他所讲的内容十分新颖,课也讲得很深动,学生感觉受益匪浅。[1] 但是第二年朱兰成回美国之后,这门课也就只能作罢。

---

① 陈挺:《怀念张钟俊老师》,载席裕庚主编《厚德博学　孜孜不倦——纪念张钟俊先生诞辰100 周年》,上海交通大学出版社,2015,第 119 页。

培养目标

电信研究所成立之初，在筹备报告中提出的培养目标是："为配合时代之需要，养成有独立研究性之电工专才。"①抗战胜利回迁上海之后，1948年9月的《交大周刊》上对研究所复员后的工作状况报告中，对培养目标的描述是："给大学电机系毕业生以二年电信工程学理之训练，俾得有独立研究之能力。"②两者均强调"独立研究"四字，这是培养研究生的主要目的。因为此前的国内本科阶段的高等教育，主要培养应用型人才，即应用所学知识，能够在电信企业及管理部门从事常规化的生产、管理、使用、维护、维修等。战前国内还缺乏电信仪器、器件的研发和自主生产能力，主要是购买国外成品直接使用，或者引进成套设备进行简单的加工生产，还缺乏独立的研究和开发新产品的能力。而电信技术突飞猛进，当前由于战争和商业上的需要，很多新技术不能只依靠引进，要有自主研发，急需一批具有独立研发能力的高级专业技术人才。

对于学制，民国政府教育部有明确规定，均为两年。若仿照当时美国的哈佛大学或麻省理工学院，硕士阶段的学习通常为期一年，但也可延至两年，属弹性学制，随学生的学习情况而定。比如，张钟俊在麻省理工学院硕士学习阶段为一年（1934.9—1935.6），只需通过毕业考试，对毕业论文没有强制性要求；张煦在哈佛大学硕士阶段也是一年（1936.9—1937.6），有一篇毕业论文报告即可，但不要求专门的硕士学位论文，通过毕业考试即可拿到学位。但国内的情况与国外有所不同。在美国，硕士毕业立即参加工作的比较少，通常只要在硕士阶段成绩比较好的，会继续攻读博士学位，对博士学位论文的要求比较严格。国内当时还不具备培养博士研究生的条件，只能在硕士阶段培养学生独立的研究能力。因此，硕士论文尤其重要，它代表

---

① 张钟俊：《工科研究所电信学部成立报告》，载交通大学校史撰写组编《交通大学校史资料选编》（第二卷），西安交通大学出版社，1986，第389－393页。

② 《复员后电信研究所概况》，《交大周刊》，1948年9月。

学生通过一段时间的研习训练,能够独立地解决某个前人仍未解决的实际问题,初步具备自己研究和解决问题的能力。如此来说,一年的时间是不够的,两年甚至更长的时间才有可能达到。因为开始还需修学几门新近发展的理论课程,实践操作技能也需要进一步训练。除此之外,常规性的专题讨论会非常重要,只有通过专题深入讨论,才能培养学生的问题意识,能抓住某个具体问题真正进行深入研究,这与哈佛及麻省理工的通常做法是一致的。

除了教育部统一的两年学制之外,电信研究所对各门课程有自己的要求。比如,有必修课与选修课之分;考核要过 70 分才算及格,拿到学分;学生必须修满 32 个学分,加上毕业论文答辩通过,方能毕业。必修课共七门,24学分。因此所有学生必须再修 8 个学分以上的选修课,根据自己的基础和毕业论文方向而定。从学生的实际修学及成绩来看,主要课程在第一和第二学期完成,第三学期只有少量课程,要开始毕业论文撰写的准备工作。即便课程比较集中的第一学年,平均每周上课时间也只有大约十个小时,留有较多的自修时间。[①] 比较起来,当时的上课时数似乎比现在的工科学生要少一些。但是,当时不需要修学外语与政治等公共课,全部为专业课,学生投入到专业学习的时间反而比现在还要充裕。

毕业论文的设计要求在学术上具有先进性,同时也要结合当时的实用性。所谓先进性,即要紧跟当时国际上电信技术发展的最新成果,要在前人研究成果基础上有所开拓,不做简单的重复研究;所谓实用性,要能协助电信总局以及中央直属几家电信企业解决实际问题,因为培养的研究生今后主要在这些部门工作,要求学有所用。按当初筹备时的计划,论文设计出指导教师与委托单位协商而定。下表是 1946—1948 年头三年实际完成的毕业论文题目和指导教师。[②]

---

① 史贵全:《新中国成立前培养工学硕士最多的机构——交通大学电信研究所》,《中国科技史料》2001 年第 1 期,第 53 - 65 页。

② 同上。

姓名	论文题目	导师	毕业工作去向
严宣哲	电力线载波电话	陈湖	上海电话公司
陈珽	电磁透镜射线方程式的推导及其解法	张钟俊	贵州大学
董春光	辨频器电路分析	张钟俊	中国台湾电信局
黄福生	介质吸收与不正常分散	陈季丹	空军总队研究室
魏凌云	无线电控制飞机之研究	张钟俊	经济部派赴美
陈太一	电子枪式磁力振荡管之分析	朱物华	广州电信总局
凌铁铮	圆锥形号状天线放射之分析	徐璋本	暨南大学
易晓东	增装交通部现有西联公司调幅电传图像机为调频制之商榷	朱物华	上海电信局
扬渊	M导来式滤波器之瞬流计算法	朱物华	西北工学院
钱家治	射频功率放大器之最佳屏流角度	沈尚贤	交通部二区电信局
董世璜	月球运转对下离子层之影响	许宗岳	中央广播事业管理处
张至敏	载波电波失真之分析	沈尚贤	重庆电信总局
萧而键	应用阴极射线管传递信号之商榷	陈季丹	武汉电信总局
金寿观	顶端加负天线之辐射电阻器计算法	菜金涛	交通部二区电信局
李嗣范	隔离环形天线之电流分布及输入点阻抗	任朗	中央大学电机系
徐大林	静电透镜电位分布计算法	徐璋本	交通部二区电信总局

从上表可看出,陈珽、陈太一等的毕业论文属当时该领域的国际前沿研究,当时电子光学、电磁振荡器件在国际上刚刚兴起,有一定理论上的意义,也具有实用性;而魏凌云、易晓东、钱家治、金寿观等的毕业论文属于解决当时电信技术问题的应用性研究。

桃李天下

电信研究所从1944年开始招生,抗战胜利后1946年春研究所随交通大学复员上海。1947年,交通大学徐家汇校区哲生馆落成投入使用,研究所随即迁到哲生馆(三楼东半部)。新中国成立之后,按照高教部关于合并研究所的决定,电信研究所被调整到长春电机研究所(后归属中科院系统)。1950年夏,张钟俊赴长春接洽电信研究所的转交事宜,并随后在长春电机所最后一次讲授"伺服原理"课程。交通大学的电信研究所连同电机系电信组一起停办,前后办学凡八年。从1944年到1949年的6年间,电信研究所招收了六届学生,共招生36名,是新中国成立前国内高校培养工科研究生最多的机构,占全国培养的工科研究生人数将近三分之二。① 下表是历年招收入学学生名单,以及目前为止能查询到的部分毕业生去向。②

1947年哲生馆落成授钥匙仪式,中间为校长黎照寰(图片来自西安交通大学溯源馆)

① 民国时期我国高校培养的研究生总数,从1935年4月教育部颁发《学位授予法》直至1949年夏,授予硕士学位总数共232名,其中授予工学硕士学位39名。交通大学电信研究所从1944至1949年共招收学生36名,因有部分学生中途出国留学或退学,所授予硕士学位的研究生,目前可查到的有19人。加上新中国成立后1950—1951年通过毕业论文答辩,但没有授予硕士学位的学生5人,共计24人,约占全国工科硕士研究生人数的三分之二。

② 比如,1944年首批计划招生10名,实际入学有8名,但表中能查到的只有6名学生。

入学时间	姓名	年龄	籍贯	主要任职及成就
1944.9	陈太一	24	江苏宜兴	广州电信总局技正、南京通信工程学院副院长、中国工程院院士
1944.9	董春光	23	福建闽侯	任职于中国台湾电信局,后移民美国
1944.9	陈珽	25	贵州修文	贵州大学教授,华中工学院教授、副院长,我国著名自动控制专家
1944.9	严宣哲	21	江苏海门	20世纪50年代任上海电话公司工程师。因研制出DS-2000数字程控电话交换机,获1987年国家科技进步一等奖、邮电部科技进步一等奖
1944.9	魏凌云	24	湖北汉阳	公派赴美留学,获博士学位。任加拿大多伦多大学教授、中国台湾大学客座教授,电子计算机理论与设计专家
1944.9	黄福生	30	江苏松江	毕业后任职于空军总队研究室,1949年去台湾
1945.9	扬渊	24	陕西府谷	西北工学院教授、北京邮电大学教授,无线电专家
1945.9	易晓东（女）	25	湖南长沙	上海电信局工程师
1945.9	凌铁铮	26	湖南湘乡	暨南大学任教
1945.9	萧而键	25	江西萍乡	武汉电信总局工程师
1945.9	钱家治	26	浙江杭州	任职于上海电信局,邮电部长途电话总局,邮电部科技司总工程师,我国公用通信网络技术的奠基者之一
1945.9	张至敏	24	四川成都	重庆电信总局工程师
1945.9	童世璜	25	湖北武昌	中科院自动化所研究员、研究室主任,工业自动化控制专家
1945.9	夏培肃（女）	22	四川江津	中国科学院计算机技术研究所研究员,中国科学院院士,我国第一代计算机专家
1945.9	李嗣范	24	浙江鄞县	南京工学院教授、系主任,东南大学教授,微波技术专家,1985年获国家科技进步一等奖,曾任江苏省电子学会第三任副理事长
1945.9	徐大林	28	浙江镇海	交通部二区电信总局工程师
1945.9	金观涛	28	江苏吴江	邮电部工业局总工程师

入学时间	姓名	年龄	籍贯	主要任职及成就
1945.9	卞祖芬	23	江苏江都	交通大学留校任教
1945.9	谢纯德	25	湖北枣阳	邮电部通信技术专家
1945.9	吴正万	27	安徽桐城	
1945.9	聂怀燕	28	河北定县	
1945.9	舒贤颂	27	江苏吴县	
1946.9	范铁生	26	北平市	
1946.9	金 彬	25	江苏淮安	
1947.9	陈键恒	22	广东新会	
1947.9	楼海日	23	浙江杭州	北京邮电学院院长兼党委书记,邮电部工业局总工程师
1947.9	龙文澄	25	四川三台	中国科学技术大学教授,通信系统专家,获1985年国家科技进步三等奖
1947.9	张安铭	28	河北获鹿	
1947.9	蒋大宗	25	江苏镇江	西安交通大学著名教授
1948.9	熊继衮	25	湖南石门	航空航天部有突出贡献专家
1948.9	何永瑞	28	江苏江阴	
1948.9	陈敬熊	24	浙江鄞县	中国工程院院士
1948.9	范 炎	25	江苏海门	
1949.9	万百五	21	江苏南京	西安交通大学系统工程研究所教授,工业自动控制专家
1949.9	李人增	不详	不详	石家庄自动化所工程师
1949.9	郑守淇	22	江苏苏州	西安交通大学计算机系教授、计算机专业创建人之一。20世纪50年代曾到中科院计算机所参加我国第一台通用电子计算机的研制,做出重要贡献

此名单为招生入学人数,但是实际在电信研究所读完两年而毕业,拿到硕士学位的应不足36人。学者的相关研究认为只有大约29人学成毕业,而真正拿到硕士学位的人数还要少一些。因为新中国成立后废止了民国政府

教育部的学位制度,导致 1948 年和 1949 年招收入学的研究生,在 1950 年和 1951 年毕业时,有 5 人通过了毕业论文答辩而结业,但并未拿到硕士学位。①

特色与经验

由张钟俊主导的电信研究所,在诸多方面都显示出她自身的独有特色。表现在:

一是重视数学计算能力。这也是麻省理工学院的特色。与哈佛的重视基础概念与理论体系传统不同,麻省理工学院非常重视实践操作技能,也重视数学计算能力。张钟俊在麻省理工学院留学期间,除了在电机系上专业课作为主科,还特意选修几门数学课作为副科。尤其控制论创始人维纳开设的傅里叶分析,对他印象很深刻,学习十分投入。他尤其敬佩维纳用数学家的眼光观察和分析解决实际问题的能力,随时提醒自己注意加强对数学的运用。在修改电信研究所培养计划时,他特意增加了数学基础课,他亲自担任的"高等电工算学"课程,分第一和第二两个学期连续上课,多达 6 个学分,这是其他培养机构少有的。根据其同级好友曹鹤荪的回忆,他们在交通大学读本科时,微积分学的比较少、比较浅,但是张钟俊在重庆交通大学上数学课不仅把该讲的数学内容都讲了,还巧妙地插入矢量分析、矩阵、复变函数等内容。② 他不但加强了本科阶段的数学基础,还在研究生学习阶段加强数学应用的能力,这对培养学生毕业后能独立地应用数学知识分析解决问题的能力是有好处的。

二是重视培养解决实际问题的能力。研究所是为满足电信总局及其下属企业人才需求而产生,从一开始就注重培养解决实际问题的能力,不少选题就是针对当时电信企业遇到的技术难题展开研究,或者也可以称为"技术

---

① 史贵全:《新中国成立前培养工学硕士最多的机构——交通大学电信研究所》,《中国科技史料》2001 年第 1 期,第 53 - 65 页。

② 曹鹤荪:《怀念张钟俊兄》,载席裕庚主编《厚德博学 孜孜不倦——纪念张钟俊先生诞辰100 周年》,上海交通大学出版社,2015,第 114 页。

攻关"。这部分地传承了麻省理工学院的传统，同时跟国内需求相结合。这种培养人才的方式，很受企业欢迎，也确实帮助解决了当时企业急需解决的一些问题，而且从培养的研究生日后的职业生涯发展来看，大部分都成长为部门的业务骨干，这说明培养方式是成功的。

三是广揽高级人才。电信研究所创办之初，教师还比较缺乏。但张钟俊凭着他活泼积极的个性，善交际建立的人脉关系，加上当时他作为麻省理工学院重庆校友会主席的身份，到处联络校友，延揽人才，而且得到校长吴保丰和电信总局局长朱一成的大力支持，使电信研究所在刚刚创办的一两年时间，就聚集了大批优秀的电机、电信专业教师，使之成为当时国内师资实力最强的电机和电信专业。研究所前后聘请到的朱物华、徐璋本、黄席椿、沈尚贤、陈湖、朱兰成、郑太初等等，都是名师，在各自专业领域有突出贡献，受学界推崇，这也是研究所取得成功的基本保证。

四是轻松的学习生活环境和严谨的学术氛围。这很大程度上源于张钟俊乐观豁达的个性和善于幽默放松的心态感染了整个师生的氛围。张钟俊个性阳光，喜欢跟学生打成一片，谈吐随和，又喜欢运动，经常跟学生一起打球、运动，可以随便开玩笑，并且喜欢中英文并用，师生之间没有隔阂。当时师生的生活条件实在艰苦。据张钟俊带的第一个研究生陈斑回忆，1944年秋他投入张老师门下时，身穿一件旧蓝布长衫，只有一双破皮鞋，早已狮了大开口，但没钱买新鞋，晴天雨天都只能穿它。他下一届师弟童世璜则更惨，入学时穿一双草鞋，自己用扁担挑一担行李到学校报到。虽然学校经费很紧张，但张老师知道后设法给他们弄到一笔钱，作为奖学金发放，帮助学生解决生活上的困难。[①] 能在艰苦环境中找到生活学习的乐趣，在学术上永不停步，这本身就是一种力量，激励学生们克服各种困难。虽然条件艰苦，但对学生的课程要求和毕业论文一点都不放松。张钟俊亲自主持学生的专题讨论会(Seminar)，每次会前发给学生每人一篇论文，都是国际上著名期刊的最新文章，比如《贝尔系统技术杂志》(BSTJ)，让学生认真阅读，会上发表

---

① 陈斑：《怀念张钟俊老师》，载席裕庚主编《厚德博学　孜孜不倦——纪念张钟俊先生诞辰100周年》，上海交通大学出版社，2015，第118页。

自己的看法,然后老师点评。通过这种形式,培养学生的独立分析问题的能力,保持与麻省理工学院的传统相一致。对学生的每一篇毕业论文,都要求做到有独创性,导师要求严格审核,若本校资料有所欠缺,则要求到中央大学、重庆大学等借阅参考,做到文献引用规范,保证论文的原创性。

电信研究所作为新中国成立之前我国高等院校培养工科研究生最多的机构,积累了培养研究生的一些宝贵经验,主要体现在:

一是形成自己一整套培养研究生的经验。电信研究所虽然是借鉴美国哈佛大学和麻省理工学院等名校培养研究生的经验,但根据国内的实际,也有不少创新。比如严格而灵活的招生制度、学制、考核、毕业论文要求等。因为战时交通和通信不便,招生信息不易传递,很难组织统一入学考试,因此,当时主要采取导师物色、高校推荐、用人单位推荐相结合的方式。就是派教师赴附近几所大学工科学院沟通,以及邮件通信形式与对方联络,由对方知名教授推荐优秀毕业生,经过研究所的考察合格入学,也有部分学生在知悉招生信息后,携带原学校老师的推荐信,自发前往研究所参加面试入学,有部分学生则通过电信总局的选拔推荐入学。总之,招生形式多样化。在学制和学分方面,也形成自己相对固定的模式,比如两年学制,研究生课程 70 分算合格,选修本科生课程 80 分算合格,不能过关则实行中期淘汰制等。

二是高校与企业相结合的委托培养制度,培养国家急需的研究型和实用型人才。相比欧美国家大学研究院强调的研究自由独立,我国长期存在为某些单位和部门委托定向培养人才的制度。这种制度在交通大学早期历史中已经非常明确,本科阶段为铁道部、交通部等输送人才,到电信研究所专门为电信总局及其下属企业培养人才,培养方向非常明确。这种培养方式非常强调实用性,一开始研究方向,甚至研究的题目就非常明确。其好处是学有所成、学有所用,但存在的缺点是不一定符合个人的研究兴趣,难以达到最大限度发挥自身的特长。

总的来讲,电信研究所的成功经验是十分宝贵的。虽然也曾存在一些争议。比如,关于工科研究生培养应该更重视基础理论研究还是更重视实践操作能力之间的分歧。张钟俊本人的数学计算能力比较强,相应地他对研究生的培养也强调数学基础,加大基础数学课程量,同时强调研究生导师应该拥有深厚的理论基础,应该具有国外名校的博士学位。在研究生论文选题和写作上,往往要求参照当时国际上(通常是美国同行)正在研究的题目,选择某个热点问题,对相应的条件或参数做适当调整,然后计算和验证,以便紧跟国际前沿,相应的研究成果能跟国际同行进行比较。此方式曾受到以钟兆琳为代表的个别学者的批评。

钟兆琳(1901—1990)是比张钟俊更早一辈的我国首批电机专家,于1918年入读南洋公学电机科,1924年赴美国康奈尔大学攻读电机工程专业,1926年获硕士学位,毕业后在美国西屋电气公司(Westing House)从事电机制造工作一年。回国后钟兆琳先后任交通大学副教授、教授,主讲电机工程及实验,于1946年任电机系主任,同时在华生电机厂、上海中华工程建设公司等有兼职,1957年随交通大学电机工程系西迁西安。钟兆琳不仅在电机工程教学方面是一代名师,深受学生欢迎,同时他有丰富的电机工程制造实践经验,对电机制造企业的实际状况十分了解。由于自身的经历,以及当时我国的国情,他强调工科研究生应该更注重培养实践操作能力和研究解决企业面临的实际问题,而不是国际前沿的理论研究和数学计算,有其自身理由。据钟兆琳40年代的学生回忆,他在课堂上不止一次鼓励学生毕业后从事电器制造业,认为20世纪三四十年代电机专业毕业的学生应该把投身于电力运行部门工作,作为首选出路。因当时我国电器电力设备大多依赖进口,仰仗国外,钟兆琳深感国内制造工业规模太小,振兴制造工业,应为国家当务之急。[①] 作为亲自参与电机工程制造业的学者,钟兆琳对我国制造业的落后状况,有切身体会。他经常利用课堂以及参加电机工程师学会活动的机会呼吁同行投身我国工业实业,为尽快振兴我国工业做贡献。

但是,因为钟兆琳只拥有硕士学位,没有博士文凭,在电信研究所创办之初,没有被聘请为导师,他的批评也有个人情绪的因素。他经常在公共场合发表自己的观点,对张钟俊的培养方案提出异议,这令张钟俊有些难堪。

---

① 殷向午:《饮水思源追忆校风缅怀良师》,载交通大学1942级电机工程系毕业校友编《师生永契》,内部资料,1996,第15页。

抗战胜利交通大学复员回上海之后,由于钟兆琳是电机工程系主任,而电信研究所归并入电机工程系管辖之下,失去原来的独立性。从所属关系来讲,张钟俊属于钟兆琳的领导之下,这往往导致两者之间培养理念的冲突,常令张钟俊感觉有些不愉快。但张钟俊作为钟兆琳的学生一辈,也不好与之争辩。

这实际上也反映了两代留学美国人员之间受教育理念的差异。钟兆琳留美时代,正是美国技术发明和制造业勃兴之时,大批新技术发明不断涌现,新的公司、企业不断产生。美国人对新技术发明和制造业信心十足,主要的才智往这个行业涌进,包括大学的专业及其培养目标、方向亦然。但是,当时美国在基础研究方面还不够重视,大学培养高级研究人才的能力还不足,尤其在基础理论方面的关注度仍远不及欧洲。进入20世纪30年代以后,形势发生了极大变化。包括哈佛大学、麻省理工学院、加州理工大学等美国名校已意识到忽视基础理论研究的严重性,这些大学大量聘用理论型研究人才,基础研究已经大大加强。尤其1930年著名物理学家康普顿到任麻省理工学院院长,对该校进行大规模的改革,高薪聘用研究能力表现突出的年轻科学家到校任教,学校教学和基础科研水平平均快步提高。如像V·布什、R·维纳这样的计算机天才和数学天才,在麻省理工学院很受欢迎。研究生培养已经从过去强调实用性,强调操作能力,转变为理论基础、数学计算与实践操作并重。张钟俊就是在这种背景下走进麻省理工学院研究生院的。他的导师不仅在理论素养方面非常高,还要求张钟俊加选另外的数学课程,有意培养他的数学能力,为日后专业上的深入研究打好基础。张钟俊后来从事的"网络综合"研究方向就需要很多数学知识,尤其运算积分与电工数学。由于自身的不同经历以及身处重庆当时的环境,张钟俊强调理论基础与数学计算能力的训练,培养的学生可能在实践技能方面不是很擅长,但面对今后职业生涯的不断变化,适应能力反而更强一些。

电信网络

在回到交通大学任教和创办电信研究所的这几年,张钟俊不仅在教学和管理方面得到锻炼,在自己的专业学术领域也开始有所斩获。其中,最重要的成果是《电信网络》专著的形成和出版。此时期的张钟俊,年龄在 30 岁上下,正处在一生中思维最活跃,精力最充沛,学术思路也逐步走向成熟,最容易做出重要创新成果的黄金时期。他并不甘心终其一生只作为一名普通的大学教师,以授课和指导研究生为终极目标,而是力图在学术上有所突破,建立自己的学术领地。虽然战时条件所限,不能到国外进行学术交流,获取资料也有一定困难,但他设法努力破局。一方面跟他麻省理工学院的导师保持联系,获取国际上最新的研究进展;另一方面,通过朱兰成等留美工作的同学,以及民国政府的驻外机构,购买最新的专业图书以及电机工程方面的学术期刊,尤其英文和德文期刊,随时跟踪国际学术最新发展动态。

就在电信研究所开始招生的这一年夏季,在重庆发生了一件令他记忆十分深刻的事件:1944 年 6 月,中国电机工程师学会重庆分会在上清寺广播大厦隆重召开,历时两天。同时,中国电机工程师学会的贵阳分会、昆明分会等大后方的其他几个分会也隆重举行。这是全面抗战以来举行的规模最为盛大、参会讨论最热烈的一次学术交流会议。抗战时期,中国电机工程师学会在艰难的环境下曾成功召开过几次学术年会,但都因为交通受阻、经费困难、时局紧迫等因素,参会规模较小,会议报告质量也不是很高。相比之下,这次学术年会不仅规模空前盛大,学会历届主要领导亲临会场,还邀请到国外著名电机工程专家做专场报告,且得到政府部门的高度重视和支持,意义非凡。

这次会议是在抗战已经到了关键的决胜阶段,胜利曙光已开始初显的条件下召开的。各路胜利的好消息源源不断地汇入重庆,笼罩山城上空多年的阴霾终于一朝散尽。广大市民开始恢复正常的生活,重庆出现了久违的繁荣和欢乐的景象。参会学者们也精神为之振奋,对建设祖国的未来充满着憧憬,信心十足。会议主题不仅是工程技术前沿的学术探讨,更把重点放在如何战后重建,如何重振国家社会经济和发展我国科技文化水平上面来。会上张钟俊做了题为"电力网络设计"的报告。他依据留学时期对电力网络系统的研究成果,加上归国工作这几年的进一步研究和完善,结合我国电力供求的现状和战后重建大量的电力需求，构想了如何把火电与水电建设相互补充，组织联网形成全国几大区域电力网络，以调节地区的供需平衡，以电力工业为基础加快推进我国的工业化进程等，做了精彩的分析和乐观展望。他的报告引起同行高度评价和热议，认为是非常振奋人心的一个展望。

萨本栋（1902—1949）

会议最后有一个议程，按照惯例要对近几年在电机工程领域做出突出贡献的个人进行奖励。这次获奖的是我国著名物理学家、厦门大学校长萨本栋教授。授奖理由是其最新专著，英文版《交流电机基础》的出版在国际上获得巨大成功。

萨本栋1902年出生于福建福州，少年时代在福州求学，以优异成绩考取清华学校，1921年毕业。1922年，萨本栋到美国斯坦福大学留学，学习机械工程，1924年获得工学学士学位，同年考取伍斯特工学院继续读研究生，改学物理专业，1927年获理学博士学位。[①]攻读博士学位期间，萨本栋已经表现出非常出色的研究天赋，因此博士毕业即被聘请留校当助理研究员。同时，为了锻炼自己的实际操作能力，为归国振兴民族工业做准备，他还在西屋电气公司兼任工程师。

在美国读博和工作期间，萨本栋开始在专业刊物上发表多篇有分量的文章，包括在美国电气工程师学会会刊上发表的《关于空气中火花的研究》以及《三相系统的非平衡因素》等重要论文，受到同行广泛关注和赞誉。1928年，民国政府教育部将"清华学校"改为"国立清华大学"，进入本科全日制教学，同时在海内外大量招聘教师。萨本栋应物理系主任叶企孙教授之邀，回到母校任教，与叶企孙、周培源、任之恭等成为国立清华大学的首批物

---

① 伍斯特工学院（Worcester Polyechnic Institute）是位于马萨诸塞州伍斯特城的一所小型私立大学，创建于1865年。为何萨本栋从著名的斯坦福大学，转向这所规模并不大的私立大学，可能受其清华学校的老师梅贻琦的影响。梅贻琦曾作为首批庚款留美生留学该校（1910—1914），回国后担任清华大学物理系教授、教务长、校长等职。梅对该校物理系的评价颇高，萨本栋入该校初始是学习电机工程，第二年转向物理，后来萨本栋与梅贻琦均成为该校的著名校友。

理系骨干教师。他先后担任《普通物理》《电磁学》《无线电》等课程,编写《普通物理学》及《普通物理学实验》等教材,颇受国内高校欢迎。在教学之余,萨本栋继续钻研电路、电机工程、真空管等当时的前沿学术问题。尤其他创造性地将并矢方法和数学中的复矢量应用于解决三相电路的分析和计算,写出多篇文章发表。1935 年 9 月,萨本栋应俄亥俄州立大学之邀,担任该校客座教授,赴美讲学。他利用到美国讲学的机会,将多年的研究成果汇总成文,以《应用于三相电路的并矢代数》在美国电气工程师学会会刊上发表,引起国际电工理论界的强烈反响,认为他开辟了电机工程研究的一个新领域。随后萨本栋继续研究和补充完善,写成英文专著《并矢电路分析》出版。该书将数学、物理、电机三方面的最新研究成果综合一体,形成新的前沿研究领域,受到国际同行广泛好评,被选入国际电工丛书,很多高校将其当作教材或重要教学参考书,沿用多年。

1937 年 7 月,就在全面抗战爆发之际,厦门大学由原来的私立改为公立,诚邀萨本栋担任校长。没有任何领导岗位经验的萨本栋毅然应家乡之邀,担任厦门大学校长。他将学校迁往长汀,倾注其全部精力到厦门大学新校区的建设中。他广泛地向海外留学生发出邀请函,邀请海内外华人学有所成者到厦大任教,包括张煦、张钟俊等仍在攻读博士学位的海外留学生都在被邀请之列。几年的不懈努力,厦门大学在艰难时期成长为华南地区最有名的一所大学,为国家培养了大量优秀人才,萨本栋也因此誉满中华。1944 年 5 月,萨本栋与罗家伦、竺可桢、严济慈一起被国民政府授予荣誉三等景星勋章。同年 6 月,他应美国麻省理工学院、哈佛大学、密歇根大学、伊利诺伊大学之邀,再度赴美作为期一年的讲学。出国讲学前,他将多年来在厦门大学讲授交流电机所积累的经验,加上自己最新的研究成果,用英文编写了《交流电机基础》。此专著在美国一出版,再次获得巨大成功,被美国多所大学当成教材使用。

萨本栋的成功历程无疑给年轻的张钟俊巨大的鼓舞和示范作用。当初刚回国,曾因为生计所迫,从乐山的武汉大学到沙坪坝的中央大学,都是短暂停留,没有归属感。况且一路颠沛流离,能随身携带的书籍资料很有限。校园又不断遭受日军轰炸,终日惶恐,师生来来去去,人心不稳,无法安静下来做自己的研究。到了交通大学，才开始有了回家的感觉。一是有大批的校友相互支持，相互激励，教学风格也相互熟悉和认可。二是在九龙坡新建的校舍，虽说条件还不算好，但当时相比其他刚西迁的学校，已经算是很不错。在仪器设备及图书资料方面，由于校友们多方筹措，也基本具备做研究的条件。尤其是刚归国的校友不断加入，不断带来新的信息和资料。张煦1940年回国前，曾在美国购买了一批最新电信专业的图书和杂志，以及实验仪器设备，包装成几大箱子，经航运到缅甸仰光，再经边缅公路运达重庆。这些资料和仪器原来归璧山训练所，后来训练所与交通大学合并，也属于交通大学所有。另外，张钟俊还去信委托同年到麻省理工学院留学，后来留美任教的同级同学朱兰成帮助购买最新的图书资料和实验仪器，有些不便购买的重要期刊文献则拍成微缩胶片，然后包装邮寄回国。抗战后期以及复员上海之后，部分图书资料则通过东亚书局在上海的代办机构购买，另外通过他在美国的弟弟钟杰也买到约100部最新电力和通信专业的图书。通过多方筹措，克服种种困难，到了抗战后期，教学和科研基本能正常展开。

此时张钟俊在交通大学电机工程系，以及后来的电信研究所开设了一门新课，即"电信网络设计"。此课程在国际上也属于最新分支，还很不成熟。张钟俊在麻省理工学院留学时，其导师曾是这个领域的国际权威，但很多问题仍处于前沿探索阶段，张钟俊本人也曾做出一些新发现，但还未来得及进一步深入和完善，由于家庭受难，就只得匆匆回国，成为遗憾。在重庆交通大学安定下来后，他曾几次试图继续此前的研究工作。但一方面教学任务很重，研究时断时续；另一方面，由于交流渠道不畅，有些新的研究心得，也无处发表，只得暂时搁浅。萨本栋最新专著的出版和成功，让他看到了希望。1940年春在沙坪坝中央大学任教时，他曾通过陈章介绍加入了中国电机工程学会，翌年10月在贵阳举行的第五届学术年会上，张钟俊做了一篇关于"伺服机件"最新发展的学术报告，受到高度评价，获得大会的表彰。此次会议，看到前辈的卓越成就，誉满全球，令人钦羡，自己近年的努力也获得同行好评。这终于让他下定决心，继续把正在研究的网络综合进一步完善，然后想办法结集出版。这段时间，他大量阅读国外期刊文献资料，包括英文与德文的文献，对国际上最新的研究进展把握很及时。但是可能用功过度,有时白天上下午均有课,教学任务比较重,只能利用晚上时间做研究,经常阅读写作到深夜,身体健康开始受到一定影响。尤其是阅读做成微缩胶片的文献,对他眼睛伤害很大,视力下降很明显。

1946 年春,交通大学复员上海之后,经过一番安顿,张钟俊再次忘我地投入到网络系统的研究中,终于在 1947 年底基本完成了他的首部专著《电信网络(上册)》(*Communication Network*),翌年在上海龙门书局出版(初稿上册,英文影印版 200 册,现已绝迹)。《电信网络》是张钟俊第一部研究性专著,其中吸收了麻省理工学院博士生达林顿(Darlington)刚完成的博士学位论文《网络综合》(*Network Synthesis*),以及博德(H·W·Bode)的《网络分析与反馈放大器设计》(*Network Analysis and Feedback Amplifier Design*)等相关内容,同时有张钟俊自己近十年来的新探索。他把同行近年来所做的专题性研究成果做了系统的分析与综合,建立起融贯的普适性理论体系,初步体现他"综合即创新"的学术理念。他应用新的数学方法成功地解决了一些网络分析问题,在《交大学报》上用英文发表了 *An Approximate Solution of High Order Algebraic Equation* 的专题研究论文。《电信网络(上册)》在同行中被认为是国际上最早的阐述网络综合理论的专著,具有开创性意义。可惜当时正处在国内解放战争的紧张时期,没有机会出国交流。第二年新中国成立之后,上海面临国民党空军的不断轰炸,电力供应一度瘫痪,张钟俊的工作重点转向恢复重建上海电力系统等繁重的技术性工作,手中的研究项目再次停顿下来,没能继续在学术前沿往前推进,《电信网络》(上册)没机会继续完善和再版,其下册更是没机会完成,成为一生的遗憾。①

---

① 据其学生万百五的回忆,新中国成立后张老师不得不放弃"网络综合"这样一类世界电信学术界正在进行的研究题目,与新中国成立初期交通大学电机系内一股自发的风气有关:"解放了,做学术研究的论文一定要实际项目,不能'学院派'。"见席裕庚主编《厚德博学 孜孜不倦——纪念张钟俊先生诞辰 100 周年》,上海交通大学出版社,2015,第 127 页。实际上整个国内高校在 50 年代以后均强调教育要与生产劳动相结合,科研要求协助解决工农业生产中的实际问题,基础理论研究已经不受重视,提倡搞纯基础理论研究被认为是"唱高调",在国内环境条件下不切实际,很多紧跟国际前沿的个人兴趣研究不得不停止。

甜美婚姻

张钟俊在重庆工作时期的另一个人生收获是他的婚姻与家庭。此事说来似乎有些奇怪,他作为国外名校博士毕业的海归人才,学术上的成就早已为同行熟知,加上他个性阳光活泼,善于交际,理应在爱情婚姻方面很顺利。可是直到年近三十的他却仍孑然一身,没有谈过女朋友。这一方面也许是出于家中老大的责任,他承诺要照顾弟妹和负责父母的生活费用,经济压力很大,不愿过早涉足婚姻;另一方面,也许是事业上的倾力投入,无暇顾及个人婚姻问题,加上战时的重庆,交往圈子很窄,交通大学工程学科绝大多数为男性,知己难寻。但此事已成为他父母亲的心病。此时,栖身于上海法租界的张父身体每况愈下,很希望在其有生之年看到大儿子成家立业,抱抱孙子。他不断写信催促钟俊,也提醒女儿钟娴帮助留意介绍,务必要钟俊在而立之年以前成婚。

钟娴是个心很细的女孩,大哥为照顾自己和二哥而耽误了终身大事,很心疼他如今的处境。其实她很早就为大哥着急了,只是苦于交际圈子太小,实在没有合适的人选。但就在她上大三时,班上的一个女同学进入她的视线,那就是同班好友杨媞姝。杨媞姝(1920—1999),江苏南京人,1939 年考入复旦大学(重庆)经济系计学专业。她不仅性格爽朗,学习成绩也很优异,两人很快成为朋友。作为张钟娴的同级好友,杨媞姝不时受邀到张家做客。开始张钟俊只是把她当成自己妹妹一般看待,但时间越久,他发现这女孩个性特别,在学业上很执着,很有个人见地,开始对她产生好感。张钟娴见机从中撮合,于是这桩甜美婚姻顺理成章。

两人的婚礼于 1942 年 3 月在重庆小龙坎的交通大学校内举行。结婚当天发生的一个小"事故"也

张钟俊杨媞姝结婚照(重庆小龙坎 1942 年)

成了重庆交通大学校园流传的一个笑话。原来吴保丰校长为两位新人准备的结婚新房及新家具都比较简陋，当一帮同学去新房欢庆他们的新婚时，五个年轻力壮的同学一齐坐到新床上，一下子把床架子坐断了，引得大家一阵大笑。幸好校长吴保丰又立即叫校工换了一张新的，这才避免了一场尴尬。①

　　1946年交通大学复员上海之后，杨媞姝进入交通大学管理系任助教。新中国成立之后，曾到震旦大学任夜校专科班的讲师，后来院系调整，震旦大学合并到上海财经学院（后来的财经大学），她又到财经学院任教。杨媞姝也是个很好强的女性，虽然当时困难时期，没有机会继续深造，但她凭着本科学历，坚持继续自学，能在著名的震旦大学和上海财经大学教学岗位上站稳脚跟，从助教先后升任讲师、副教授，很不容易。在"文革"初期，张钟俊受到不公正待遇，甚至被非法拘押长达一年之久，家庭重负全部落到了杨媞姝一人身上。她默默地承受了这一切，终于渡过难关。直到改革开放后，家庭经济条件好转，张钟俊每次有机会外出参加会议或讲学，都尽量带上夫人一起，观赏祖国大好河山，弥补年轻时期留下的遗憾，夫妇俩共享晚年的快乐时光。

---

　　① 何国森：《怀念张钟俊教授》，载席裕庚主编《厚德博学　孜孜不倦——纪念张钟俊先生诞辰100周年》，上海交通大学出版社，2015，第123页。

第五章
电力重建

公用事业局

抗战胜利后复员上海,与其他同行一样,张钟俊面临诸多选择。当时战后重建,民国政府首要的任务是建立健全各级政府机构以维护社会稳定,对遗留的敌伪产业进行清理和处置,迅速恢复正常社会秩序。为此,民国政府需要新任命一大批懂技术,有管理才干,人品信誉好的行政管理人员。

张钟俊作为在知识界已颇有些威望,在创办电信研究所期间业绩比较突出的人才,自然是在任命之列。在随交通大学电信研究所回迁上海之后,1946年春,张钟俊受刚上任的台湾工矿事业处处长包可永(原交通大学电话学教授)之邀,利用寒假时间到台湾做电力系统恢复重建的规划工作。回上海之后,又受公用事业局(简称"公用局")局长赵曾珏的聘请,任公用局专门委员、技正①。当时公用局负责管理上海市供水、用电、通信、道路交通等公共事业。赵曾珏也是有名的电机工程专家,当时兼任中国电机工程学会上海分会的会长。为了笼络人才,他特地聘用一些学有专长,在学术界比较有威望的技术人员作为他的"智囊团"。除了张钟俊,还有毛启爽(交通大学电

---

① 相当于总工程师,其下还有技士、技佐等专业技术职称。

信专业教授,后任上海市电话局副局长),徐芝纶(后任南京水利学院教务长),刘光文(水利学院系主任)等。在公用局工作期间,张钟俊主要负责几项具体工作:一是协助赵曾珏审查晋升职称的论文。当时高校教师晋升职称,按教育部的要求必须提交论文或研究报告。电机类的论文均交由赵曾珏审查,而实际赵政务比较繁忙,具体审查工作交由张钟俊负责。其二是协助毛启爽编辑《电世界》。《电世界》是中国电机工程学会上海市分会主办的一份杂志,创办于1946年,主要目的是向普通读者普及电学知识,由赵曾珏会长兼任社长。赵曾珏交由毛启爽与张钟俊具体操办,张钟俊主要负责文章审核与文字编辑工作。其三是主编《动力工程》季刊。《动力工程》(共出版了五期)也是中国电机工程学会下属的刊物,主要发表电力、能源、机械工程等方面的研究性论文,比较有专业性。张钟俊利用主编此刊的机会,对上海市的工农业生产与电力供应状况做了一番调查研究,代赵曾珏写出《上海农业的研究》《组织上海联合电力公司邹议》及《解决上海电荒的计划》等几篇文章在期刊上发表。

抗战结束后生产开始恢复,电力需求出现严重短缺。美商上海电力公司凭借其相对雄厚的资金和技术实力,乘抗战期间其他电力公司遭受日军掠夺和破坏严重之际,在1946—1947年间曾四处活动,提出以其为主建立联合电力公司,建造20万千瓦的新电厂、132千伏环网向各电力公司供电的方案,企图垄断上海及周边的江苏、浙江的部分电力供应市场。[①] 其他电力公司由于实力不济,短期内很难解决本供电片区内电力短缺问题,也有组建联合公司的意向。针对美商上海电力公司的这些活动,公用局在1947年4月任命一个技术委员会研究组建联合电力公司的方案,争取在组建联合电力公司过程中政府在管理上的主导权,维护用电户的正当权益和平衡各电力公司的利益,打破美商垄断的企图。张钟俊在赵曾珏的授意下,根据自己的调查研究,提出一系列解决方案。以上几篇文章初步提出将上海的几家电力公司,包括美商、法商、华商的电力公司进行联合整合,打破原来各自分片

---

① 上海市电力工业局史志编纂委员会编《上海电力工业志》,上海社会科学院出版社,1994,第467页。

供电导致的不平衡,进行并网输电供电,以缓解上海长期的电力需求矛盾的设想。其通过错峰上班制和价格市场来调整电力供需矛盾的"电力经济"思想也开始出现。但不久解放战争迫近,民国政府内部人心恐慌,各自都为自己前程和利益着想,上级管理部门和技术人才不断出现离岗,这些设想也就成为纸上谈兵,根本无法实施。

其实张钟俊之所以接受赵曾珏的邀请,到校外兼任公用局的技正,主要也是经济上的考虑。当时上海乃至全国经济发展处于停滞,物价飞涨,而自己家庭人员增多,日常生活开支逐渐捉襟见肘。父亲及岳父都刚离世,母亲及岳母均无收入,靠他一家赡养,大女儿珑珑(张文渊)才三岁(1943年生),尚在上中学的弟弟景侠也需要他资助。一家七口均靠张钟俊夫妇俩的收入维持,夫人杨媞姝还只是助教职称,收入不高,作为一家之长的张钟俊只能拼尽全力维持家庭生计。

到了1948年底,三大战役结束,中国人民解放军百万大军开始南下集结长江北岸,南京、上海的局势十分紧张。民国政府高层官员纷纷逃离,张钟俊的上司赵曾珏也已不知去向(后来才知道去了台湾)。此时张钟俊忽然收到他导师斯特拉顿的邀请函,请他到麻省理工学院做访问教授。此时斯特拉顿已于三年前升任麻省理工学院电机工程实验室的主任(随后不久又升任校长),二战后期开始组织一个庞大的雷达研究项目,在全世界范围前后邀请了上千名优秀的电子技术专业人才加盟,朱兰成也在其中。张钟俊读博士期间表现出优异的研究潜质,自然也逃离不了他的法眼。

张钟俊收到邀请信后心潮澎湃,连续好几天不能入眠。这是人生难得的再一次机遇,是继续学术前沿研究的绝佳时期。麻省理工学院优厚的条件和学术环境,想在自己刚刚发展的通信网络及伺服机件方向继续推进,还能有什么地方比这更好的呢? 况且当时物价飞涨,生计艰难,民众对国民党政府完全失去信心,很多人都寻着门路出国,去美国的特别多。但是当初留学归国要回报父母,报效祖国的决心又时刻在内心提醒着他,战后重建需要大量的科技人才,怎能在这个时候离开祖国呢? 他思来想去,实在难以决策。他将自己的处境与几位同事好友反复商量,大家都认为机会实在难得,他应该去美国。但最后他还是选择放弃了。据张钟俊后来回忆,当时的决策有两方面原因：一是作为一家之主的责任。父亲刚离世，母亲及岳母年迈，大女儿尚小，二女儿文汇刚出生（1948年），如若他为了个人前程而远离家庭，靠妻子一人承担所有家庭重任，后果难以想象；二是已经看到了新中国来临的曙光。他所在的公用局，其下属一位科员叫伍正大，是中共地下党员，经常与他有接触，交流间有意无意地向他透露共产党的相关政策，对他发生了影响。受这些地下党员以及进步学生的影响，他参与了学校师生的护校运动，即轮流在学校体育馆值班，警惕冲入校内搜查的国民党军警。目睹这些地下党员与进步学生的行为表现，他们不顾个人安危，为了保护学校、保护同学和国家财产而敢于跟军警斗争，跟日趋腐败的国民党官员们终日惶恐、自顾带着家眷和财物逃命的行为形成鲜明对照。依稀迷茫之中，他对即将到来的新中国政府有了期待。

"二六轰炸"

旧上海属于半殖民地性质，重要的工业生产原料及机器设备，大部分依赖进口。比如电力等动力供应，发电主要是靠国外经营的火力发电厂提供，燃油80％靠进口，煤炭也有20％依赖进口；粮食供应方面，上海近500万人口，有近一半的大米和面粉也依赖进口；棉纺是上海的主要支柱产业，其机械化棉纺产业约占全国的60％，所需原棉60％也靠进口；上海的毛纺工业设备占据全国达80％，全部靠进口毛条维持生产。[1] 一旦进出上海的港口被封锁，势必造成大规模工厂停工待料，工人失业；粮食水电等供应一旦短缺，会造成民心恐慌，社会动乱。

早在1949年春夏，败退台湾的蒋介石集团不甘心失败，对其苦心经营多年的上海和华东一带，采取口岸封锁和不断空袭侵扰的方式，妄图颠覆新中国政权。从6月23日开始，国民党军公然在长江口岸布雷，企图封锁阳止上海内外交通，试图断绝粮食、煤炭及工业原料供给，窒息上海的经济，迫使民众对新政权的执政管理能力发生怀疑和不信任。同时国民党空军多次派出

---

[1] 中共上海市委党史研究室编《历史巨变：1949—1956》(1)，上海书店出版社，2001，第25页。

轰炸机对上海火车北站、江南造船厂、渡轮公司、闸北水电公司、龙华机场、杨树浦及浦东等地进行轰炸或机枪扫射,企图通过封锁与轰炸,造成货物供应短缺,水电供应停顿,工厂瘫痪,工人失业,从而引起人心恐慌、社会秩序混乱。

但是新中国政府在接收上海之前,已经做了相当的准备,通过地下组织等选派大批干部北上先期进行培训,吸取北平、天津等其他特大城市的接管经验。新政府接管上海后,一方面开始有计划地进行部分工厂内迁和人口往内地疏散,减少对国外的依赖,另一方面在内地准备大量的粮食、煤炭、棉花等原料供应,以保证上海的基本生活和生产的维持。在党中央的坚强领导,全国其他省份,尤其东北和华北的有力支持以及上海广大市民的努力配合下,上海人民的生产生活并未出现国民党指望的那样一片混乱,反而逐步趋于稳定,各项经济指标也有明显改善。到 1949 年 12 月,主要工业行业的用电量比解放时增加80.6%,织布、面粉、榨油、造纸、橡胶、机械等行业用电量都明显提高;染织、毛纺、制革、自行车等纺织和轻工业开工率达到 95% 左右;钢铁、机电等重工业开工率也达到 86%。[1]

眼看封锁的目标不能奏效,1950 年初,蒋介石集团在草山高级军事会议上做出决定,要对上海的发电厂、自来水厂、码头、仓库、船只、车站、铁路、桥梁等重要设施进行大规模轰炸的决定。[2] 国民党空军立即做出反应,对舟山机场加紧扩建,随后轰炸规模和范围不断扩大。2 月 6 日中午 12 时 25 分至 13 时 53 分,国民党空军出动了以美制 B-24、B-25 等 14 架轰炸机为主体,以及 P-51、P-38 战斗机相配合的战斗机群,分四批轮番轰炸美商上海电力公司杨树浦发电厂、闸北水电公司电厂、南市华商电气公司、法商电车电灯公司卢家湾电厂。这次轰炸共投弹 60 余枚,大量炸毁厂房和附近民房,发电设备严重受损,工人和居民数百人死伤。其中,上海主力发电厂杨树浦发电厂中弹 15 枚,有 9 枚击中厂房,造成第二、第三号锅炉间及修理间、泵浦间被炸毁,发电设备近 2/3 损坏,电厂负荷从 9 万多千瓦时一下骤降至零,所有

---

① 徐锋华:《一九五〇年"二六轰炸"及应对》,《历史研究》2014 年第 4 期,第 102 页。
② 中共上海市委党史研究室编《历史巨变:1949—1956》(1),上海书店出版社,2001,第 36 页。

运行设备全部被迫停止运行。闸北电厂中弹 8 枚,有 4 枚击中厂房,一号、五号锅炉被炸毁。轰炸造成了全市发电量从 15.6 万千瓦骤降至 2 万千瓦,市区供电大部分停电,绝大部分工厂被迫停产,公交电车途中抛锚,晚间居民家中一片漆黑的局面。[①]

电力网改造

"二六轰炸"刚过的当天下午,当时市委第一书记、市长、华东军区司令员陈毅立即在市政府召集上海党政军和有关部门负责人参加的紧急会议,一方面布置抢修、抢救和维护社会秩序等应急措施;另一方面紧急动员各部门、各单位利用各种自备发电装置发电,通力协作,首先尽力维持供应给水、路灯、通信、治安、医院用电。[②] 供水供电抢修是当时最紧急的事情。2 月 6日那天正好是上海市首届工人代表大会召开期间,大会立即向各产业工会发出《关于进行反轰炸斗争的紧急通知》。通知要求各级工会"在目前应该迅速发动工人尽早普遍组织纠察队,协助厂方加强一切防空设备,配合政府做好防空治安工作,在空袭时着手进行消防抢修、救护、护厂和坚持必要与可能的生产,防止或减轻一切因轰炸而造成的破坏和混乱"。[③] 上海电力公司的广大职工和工程技术人员当夜就建立了抢修突击队,近 200 人的队员通宵抢修。2 月 7 日中午,陈毅市长、潘汉年副市长在新任公用局局长叶进明陪同下到达杨树浦发电厂视察灾情,慰问工人和受难者家属,鼓励大家发扬上电光荣革命传统,以最快速度抢修,恢复供电。在和技术工人们商讨如何尽快恢复发电时,陈毅市长还特别用商量的口吻问大家:"争取48 小时恢复部分发电,行不行?"工人、技术人员齐声回答:"行!"根据陈毅市长"要动员全市的力量支援上电"的要求,英商电车公司、法商电车公司、法商电车电灯公司、公共交通公司、电话公司,以及纺织、五金等企业职工

---

① 中共上海市委党史研究室编《历史巨变: 1949—1956》(1),上海书店出版社,2001,第 37 页。
② 同上。
③ 同上书,第 38 页。

在工会组织下连夜冒雨赴上海电力公司参加现场清理和抢修。遭受大规模的轰炸,杨树浦发电厂几近成为废墟,经过连夜的清理,发现只有 10 号机和 25 号机受损较轻,可以抢修。但是循环水管、锅炉输送燃料皮带等都受到损坏,只能靠人工搬运煤炭等方式发电。经过 42 小时的紧急抢修,到 2 月 8 日清晨 7 时,终于第一台机组恢复发电。到 2 月 15 日,全市恢复到原发电量的 65％,基本实现工厂机器开始运转,电车重新开动,住户电灯重放光明。[①]

1950 年上半年,轰炸、封锁造成的后果是很严重的。之前上海有工厂约 1.2 万家,1 到 5 月间停工达 1 454 家,占 10％以上。上海的商店约有 10 万家,1 至 5 月歇业的达 600 多家,占 6％左右。当时的市长陈毅,在 3 月 12 日至 5 月 10 日间,针对上海的社会秩序、劳资关系、人心浮动等问题,连续六次向中共中央、向毛泽东主席报告上海遭受的问题,可见问题的紧迫,实属罕见。[②]

张钟俊作为公用局的电力技术主要负责人(上海解放后他曾提出辞去公用局全职回交通大学任教,但军管会要求他留任,因为当时技术人员流失严重,不久他被新上任的局长叶进明任命为技术室主任),肩上的责任非常巨大。他不仅要亲临现场指挥抢修工作,力争快速恢复供电,更要制定切实可行的措施,从技术和经济两个层面合理解决各发电厂的协调输配电问题,以最大程度解决不同城区公共事业、居民和工厂企业的电荒。当时的上海拥有几家所属不同的发电厂和供电公司。规模最大的发电厂有位于杨树浦路,南濒黄浦江的杨树浦发电厂;市区南部花园港路,东临黄浦江的南市发电厂;闸北区军工路的闸北发电厂。各发电厂使用的技术设备购自国外不同厂家,制式标准不同,五花八门,维修改造起来十分麻烦。比如,美商所属的杨树浦发电厂原先主要使用英国制造的锅炉和德国制造的汽轮发电机组,后又购置了部分产自美国、英国的锅炉,以及产自美国、英国和瑞士的发电机组做补充。闸北发电厂原先由捷克承建,使用产自捷克的发电机组,后

① 中共上海市委党史研究室编《历史巨变:1949—1956》(1),上海书店出版社,2001,第 39 页。

② 熊月之主编《上海通史·第 11 卷》(当代政治),上海人民出版社,1999,第 28 页。

又添置产自瑞士和美国的发电机组和锅炉。这些锅炉原先有的烧煤，有的烧油。1949年下半年开始，因为海上封锁造成进口燃油困难，原先使用燃油发电的锅炉设备不得已改造为燃煤，大轰炸时部分设备仍在改造中（到1953年油改煤才全部完成）。①

主要的供电企业有五家电力公司：美商上海电力公司、法商电车电灯公司、华商电气公司、闸北水电公司以及浦东电气公司。各公司拥有自己的供配电系统，包括自行设计的变电所和架设的供电回路，供电电压和继电保护设施。其中，美商上海电力公司规模最大、实力最强，其主要供电区域在原

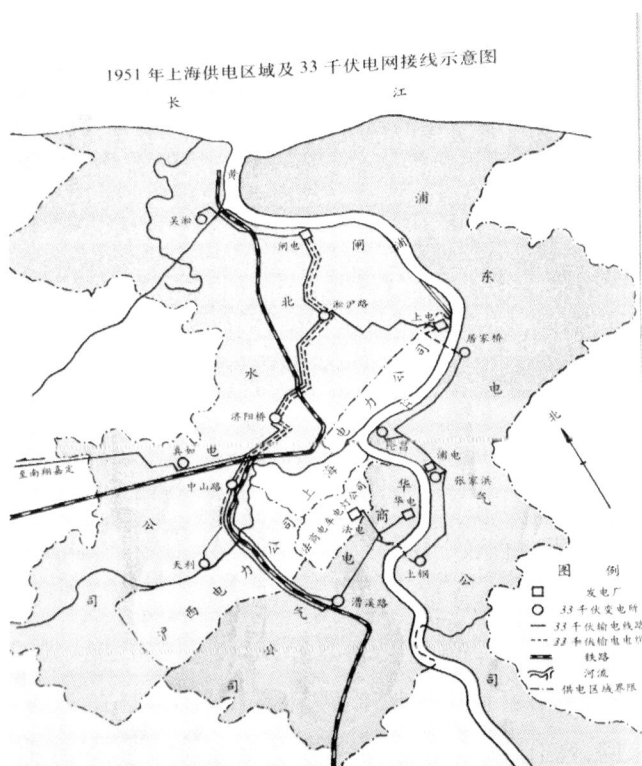

1951年上海电力供应（图片来自《上海电力工业志》）

---

① 上海市电力工业局史志编纂委员会编《上海电力工业志》，上海社会科学院出版社，1994，第47-49页。

公共租界一带,从东端的杨树浦发电厂,自东向西南分 12 个配电区,呈狭长形分布,供电面积达 53.6 平方公里,1949 年最高负荷为 16.61 万千瓦。[1] 遭受大轰炸之前,由于供电比较充足,该公司除了在自己的营业区域内供电,还向闸北、法商、华商等电力公司售电。[2] 但是在晚间高负荷或者遇到电力不足时,则可能停止对其他公司供电,造成闸北、法商、华商等供电区域随时可能停电,而美商供电区域内却往往造成浪费用电现象。

"二六轰炸"之后,张钟俊领导的技术室对整个上海的供电系统做了统一规划部署和技术改造。实施方案可大致归结为三个方面:

一是工厂企业交错开工,错峰用电,实现电力经济。大轰炸之后,短时间之内很难全面恢复发电,因此,从 1950 年 2 月中旬开始,对上海的用电大户棉纺织厂实行轮流上班制,错峰用电。在重要的公用事业单位和居民住户用电高峰时段,工厂实行部分停工,优先保证公用事业和居民用电。白天和后半夜则工厂轮流上班不停歇,开始实行棉纺织厂三班倒制度,充分利用夜间电力低负荷时段进行生产。此制度一直沿用很多年。从 2 月 15 日开始,还实行紧急时期分级提高电价制度,对电力、电灯、工业用电热、公用事业、同业趸售、公共路灯、私有路灯等分别按不同标准提高电价,并在各大报纸及时公告,从价格来调节供需矛盾。[3] 后来则根据军管会的"水电管理委员会"指导原则,实行分级用电制度,即重要的公用事业、军需和民生工厂等优先用电,一般工厂、居民次要用电。此外,公用局组织了"上电法电电力经济运用小组",协调美商与法商两家公司的用电经济问题。法商电车电灯公司主要以柴油机组发电,利用柴油发电机启动比较迅速的特点,为节约用油,只在高负荷时启动柴油机组发电,在深夜低负荷时停开法商的柴油机组,利用其与美商上海电力公司的联络线路,改由美商上海电力公司供电。

---

① 上海市电力工业局史志编纂委员会编《上海电力工业志》,上海社会科学院出版社,1994,第 164 - 165 页。

② 新中国成立前夕,美商上海电力公司供电占整个上海市场约 32%,法商电力公司约占 17%。见高明:《1945—1965 上海电力工业研究》,上海交通大学博士学位论文,2014,第 15 - 16 页。

③ 张犇:《1950 年上海大轰炸》,上海社会科学院出版社,2017,第 190 页。

二是统一电压和频率。上海市 5 家主要电力公司因为各自独立发展,各有不同的电压和频率标准。尤其是电压,可谓五花八门。到 1949 年 5 月上海解放时,上海电网共有 33 千伏、22 千伏、13.2 千伏、6.6 千伏、5.5 千伏、5.2 千伏和 380/220 伏、190/110 伏 8 种电压。各自有不同的架空线网及地下电缆网络,而且各供电公司的网络在不同的供电区域有交叉重叠,相互馈电,各自有独立的调度系统,不仅网络结构复杂,也造成不必要的线路损耗,不经济。为实现联合并网和统一调度的方便,要对电网做统一改造。为此,要求各电力公司及所属的变电所相互配合,实行升降压改造。局部改造从大轰炸之后不久就开始,然后逐渐推开,直到 1953 年,按照中央燃料工业部的统一规定,将 35 千伏、10 千伏和 380/220 伏作为标准,进行统一改造,完成统一联网改造工作,为第一个五年计划开局作了较好的动力设施准备。

三是组成联合电网,实现各供电企业相互支持和调剂用电。新中国成立之前,各电力公司依据前几天的实际负荷安排次日发电曲线,只当发出电力不能满足用电需求时,各公司间按协议规定互相调剂余缺,但两个电网间不允许并列运行。[①] 1950 年 3 月,公用局成立了以张钟俊领导的调度组,开始全市的电力统一调度工作。调度组邀集五家供电公司相关负责人进行讨论,统一认识,形成相互支持器材和技术人员,逐步实现电力公司间的并列运行,最后并网发电。首先进行并列试验的是上海电力公司与闸北水电公司。张钟俊领导的技术室收集有关发输电设备的技术资料,在苏联援华电力专家协助下,计算系统并列后的短路容量后,确知现有线路、设备可以满足需要。于是从 1950 年 5 月 17 日开始,召集美商上海电力公司和闸北水电工司、浦东电气公司,商定由闸北水电工司、美商上海电力公司分别将有关线路的继电保护装置和表计进行调整及校验。经过多次短时段的试验并行运行,到 6 月份两家电厂试行并列运行正常,证实可以并列运行。此成功经验逐步推广到其他电厂。为解决浦东供电紧张问题,又对杨树浦江边电站

---

① 上海市电力工业局史志编纂委员会编《上海电力工业志》,上海社会科学院出版社,1994,第174 页。

进行 35 千伏升压和铺设穿越黄浦江至居家桥变电站的 35 千伏水底电力电缆。该工程于 1950 年 10 月竣工通电,从此,美商上海电力公司开始向浦东电气公司趸售电力。[①] 1950 年 12 月 30 日,中央人民政府决定对美商企业实行军事管制,委派军事管制专员程万里正式接管美商上海电力公司,并向各部门派出代表。从此,美商上海电力公司收归国有,至 1954 年上海电业管理局中心调度所成立,所有发电厂电力电量的运行方式由中心调度所统一安排,实现全市联合并网发电。

上海是全国电力工业发展最早、用电量最大、电力网布局最复杂的城市。[②] 在新中国刚刚成立,面临大轰炸破坏和海上封锁的困难时期,能迅速地修复恢复供电,并对电力网做了成功改造和经济安全运行,在全国有示范意义。这不仅给上海市民以重建家园的信心,更是使全国人民对新政府的执政管理能力有信心,也提供了很好的电力技术改造和运行管理经验。由于张钟俊在大轰炸之前对上海的电力技术状况有比较充分的了解,对战后重建上海电力已有比较完整的思考,使他在大轰炸之后很短时间内就能做出准确的判断和决策。在他指导下的电力网技术改造和电力经济运行管理办法取得相当的成功,受到政府部门的肯定,也受来华援建的苏联专家的赞扬。因此,随后的全国区域电网的建设和改造往往以上海的经验为参照。张钟俊在上海电力网技术改造方面的业绩引起了国家领导人的关注,在随后 1956 年国务院制订的《1956—1967 年全国科学技术发展远景规划》中,他被高教部指派作为电力技术专家,参与了制订《全国电力工业十二年发展规划》工作。在会议的最后阶段,他负责执笔撰写电力系统部分的长远规划。会议期间,电力工业规划组全体成员与其他规划组人员一起,在中南海怀仁堂受到国务院的宴请。晚宴上,周恩来总理亲自端着酒杯给专家们敬酒。当走到电力组成员面前时,周总理亲自向他敬酒,并对他说道:"你是学电

---

① 上海市电力工业局史志编纂委员会编《上海电力工业志》,上海社会科学院出版社,1994,第167 页。

② 1949 年底,上海共有发电设备容量 25.95 万千瓦,占全国的 14%;年发电量 10.09 亿度,占全国的 23.4%。见张犇:《1950 年上海大轰炸》,上海社会科学院出版社,2017,第 72 页。

的,你要为我国的电气化做出贡献!"总理的嘱托既是对他之前工作的肯定,也成为他终身为之奋斗的强大动力。

全面学苏

到 1951 年秋,按照高教部的要求,交通大学的教务委员会不允许教职员工在校外兼职,张钟俊只得辞去公用局的职务,全职回到交通大学任教。此时学校的风气与之前已经大不相同。一方面,电信研究所已经停办,民国时期制定的学位制度已被废除,最后两届毕业生虽有通过毕业论文答辩,但没有授予学位,只能做结业处理。其他科研项目也已经停顿,教师们基本不做科研。教师职称的升迁主要由年资来决定,而不是科研成果。另一方面,因为美国支持蒋介石的内战政策、爆发"抗美援朝"以及大轰炸等各种原因,中美处于对抗状态,之前学习英美大学的办学方向被否定,要求转向全面学习苏联。因此,原来仿照美国麻省理工学院和哈佛大学的教学模式要调整,所用教材也要重新编写,或者直接翻译苏联的教材。为此,学校还专门请来俄语教师(一位俄国老太太)给老师们培训俄语,广播电台也每天专门播放俄语教学节目。

张钟俊对这一切早有所预料,也有所准备。在"抗美援朝"战争爆发之后,交大师生纷纷表达了对美国的抗议和愤慨,不少高年级同学还向学校提交申请,表示愿意到前线为抗美援朝效力。他敏锐地意识到,之前的学习美国模式肯定行不通了,要赶紧学习俄语。尤其 1951 年夏,他被邀请到长春讲授"网络综合"与"伺服机件原理"两门课程,顺便到哈尔滨、沈阳、大连等处参观,眼见到处有苏联来华专家的无私帮助,他开始对苏联发生了兴趣,感到学习俄语势在必行。从此,他每天坚持 3 小时学俄语,从不间断。到 1951 年底"三反"(反贪污、反浪费、反官僚主义)运动开始时,他已经全部掌握俄文基础语法,并记住了约三四千俄文单词,能借助词典阅读俄文电力技术方面的书籍了。到 1952 年夏,全校教师发动批判"崇美"思想,大规模参加专业俄文速成班培训之时,他已经可以自告奋勇地充当教学助教。1952 年冬,在面对全校教师举行的俄文专业阅读考试中,他的成绩位列全校最高等级的 6 位教师之一,还得到两个月增加月薪 10% 的奖励。

但就在这一时期,张钟俊的内心有生以来第一次感受到了巨大的震撼。首先是 1951 年底"三反"运动在学校大规模展开。翌年底,思想改造运动又接踵而至。之前除了在公用局的技术性工作,他几乎关在自己家里做研究,所推崇的是萨本栋式的学术人生路线,对社会政治不太关心。可是当前,通过学校各级会议上的反复宣讲,他逐渐明白,从民国政府到新中国政府,不是简单的政权更迭问题,而是思想上、文化上的颠覆性转换,是意识形态的根本转变。他发现自己跟时代潮流已有明显的隔阂,以前的纯技术观看来是行不通了。在 1952 年的院系调整中,他被安排留任交大,担任输配电教研组主任。同年夏秋,学校开展一系列批判"崇美"思想,决定弃用原来的美英教材,改用苏联教材。他虽然对此有所预感,但没想到事情来得如此之快。他意识到必须加入时代潮流,主动地努力改造自己,不然很多问题会很麻烦。因为此前他在课堂上偶尔会给学生介绍自己在美国的学习经历,提到美国在科学技术上的领先地位,言语之中未免流露自己对美国大学的办学质量和科研水平的羡慕之情。为此,他在教师学习会议上也开始自我检讨,批判自己的"崇美"思想、个人主义、名利思想、纯技术观。为了证明自己脱离个人主义和名利思想,融入新社会的决心,1953 年春,在时任工学院院长朱物华的介绍下,他加入了"九三"学社。

除了思想上的一时困惑,接踵而至的紧迫问题是经济陷入窘境。离开了公用局,收入减少了一大半,可屋漏偏逢连雨天,大女儿张文渊由于喜好运动,跟一帮男同学在交大校园操场踢足球,不小心小腿骨折,需要住院手术治疗,有近半年时间不能上学。学校不允许教师在校外兼职,为了给女儿治疗腿伤,此时唯一能增加收入的途径是赚点稿费。为此,他利用率先学习俄语的优势,大量翻译苏联的教材和著作出版。早在 1952 年秋季,他在担任"短路电流"课程的同时,负责把苏联高教部审定的教本,乌里扬诺夫编写的《电力系统短路》边教学边翻译。1953 年春又将日丹诺夫的《电力系统稳定》边教边译。两书经过高教部审查通过,最后分别由燃料工业出版社和龙门书局出版,被指定作为试用教材。接下来三年时间,他又先后翻译出版了几部苏联的教材和教学参考书。通过边教边译的方式，几年下来，张钟俊逐步熟悉苏联高校的教学内容和教学方式，也缓解了家庭经济上的困境。

据张文渊回忆，这段时间父亲特别辛苦。因为母亲刚转到上海财经学院任教，地点距离徐家汇的住家很远（住家已从原公用局提供的房子搬到交大徐汇校区教工宿舍），晚上又经常要去夜校班上课，赶公交车很晚才回到家，家庭一般事务全靠父亲在打理。他每天除了上课，跑医院，每天帮她做三次热敷，剩余时间就是加紧做翻译，有时就在她床边放个小方桌，边照顾她边做翻译或备课，经常熬夜到深夜。每挣得一笔稿费，父亲除了安排一家的基本生活及医院的手术费用，还能设法结余一点现金，每个月都请全家人到附近一家西餐厅改善一次生活，以舒缓一家人因经济突然拮据而产生的凝重心情。

可是父亲的这一良苦用心，虽暂时缓解了眼前的急迫之需，却给自己的前程带来预料不到的损失。在上海电力重建中立了功，1956年春被高教部推荐参加《十二年科学技术远景规划》的编制，此时张钟俊在国内电力工程学界已经颇有名气。可以说，他完全有理由踌躇满志。国家将在电力工业方面大投入和大发展，能够参加全国电力工业的规划和建设工作，这是巨大的机遇和荣誉。他也感觉到自己生逢其时，青年时期的梦想将要实现，正可以大展宏图。在京参加规划工作期间，1956年的五一国际劳动节，张钟俊利用节日放假之机，在西郊宾馆的301室仔夜细地回顾自己三十余年来的求学和工作经历，认真地写下他人生第一份个人小传，并庄严地书写了第一份入党申请书。不久回到学校，他又被挑选作为赴苏进修的后备人员，被安排脱产学习俄语一年（1956.8—1957.7）。按理说，这是人到中年，经历了诸多艰难困苦，终于迎来事业收获的好时节。可是，真可谓福兮祸所伏，他因为参加制订《十二年科学技术远景规划》和脱产学习俄语，没有参加校内一般性的会议活动，在"鸣放"之时，也就没有留下什么话语把柄，在"反右"风暴中免于受到冲击。可是，在正式派往苏联学习前夕接受政治审查时，他却因为参加政治学习少，被人检举说他思想改造不够彻底，有个人名利思想，其表现之一，就是大量翻译苏联教材获取稿费，追求比别人更高的物质享受，等等。

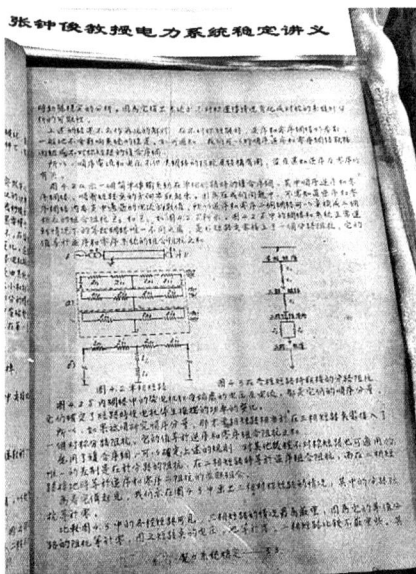

在西安交通大学讲授《电力系统稳定》讲义
（西安交通大学溯源馆提供）

此外，在1956年初学校成立西迁委员会时，他也是成员之一。在征求教研组教师的意见时，有部分教师对有些专业要求整体西迁有意见，认为应该保留部分专业在上海，保留老交大的传统。张钟俊对这些看法表示了同情，并如实向学校领导反映。到了1958年，这成为他反对学校西迁，不支持国家政策的一个证据。随后他的赴苏学习资格被取消，并被派往西安交通大学任教一段时间，以作为他一年来脱离群众政治学习的"补课"。

1958年冬，张钟俊到西安交通大学讲授了一门《电力系统稳定》课程，但因上海交通大学也需要他承担电力技术学科的建设重任，翌年春又将他要回上海。随后中苏关系恶化，留苏学习的计划也就化为乌有，这不能不说是他学术生涯的一次重大挫折。

张钟俊与万百五（右）在西安合影（1958年）

第六章
控制理论

转向控制科学

控制理论,早期称"伺服机构理论",通常是以数学模型化方法为核心,专注于数学与控制器的处理技术和方法。[①] 第二次世界大战期间,美国军方为了提高自主制导武器[②]的精准度,委托麻省理工学院开发可用于控制机械系统位置、速度等参数的闭回路控制技术,以便进一步研制具有自动跟踪和控制功能的雷达追踪系统。

如前文提到的那样,区别于控制理论,控制论提出者 N. 维纳(Norbert Wiener)认为,控制论(Cybernetics)是研究关于生命体和机器、自然和社会等系统中,相互控制和通信理论的整个领域的科学。[③] 其中的生命体是指包括人在内的有机体,机器则为人造的工程系统等,而社会是指有组织的实体。如果说控制理论认为,通信和控制技术的共同特点在于都包含一个信息处理过程(即信息的输入、输出和加工),那么,控制论就是基于其共同点,

---

① 彭永东:《控制论的方法与传播研究》,山西教育出版社,2012,第 6 页。
② 自主制导武器:装有自主制导装置的武器,可依靠自身携带的设备实现制导。制导,引导和控制飞行器,按一定规律飞向目标或者预定轨道的过程。
③ (美)N. 维纳:《控制论(或关于在动物和机器中控制和通信的科学)》,郝季仁译,科学出版社,2009,第 10 页。

从理论概括的角度,综合各个领域的理论和经验,并把这些工程系统与现代生物学发现的某些控制机制进行类比[①],从而形成了一门交叉而独立的专门学科。虽然从时间上来看,控制论的提出稍后于控制理论,但一般可以认为,"控制理论"是"控制论"在以工程(即维纳所称的"机器")为对象的研究方向上的一个分支。[②]

"控制论"主要研究系统的行为方式,与"系统论""信息论"一起,被人们称为系统科学的"老三论"[③],是控制科学的理论核心。作为人们利用信息技术实现有目的行为的一般原理和方法,控制科学的原理模型、反馈、优化等理论和方法,在工程之外的众多领域得到广泛应用,并产生如经济控制论、社会控制论、人口控制论等相关学科领域。但从根本上说,控制学科强调其中的科学思想和方法,具有更强的基础性和更鲜明的方法论特点。[④]

谈及控制,学习和了解中国历史的人们,对中国科技史上如指南车、铜壶滴漏、都江堰水利工程等器具、工程无不耳熟能详。这些闻名中外的传统发明和创制作品,大都蕴含着控制科学中"反馈"的思想:指南车乃基于扰动调节原理而构成的开环自动调节系统;铜壶滴漏则为基于负反馈原理制造的参数恒定系统,这个自动调节问题的精确解决,为后来部分自动天文仪器的发明奠定了基础;都江堰水利工程是根据信息反馈原理而建造的系统工程。[⑤] 但是,作为一个学科,控制科学的历史相对较短。第一次工业革命中,J. 瓦特(Watt)发明了离心式调节器,"并把它与蒸汽机的阀门连接起来,构成蒸汽机转速的闭环自动调节系统"[⑥],或可谓控制技术的鼻祖。其后,历经

---

① 万百五、韩崇昭、蔡远利:《控制论——概念、方法与应用》,清华大学出版社,2009,第8页。

② 同上书,第14页。

③ 相对于"老三论"的"新三论",是指20世纪70年代以来陆续确立并获得较快进展的耗散结构论、协同论、突变论。

④ 席裕庚:《控制科学漫谈——学科的思考》,《系统与控制纵横》2014年第1期,第74-79页。

⑤ 反馈:一种系统与环境相互作用的形式。在相互作用过程中,系统的输出成为输入的部分,反作用于系统本身,从而影响系统的输出。反馈可分为正反馈和负反馈,前者使系统偏差不断增大、产生振荡,起放大控制作用;后者可减小系统输出与目标的误差,使系统趋于稳定。

⑥ 万百五、韩崇昭、蔡远利:《控制论——概念、方法与应用》,清华大学出版社,2009,第4页。

1868 年英国物理学家 J. C. 麦克斯韦(Maxwell)[①]用微分方程建立一类弹簧-阻尼器模型[②]、1932 年美国电信工程师 H. 尼奎斯特(Nyquist)[③]提出基于频率法的稳定性判据、美国科学家 H. L. 哈仁(Hazen)[④]发表《关于伺服机构理论》(*Theory of Servomechanism*)等一系列学术或理论贡献,再到 1934 年美国数学家 N. 维纳与墨西哥国立心脏学研究所的神经生理学家 A. 罗森博吕特(Rosenblueth)[⑤]等几位科学家合作研究,将控制系统中的信息、反馈等思想、概念推广到生物系统的研究中,并在 1948 年出版了震动国际学术界的《控制论(或关于在动物和机器中控制和通信的科学)》[⑥]一书。该书的出版,标志着横跨如控制工程学、通信工程学、计算机工程学、一般生理学、神经生理学、心理学、数学、逻辑学、人类学、社会学等众多学科的新兴学科——控制论——的正式诞生,并开启了经典控制理论的新时代。

控制论创始人 N. 维纳曾任麻省理工学院(MIT)数学系教授。他之所以能够成就具有跨学科特征的控制论,与其经历具有密切的关系。

维纳出生于美国密苏里州哥伦比亚市的一个犹太人家庭,自幼接受了很好的教育。童年渴望成为博物学家的维纳,阅读兴趣广泛,博览数学、生物学、天文学、物理学、精神病理学、人类学、文学著作;随后,早慧的他进入

---

① James Clerk Maxwell,1831—1879,英国物理学家、数学家、经典电动力学创始人、统计物理学的奠基人之一。所著《论电和磁》,被尊为继牛顿《自然哲学的数学原理》之后的一部最重要的物理学经典,没有电磁学就没有现代电工学,也就不可能有现代文明。

② 麦克斯韦模型:麦克斯韦对黏弹性材料提出一种模型。黏弹性材料,即在荷载的作用下,同时具有瞬时弹性响应和持续内部摩擦效应的一类材料。

③ Harry Nyquist,美国籍瑞典物理学家,曾在美国 AT&T 公司与贝尔实验室任职,所总结的奈奎斯特采样定理是信息论、通信与信号处理学科中的一个重要基本结论,为近代信息理论做出了突出贡献。

④ Harold Locke Hazen,1901—1980,美国电气工程师。提出用于位置控制系统的伺服机构概念,分析可精确跟踪变化的输入信号的机电伺服机构,并于 1939 年在 MIT 建立伺服机构实验室。

⑤ Arturo Rosenblueth,1900—1970,墨西哥籍物理学家、生理学家、控制论先驱,长期受聘于哈佛大学。曾任墨西哥国家心脏病学研究所生理学系主任、国立理工学院科学研究和高级研究中心主任。

⑥ Norbert Wiener, *Cybernetics*：*On Control and Communication in the Animal and the Machine* (New York：John Wiley & Sons, Inc. Paris：Hermann et cie, 1948).

塔夫茨学院①数学系学习。大学期间,维纳在物理、化学、电机工程、哲学、心理学、生物学等方面有着浓厚的兴趣。毕业后,维纳先后到哈佛大学、康奈尔大学攻读生物学、哲学博士学位,并最终在 18 岁那年获得哈佛大学博士学位。广泛的兴趣和跨学科的教育经历,对其才能的横向发展,并为其后来在众多领域之间、各种交界面上的大量开发和移植,奠定了有益的基础。而游学欧洲时所结识的名师之熏陶作用,也是维纳后来取得斐然成就不可或缺的要素。哈佛大学毕业后,在学校旅行奖学金的资助下,维纳先后留学于英国剑桥大学、德国格廷根(哥廷根)大学。游学期间,他接受了 B. A. W. 罗素(Russell)②、G. H. 哈代(Hardy)③、D. 希尔伯特(Hilbert)④等著名大师的指导,在物理学、生物学、数理逻辑、科学与数学哲学等方面造诣颇深。1915年,维纳自欧洲返回美国,先在缅因大学任教,随后于 1919 年转任麻省理工学院并执教终身。

维纳在数学、物理学等众多科学领域都取得了为人瞩目的成就,而创立控制论则是他对科学发展所做出的最为突出的贡献,维纳也因此被学界视为控制论的创始人。20 世纪 30 年代,维纳和当时在哈佛医科学校、后来在墨西哥国立心脏研究所的罗森博吕特开展合作研究。其时,罗森博吕特组织、领导了一个每月举行一次的科学方法讨论会,参加者主要是来自哈佛医科学校的医学、生物工程技术界的青年学者。在一次讨论会上,维纳与罗森博吕特相识,并从此开始了合作研究之旅。在其后共同工作和不断探讨的过程中,他们清楚地意识到"控制工程的问题和通信工程的问题不能区分开

---

① 塔夫茨学院:即如今的塔夫茨大学,仅次于哈佛大学和麻省理工学院的波士顿五大名校(哈佛大学、麻省理工学院、塔夫茨大学、波士顿学院、布兰迪斯大学)之一,也是 25 所"新常春藤"成员之一。

② Bertrand Arthur William Russell, 1872—1970,英国哲学家、数学家、逻辑学家、历史学家、文学家,分析哲学的主要创始人,世界和平运动的倡导者和组织者。主要著述有《西方哲学史》《哲学问题》《心的分析》《物的分析》等。

③ Godfrey Harold Hardy, 1877—1947,13 岁进入以培养数学家著称的温切斯特学院,后长期在英国牛津大学、剑桥大学任教授。在丢番图逼近、堆垒数论、黎曼 ξ 函数、三角级数、不等式、级数与积分等领域做出了很大贡献,是回归现象发现者,英国分析学派的建立者。

④ David Hilbert, 1862—1943,德国著名数学家,被称为"数学界的无冕之王"、天才中的天才。他在 1900 年提出数学家应当努力解决的 23 个数学问题,被认为是 20 世纪数学的制高点,对这些问题的研究有力推动了数学的发展。

来的""有关通信、控制和统计力学的一系列核心问题之间的本质上的统一"①等创建控制论所需的关键问题，并分工合作，分头推进其时尚未形成共同术语的交叉领域的科学。在1942年纽约召开的专门讨论神经系统中枢抑制问题的国际大会上，罗森博吕特代表维纳等，正式宣布了这一涉及"既是机器中又是动物中的控制和通信理论的整个领域"，后来被称为"控制论"的早期思想②。1943年，罗森博吕特、维纳等发表了题为《行动、目的和目的论》③的研究论文。他们当时也清楚地意识到，这篇论文可能只是一个宏大工作计划的开始，如果他们能够实现"建立一个介乎各门科学之间的科学部门的计划"④，那么论文的这个题目很有可能会成为他们研究活动的思想中心。几年后即1947年出版的《控制论》，维纳将他们的控制论思想及其对控制论科学的理解，进行了完整、清晰的表述，控制论科学自此正式成立。

1934年，张钟俊从交通大学电机系毕业，以优异的学习成绩远渡重洋，进入美国麻省理工学院电工系读研究生。1935年7月，张钟俊获麻省理工学院工学硕士学位，并继续获中华文化教育基金会留学资助，在麻省理工攻读博士学位，主修电气工程专业。攻读学位期间，在导师、国际电信网络权威吉耶曼（Guillemin）的指导下，张钟俊选择了单相电机的短路问题作为其博士学位论文选题，主要研究单相电机短路的暂态过程。这一问题的研究，涉及求解一个含周期变化参数的微分方程，是一个多年来悬而未决的难题。出于"工程科学应与数学结合才能有严谨的基础"⑤的观念和论文写作之需，张钟俊选修了N.维纳在麻省理工学院主讲的"傅里叶分析"课程。最终，张

① （美）N.维纳：《控制论（或关于在动物和机器中控制和通信的科学）》，郝季仁译，科学出版社，2009，第8，10页。

② 同上书，第10页。

③ Rosenblueth, Wiener & Bigelow, "Behavior, purpose & teleology", *Philosophy of Science*, 1943, 10: 18–24.

④ （美）N.维纳：《控制论（或关于在动物和机器中控制和通信的科学）》，郝季仁译，科学出版社，2009，第8页。

⑤ 郑茂：《张钟俊——中国系统工程创始人》，载王宗光主编《老交大名师》，上海交通大学出版社，2008，第191–200页。

钟俊大胆地将原本在天文学使用的傅里叶级数的方法运用于单相电机短路问题的动态方程上，经过周密论证和巧妙推理，第一次在理论上获得了该类电机的模式常数。其博士论文《单相电机短路分析》(*Short Circuit Analysis of Single Phase Machine*)获得极高评价，其中提出的方法被认为在电机学和数学研究都是一个创新。因此，张仲俊选修"傅里叶分析"课程，不仅为其解决学位论文涉及求解一个含周期变化参数的常微分方程问题提供了扎实的数学知识基础，而且维纳的学术思想在一定程度上也影响了张钟俊其后将主要学术研究领域从电力系统到控制学科的拓展。

1935—1936年，维纳曾应中国现代早期电机工程学家李郁荣的邀请前来清华大学讲学。1920年代末，中国籍的电气工程博士研究生李郁荣在麻省理工学院学习，结识了维纳等著名科学家并与他们共同开展研究。1934年，李郁荣学成归国，执教于清华大学电机工程系。1935年，李郁荣邀请维纳到清华讲学。维纳后来说，中国之行是他作为数学家和控制论专家的分界线，是其创立控制论的起点。[1] 他之所以如此认为，与他在清华期间的教学、科研活动有关。维纳在清华讲授的课程，主要是傅里叶级数和傅里叶积分、复平面的傅里叶变换理论，这些都是研究通信和控制理论的重要数学工具；同时，维纳还与李郁荣继续开展始于麻省理工的科研合作，在电信网络设计方面取得了突破性的成就，1935年9月30日的《世界日报》刊登了这一消息。而这些都是创立控制论的重要基础，李郁荣的《电网络参数变换的例证》、维纳《控制论》中"导言"等文字，也都较为清晰地说明了这一点。同时，据后人回忆，维纳在清华时，我国著名机械学家、机械工程教育家刘仙洲的《中国机械工程史料》发表，其中介绍的中国古代机械工程包括自动机械的成就，对维纳也产生了一定的影响。维纳后来对任职于麻省理工的顾毓琇表示，昔日的清华为其工作创造了一个很好的条件，使他有充裕的时间，认真地整理自己的思路，对其后来控制论的形成有很重要的意义，并称宁愿选择1935年作为自己创立控制论的起点。[2] 维纳1936年回到麻省理工后，继

---

① 徐炎章：《维纳的团队精神与控制论的创立》，《自然辩证法研究》2006年第11期，第74页。
② 魏宏森：《维纳在清华》，《瞭望》1986年第9期，第60-63页。

续从事其教学与研究工作。由于其控制论思想在中国访学期间即已形成，那么，在讲授"傅里叶分析"课程时，无疑会谈及之，聆听其讲学的年轻学子张钟俊，难免不受其些许影响。另外，维纳学科交叉、知识广博的学者品质，也对张钟俊具有熏陶作用。张钟俊特别推崇"综合即创造"——这句几乎影响了其毕生学术之旅的名言。在他看来，综合的本质在于软科学与硬科学的结合、外延与内涵的结合、物力与智力的结合。[1] 而这样的学术理解和思想造诣，虽然源于学术生涯的感悟，但与控制学科本身的发展及维纳对其产生的影响作用都不无关系。

1962年，由于国家建设和高等院校发展自动化学科的需要，交通大学党委率先组建自动控制系（即"四系"）。考虑到张钟俊扎实的数学功底和极强的学习能力，学校决定任命当时在国内电力系统方面已有了很高声誉、被称为"电力系统权威"的他担任系主任，张钟俊自此改行研究自动化。不过，尽管此前的研究对自动控制的内容有所涉及，但这样突然地彻底转变，让张钟俊不免还是有些犹豫。在档案馆的文字资料中可以找到他对当时内心斗争活动的清晰回忆："自动化是从电工方面发展起来的一个分支""可是如果改行，超过十余年的努力工作成果，都会付诸东流吗"；但他同时又想，"周总理既然勉励我在电气化方面做出贡献，我绝不应该墨守一行，不顾发展大局""为个人想保住'权威'的想法，这样是不符合党和周总理的期望的"。经过几天激烈的思想斗争，同时反复重温周总理的教导，张钟俊最终还是欣然接受了学校党委的安排，决定去四系工作，开启了他在控制理论方面的学术生涯。

控制科学的学术论文

关于张钟俊的学术研究论文，通过"中国知网"（http://www.cnki.net）、"超星读书"网（http://book.chaoxing.com）等网络平台检索，结合《张钟俊论文集》等，我们发现，1948—1998年间，署名"张钟俊"的论文近400

---

[1] 张钟俊：《综合即创造》，《系统工程》1983年1卷1期，代发刊词。

篇,其中既有其本人所撰文章,也包括他自己和所指导的硕士、博士研究生共同署名发表的科研成果。从内容上看,这些成果,既有专门的研究论文,也有其时科学研究动态的综述与展望,以及将学术理论应用于社会实践的案例和模型数据分析等。发表的论文,主要结合国家、社会发展的环境大背景,力图探索解决当时国家发展亟待解决的科学技术理论和工程应用难题。

张钟俊最早关于电力方向的论文发表于 20 世纪 50 年代。其时,我国刚着手社会主义工业化建设和对农业、手工业、资本主义工商业的社会主义"三大改造"。电力系统在初步完成国家计划的发电量和最高负荷后,在确保电网的安全运行、持续不断供电和合乎标准的电能质量之外,提高电力系统运行的最大效益成为重中之重的任务,而系统负荷在发电机及补偿设备间的经济分配则是其目标可否实现的一个决定性因素。为攻克这一关键问题,张钟俊与助教夏道止[①]通过计算无功功率的经济分布,对电力系统的发展设计中一定时期内有功功率和无功功率储备容量进行了分析,并于 1956 年共同完成论文《电力系统中有功功率与无功功率的经济分布》。[②] 作者在论文中创新性地提出了多个计算方法及理论,如证明了马尔柯维奇经济功率分布条件的应用与有功功率和无功功率平衡结点的选择无关,提出了实际工作中应用马尔柯维奇条件进行有功功率和无功功率经济分布的计算方法,指出了各发电厂燃料消耗增益相等时的经济功率分布条件,并给出了决定补偿设备合理安装位置的选择及其配置容量的计算方法等。在其时国内学界,这些都尚属首次。该篇论文是我国最早涉及最优控制的研究成果之一,文中设计的优化模型与学术界以后提出的最优控制相吻合。这一研究论文,后由科学出版社发行单印本,用做国际交流。

"三大改造"完成后,建设社会主义是国家紧急而迫切的任务。1956 年 9

---

① 夏道止,1934— ,西安交通大学电力系统及其自动化教授,主要研究电力系统运行控制和电力系统谐波,主编有《电力系统分析》等。

② 张钟俊、夏道止:《电力系统中有功功率与无功功率的经济分布》,《上海交通大学学报》1957年第 1 期,第 97 - 118 页。

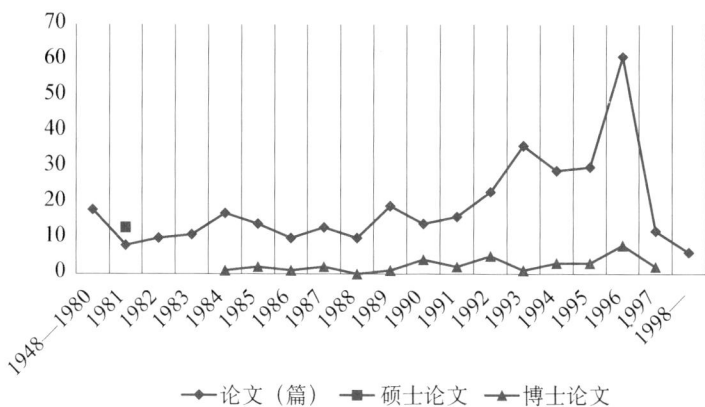

1948—1998 年间张钟俊发表论文的年度分布情况

月 16 日,在中国共产党第八次全国代表大会上,周恩来总理在会上做"关于发展国民经济的第二个五年计划的建议"报告,明确了国民经济发展方向和远景规划目标,提出了"继续进行以重工业为中心的工业建设,推进国民经济的技术改造,建立我国社会主义工业化的巩固基础"等基本任务,对国家重大建设项目、生产力分布和国民经济重要比例关系等做出具体规划要求。落实到电力工业方面,在电力系统运行经济效益日益增加的基础上,拟在第二个五年计划时期内建立 3～4 个装机容量在一千万瓦以上的联合动力系统和以三峡水力发电厂为中心的全国统一动力系统。为了将水电厂和西南地区丰富的电能资源经远距离输送到华北和华东地区,电力系统网络的扩大和线路长度的叠加,势必会导致线路损耗对火力发电厂间(水力发电厂担任基本负荷时)经济功率分布计算的影响也随之增加。为全面弄清并解决这一问题,张钟俊、夏道止在此前研究的基础上,对电力系统有功功率经济分布的问题进行了研究,并于 1959 年发表了篇幅达 31 页的长文——《电力系统中有功功率经济分布问题》。[①] 该文通过 6 个章节的内容,对马尔柯维奇的经济功率分布条件进行了深入的讨论,证明了当电压约束条件发生限制作用时,有功功率和无功功率的经济分布条件无法同时满足;详细分析了原

---

① 张钟俊、夏道止:《电力系统中有功功率经济分布问题》,《上海交通大学学报》1959 年第 2 期,第 27 - 57 页。

有的功率损耗函数,并运用功率分布系数法得出一个新的损耗函数。该文还补充介绍了三种计算有功功率经济分布的方法和装置,通过计算得到了对电力系统中每一发电厂燃料消耗增率的线损修正系数,并为该系统设计了损耗增率计算机的结线图等。

张钟俊不仅在电力电信学科及其应用研究方面硕果累累,而且在自动控制方面的研究也一直处于国际前沿水平①。

由于雷达控制的自动跟踪防空导弹系统在第二次世界大战中功勋卓著,让原本一度被"封杀"的经典控制理论逐步走向成熟的同时,也开始在各国被解冻。20 世纪 40 年代末,张钟俊收到了老师和同学从美国寄来的《伺服机件原理》②英语教材,正是这本教材,把当时任职于电信研究所的他,引入了自动控制领域,并开始了对自动控制理论的研究。

自动控制,通常指的是在无人直接参与的情况下,利用外加的设备或装置(即控制器),使机器、设备(即被控制的对象)或过程按照预设的工作状态或参数有规律地自动运行。③ 实现这一过程的技术理论称为"自动控制理论",实现自动控制的各部分组成的系统称为"自动控制系统"。从其发展阶段及其内容来看,自动控制可分为经典控制理论、现代控制理论、智能控制理论、大系统理论等几个部分。

形成于 20 世纪 40—60 年代的自动控制理论,被习惯性地称为经典控制理论。经典控制理论主要解决的是单输入-单输出的自动控制系统问题。50 年代末、60 年代初,空间技术的发展,迫切需要解决包含多输入-多输出、高精度、变化参数等在内的系统分析和设计问题,现实需求的推动,促进了控制理论从经典到现代的发展。率先尝试满足空间技术发展需要的,是美国学者卡尔曼。他在维纳滤波(这种方法要求信号和噪声均以平稳过程为条件)的基础上,引入数学计算方法中"校正"概念,以及原本在经典和量子

① Rudolf Emil Kalman, 1930—2016,匈牙利裔美国数学家、电气工程师,被授予美国科学院院士、国家科学奖章。
② 国内自动控制发展初期引用美国的译名"伺服机件原理",1950 年后改用俄语译名"自动控制理论"。
③ 杨智、范正平主编:《自动控制原理》,清华大学出版社,2010,第 2 页。

力学、后由李雅普诺夫稳定性理论(Lyapunov stability)和贝尔曼最优原则方面所应用的"状态空间"概念,撰写了一篇题为《控制系统的一般理论》的学术研究论文,并在1960年举行的国际自动控制协会第一届世界大会上发表;次年,卡尔曼与R. S. 布西(Bucy)合作,发表《线性过滤和预测问题的新方法》①一文,提出了一种新的线性滤波和预测理论,被称为卡尔曼滤波。这种滤波可在线性状态空间表示的基础上,对噪声的输入和信号输出进行处理,从而求得更真实的信号和系统状态。② 但是,卡尔曼研究成果在彼时的学术界并没有引起太大的反响,唯有NASA(美国国家航空航天局,National Aeronautics and Space Administration)认为其成果可用于解决当时他们面临的飞船信号接收问题。于是,聘请卡尔曼至NASA位于加利福尼亚州的埃姆斯(Ames)研究中心进一步开展研究工作。后来的空间探索实践证明,卡尔曼理论的提出,由于解决了乃后阿波罗飞船导航计划的轨道预测问题,被学界视为现代控制理论诞生的标志。控制理论从经典到现代的发展,不论是在数学工具、理论基础,还是在科学认知、研究方法上,都是一次巨大的飞跃。张钟俊在《自动控制发展概况》一文中,对自动控制的发展过程做了详细的梳理和介绍。

在佛罗里达大学与卡尔曼的合影(1985年)

---

① R. E. Kalman, "A New Approach to Linear Filtering and Prediction Problems", *Journal of Basic Engineering*, 1960, 82: 35 - 45.

② 张钟俊、沈锦泉:《自动控制发展概况》,《信息与控制》1978年第2期,第57 - 62页。

我国的自动控制技术起步较晚，控制理论更是滞后。1949年后，随着工农业和国防建设等发展需要，自动控制科学与技术逐渐受到国内教育界、科学界的高度重视。1950年，上海交通大学在国内率先开设"伺服机件原理"课程；1956年1月，在全国知识分子问题会上，周恩来代表中共中央做题为"关于知识分子问题的报告"大会主题报告，认为世界科学技术已经发展到了一个以"电子自动控制机器"为标志的自动化技术新阶段，明确提出了"向科学进军"的口号。在他随后主持制定的我国第一个长期科学技术发展规划——《1956—1967年全国科学技术发展远景规划》中，提出和确定了大力发展计算机、无线电电子学、半导体、自动化等四项"紧急措施"。这一背景下，中国科学院于1956年成立了自动化研究所；1958年起，国内众多高等院校先后建立了自动控制专业；1961年11月，经由钱学森等数十人多年努力和筹备，中国自动化学会正式成立。上述一系列事件，足以标志着这门科学技术受到国家、社会的高度重视。在国家、社会高度重视自动化研究和应用的时代背景下，张钟俊以积极培养人才、加强学术研究的实际行动，为我国自动控制科学与技术的发展默默地工作。

理论研究方面，我们以"中国知网"收录的1977—1998年间，张钟俊在控制学科领域署名发表的论文为例，根据关键词，对其论文通过数据和图表的形式展开分析，当选择"出现频率"为7时，节点过滤后的关键词共现网络图

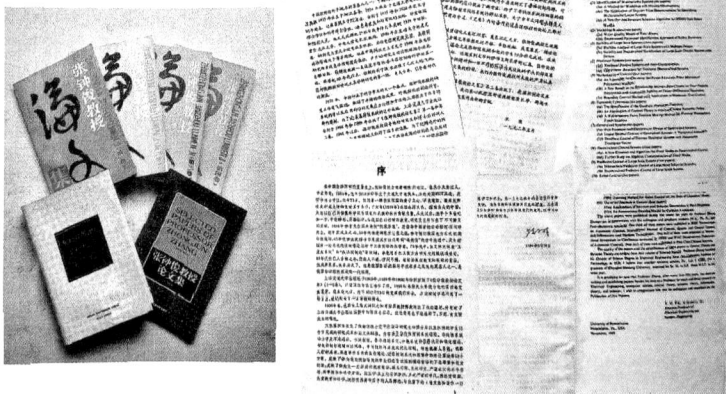

论文集

最为直观,图中可以清晰地看到,除了人工智能这一单独模块外,张钟俊在控制领域的研究,主要集中在极点配置算法、鲁棒性(Robustness)和稳定性分析设计、预测控制、非线性系统、自适应控制、基于神经网络的控制等几个方面。其中,前五者属于现代控制,最后一项属于智能控制领域。这些控制理论和技术应用等领域方向又相互交叉,延伸出更多新的研究方向,构成了如图所示的论文关键词(未过滤)网络共线图。张钟俊的研究始终紧跟国际学术趋势,所涉及上述研究领域或方向,基本涵盖了控制理论和技术应用的所有分支。因而对他研究论文进行分析的同时,大致可知晓控制学科的发展概况。

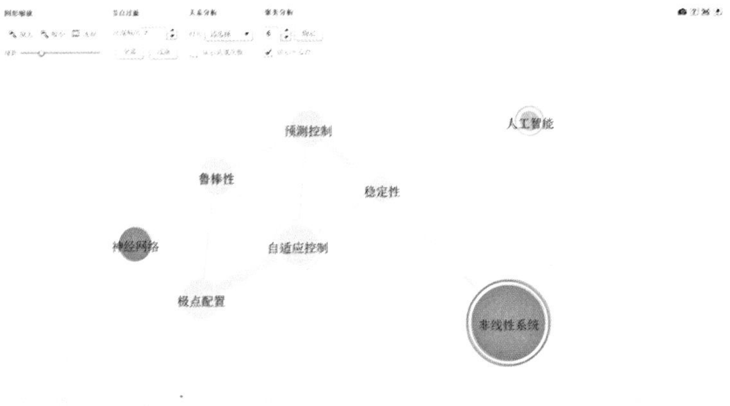

"出现频率"为 7 的节点过滤后的关键词共现网络

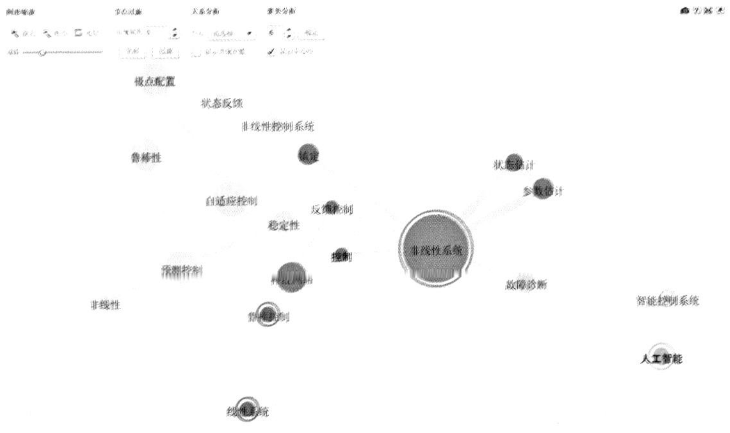

未过滤的关键词共现网络

20世纪70年代中后期,为满足工业化对简化模型、便捷在线计算、控制综合质量好等需求,数字化计算机向着体积小、速度快、容量大、成本低的方向发展,为预测控制亦即基于模型的控制(Model-based Control)作为一种计算机控制算法的实现提供了物质基础。[①] 1985年,张钟俊、席裕庚联合署名发表的研究论文《一类新型计算机控制算法:预测控制算法》,对预测控制算法产生的背景、算法原理等进行了简要的介绍,同时从方法的理论基础、算法的稳定性和鲁棒性、控制策略的多样性、应用研究等几个方面,对预测控制算法进行了综合性的阐述、分析、评价和展望。他们认为,简化建模过程存在的不足,是预测控制算法产生的直接原因。在复杂的工业系统中,这一过程虽然具有处理多变量系统机理简单、可及时考虑约束问题,以及可通过适当的参数选择获得鲁棒控制等好处,但也存在着对预测模型有较高的维数要求、模型信息存储有限导致的固有模型误差等弊端。为克服这些问题,以预测模型为基础、以快速数字计算机为手段,建立可广泛应用于工业过程控制中的预测控制新算法。[②]

1988年,在慕尼黑技术大学(TU Munich)做洪堡客座研究员[③]的许晓鸣加入张钟俊、席裕庚教授的研究团队中,对预测控制系统中的鲁棒性展开理论上的定量分析。所谓鲁棒性,原本是统计学专业术语,后用于控制理论中,指的是控制系统在数学模型和实际过程中出现失配时,可使系统的性能保持在允许范围内的能力。鲁棒控制器的基本设计思想,大都是将控制系统的性能指标设定在允许范围的不敏感区域内,这样,当模型失配时,各项指标的偏移不容易超出其允许的范围。其中,模型失配是造成控制系统性能指标发生偏移的主要原因,且仅可通过历史数据预测相对近似信息。最

---

① 席裕庚、张钟俊:《一类新型计算机控制算法:预测控制算法》,《控制理论与应用》1985年第3期,第1-9页。

② 同上。

③ 洪堡客座研究员:由洪堡基金会为世界各国家年轻学者到德国学习时提供奖学金和生活补贴的资助项目。1860年,洪堡基金建立于柏林,为纪念德国伟大的自然科学家和科学考察旅行家亚历山大·封·洪堡。1923年之前,洪堡基金仅资助德国学者到外国进行科学考察,1925年后,这项基金转为支持外国科学家和博士研究生在德国学习。

优控制理论①的运用可保证预测值的一定精度，使控制系统的性能指标落在最优点附近，从而达到改善鲁棒性的目的。张钟俊等 1988 年发表的《预测控制系统的鲁棒性分析》研究论文，从预测控制的状态空间表达式入手，分别对预测控制在最优性和稳定性两个方面的鲁棒性，与最优控制做比较，得到"如果预测精度较高，预测时域较长，则在出现模型失配时，预测控制要比经典最优控制更接近真正的最优值，故使得控制系统的最优鲁棒性得到改善"②的结论。

随着预测控制在工业中的成功应用，以及国际控制理论界对其研究取得更多突破性进展，1987 年的第十届国际自动控制联合会(IFAC)世界大会将"预测控制及其应用"作为一个专门讨论的主题。在此背景下，已获国家自然科学基金资助的张钟俊课题研究团队，在既有研究的基础上，继续深化对预测控制的研究。在其《预测控制的研究现状和多层智能预测控制》研究论文中，张钟俊等较为细致地收集、梳理了海内外近 180 篇预测控制研究成果，从模式分类、算法修正与推广、理论分析、算法比较、背景领域等几个方面，对有关成果进行了分析，概括了彼时近 10 年来预测控制发展具有的预测模型、滚动优化、反馈校正三个基本特征，与 J. 理查莱特(Richalet)③等当初提出预测控制算法时所概括的脉冲响应模型、滚动优化、参考轨迹的方法原理二要素具有很大的不同，预测控制理论的飞速发展变化也由此可见。同时，他们还强调，在建立预测模型的两个原则，即正确反映输入-输出的动态因果关系和建模过程及表达尽可能简便的基础上，应引入大系统控制中分层决策的思想和人工智能中的启发式方法，把不确定性描述、多目标优化、专家系统作为预测控制的基本内容，形成多层智能预测控制方法，可

---

① 最优控制理论：一种着重于研究使控制系统的性能指标实现最优化的基本条件和综合方法，现代控制理论的一个分支。最优控制，根据给定的目标函数条件，寻求最优控制规律，使性能指标达到极大值(或极小值)。

② 许晓鸣、席裕庚、张钟俊：《预测控制系统的鲁棒性分析》，《控制理论与应用》1988 年第 2 期，第 100 - 105 页。另载《信息与控制》1988 年第 3 期，第 62 - 65 页。

③ Richalet J，"Model predictive heuristic control：applications to industrial processes"，*Automatica*，1978,14(5)：413 - 428.

以更好地解决处理复杂动态(非线性对象)、多目标、不确定性难以参数化的复杂系统问题,并非常坚定地认为,这将会是预测控制算法发展的大势所趋。①

参加测航磁消磁电流控制仪鉴定会

经历了主要解决单变量系统反馈问题的经典控制理论、着重解决多变量系统优化控制问题的现代控制理论两个重要阶段后,得益于计算机技术突飞猛进的人工智能,促使控制理论向着第三代控制理论——智能控制——的方向发展。经典控制理论和现代控制理论的控制方法,主要借助数值的表达、计算和优化的技术,综合出数值性的控制指令,并直接用于物理实施;智能控制则是借助于语义符号性的表达、逻辑推理、检索和决策技术,综合出语义符号性的动作序列,从而在最高级的抽象和宏观意义上构成一个粗略框架,即完成"仿人"这一过程的任务,后续较低级的物理实施,如伺服控制的分析和设计等细节过程,又重新回到经典和现代控制理论领域

① 席裕庚、许晓鸣、张钟俊:《预测控制的研究现状和多层智能预测控制》,《控制理论与应用》1989 年第 2 期,第 1-7 页。

的范畴。[①]

智能控制的这一概念最早由著名的华裔模式识别专家、普渡大学傅京孙(K. S. Fu)[②]教授提出(1971 年),他通过对人机控制器和机器人的研究,将其概括为自动控制和人工智能的结合;并通过人作为控制器的控制系统、自主机器人系统和人-机结合系统等三个实例,对"智能控制系统"(Intelligent Control System, ICS)进行了阐述。

20 世纪 80 年代,同为普渡大学教授的 George N. 萨里迪斯(Saridis)[③]在傅京孙的理论基础上,通过引入运筹学概念,提出递阶智能控制的理论框架,形成了三元结构的理论体系。1985 年,作为会议主席的萨里迪斯,在纽约伦塞利尔工学院组织了美国第一届 IEEE(电气和电子工程师协会,Institute of Electrical and Electronics Engineers)智能控制学术讨论会,60 位来自自动控制、人工智能、运筹学领域的专家,集中讨论、总结了智能控制原理、智能控制系统的结构,并于次年成立了隶属于 IEEE 控制系统学会的 IEEE 智能控制专业委员会,萨里迪斯担任首届主席。1987 年初,IEEE 控制系统学会和计算机学会召开第一次智能控制国际学术讨论会,来自美国、欧洲、日本、中国等地的 150 位代表出席了会议。这次会议的召开,为智能控制作为一个独立学科的崛起奠定了基础,[④]也显示出智能控制在高新技术中的应用将具有重要意义和广阔的发展空间。随着国际学术界对这一新兴交叉学科的研究日趋活跃,智能控制从初期仅具备模式识别等较为初级的智能方法和功能,逐渐形成为具有可变编程能力、自主设定目标,以及自主编程

① 田华、席裕庚、张钟俊:《关于智能控制系统的新探讨》,《控制理论及其应用年会论文集》,1993,第 486—489 页。

② 傅京孙,1930—1985,国际智能控制学科的奠基人、美籍华裔模式识别与机器智能专家、美国工程科学院院士、中国台湾科学院院士、国际模式识别学会(IAPR)第一任主席、美国 IEEE 计算机学会机器智能与模式识别委员会的第一任主席。

③ George N. Saridis,1936—2006,智能控制和机器人与自动化的主要创始人之一、IEEE 机器人与自动化委员会创立者、IEEE 的 Life Fellow、雅典科学院的院士。曾获 IEEE 百年勋章奖,1989 年获 IEEE 控制系统学会的杰出会员奖,以及 IEEE 机器人与自动化学会的感谢证书(Certificate of Appreciation)。

④ 黄苏南、邵惠鹤、张钟俊:《智能控制的理论和方法》,《控制理论与应用》1994 年第 4 期,第 386-395 页。

和自主学习能力的计算机控制系统。[①]

张钟俊敏锐地捕捉到国际学术发展趋势，并及时跟进，是国内较早开展智能控制学习研究工作的几位教授之一。自 1987 年起，他与中南工业大学自动控制工程系蔡自兴教授合作，陆续发表了如《机器人及其控制》[②]《机器人技术的发展》[③]《试论机器人的开发与应用问题》[④]等研究论文，以及《智能控制与智能控制系统》[⑤]《智能控制的理论与实践》等关于智能控制理论和发展的综述性文章。

蔡自兴 1962 年毕业于上海交通大学电机工程系工业电气自动化，是国内智能控制学科的著名学者。他提出"智能控制四元交集结构理论"、"智能科学学科体系的初步框架和学科特征"、提出"机器人规划专家系统"等；编著出版的《人工智能及其应用》《智能控制》和《机器人原理及其应用》，分别是我国智能科学领域内 3 个学科——智能控制、人工智能和机器人的重要著述，被国内众多高校作为教材用书，其中 *Intelligent Control：Principles，Techniques and Applications* 在国外也作为教学参考出版。他主持或参加了 20 多项国家自然科学基金等科技和教学研究项目，获得过教育部颁发的国家级"智能科学基础系列课程教学团队"、世界华人重大学术科研成果特等奖（人工智能及其应用系列成果）、全国优秀教材奖一等奖（机器人学）、全国高校自然科学奖二等奖（智能科学技术基础及学科体系研究）、首届全国高校国家级教学名师等一系列荣誉，还被聘为联合国专家、国际导航与运动控制科学院院士、纽约科学院院士。2016 年，当选 IEEE Fellow。

张钟俊、蔡自兴关于智能控制的研究论文《智能控制与智能控制系统》，共引用海内外智能控制领域的相关研究论文 80 余篇（其中国内 33 篇、海外

[①] 蔡自兴、张钟俊：《智能控制的理论与实践》，《中南矿冶学院学报》1989 年第 6 期，第 644 - 650 页。

[②] 蔡自兴、张钟俊：《机器人及其控制》，《机器人》1987 年第 1 期，第 11 - 17 页。

[③] 蔡自兴、张钟俊：《机器人技术的发展》，《机器人》1987 年第 3 期，第 58 - 62、64 页。

[④] 蔡自兴、张钟俊：《试论机器人的开发与应用问题》，《机器人》1988 年第 3 期，第 61 - 63、65 页。

[⑤] 张钟俊、蔡自兴：《智能控制与智能控制系统》，《信息与控制》1989 年第 5 期，第 30 - 39 页。

51 篇），对智能控制的发展过程、当时智能控制系统的结构与特点等进行了概括、分析，在综述几种主要智能控制系统的同时，着重介绍了分级递阶智能控制系统和专家控制系统采用的知识基/解析混合多层智能控制、萨里迪斯三级智能控制等理论，最后对智能控制的研究领域和研究方向加以阐述。这篇论文对当时国际上智能控制和智能系统的总结十分全面，被 Google Scholar 和 CNKI Scholar 引用的引用量都逾百次，在学术界影响较大。

提及智能控制，就不能不说到其中的一个重要组成部分——机器人。工业机器人的出现与应用，以及与自动控制、电子计算机和航空航天技术等学科相互促进、共同发展，为人工智能带来了新的生机。据统计，1982 年，全球已有 28 000 多台智能机器人，并以 2～4 年翻一倍的速度增加，[①]并广泛应用到工业生产、太空和海洋探索、国防军用等各个方面。从控制理论来看，机器人的操作系统是一种多变量、非线性、耦合动态的控制系统，在一定条件下，可保证操作系统满足运动学和动力学的要求，并执行预定的操作和运动等。机器人系统的总体控制结构，可分为基于几何模型的高层控制系统和基于运动模型的机器人层（级）控制系统两个部分。前者可以是一个主要研究动态控制、进行数据处理或问题决策的人工智能系统；后者包括传动系统、传感器和操作过程，是一个主要负责位置和速度控制的计算机伺服控制系统。其中，控制器的结构方式又有多种，主要包括基于传感器的控制、最优控制、自适应控制、分级控制和智能控制等。在 1987 年发表的《机器人及其控制》一文中，张钟俊等结合所收 104 篇参考文献，对机器人控制系统中两个典型的数学模型——最优/PID 控制系统、具有非线性反馈的机械臂的动态控制——进行了详细的分析，并明确指出了实现机器人生产系统的高度自动化和开发智能机器人的两个技术发展趋向。作者在文末展望：正在开发中的一批机器人新技术，包括模块化传感器、模块化系统结构、组合柔性自动化、实现计算机分级自动化、开发自主机器人的控制和导航能力、计算机控制语言和计算机系统和建立机器人专家系统等，都会助力"机器人"时代的到来，机器人也将以助手和朋友的身份与人类长期相处。

---

① 张钟俊、王浣尘：《自动化和机器人》，《电气传动》1984 年第 3 期，第 23 页。

　　指导研究生撰写学术论文和学位论文,是张钟俊学术研究的一个重要组成部分。通过指导研究生,一方面,可将自己的学术思想转化为学术成果;另一方面,经由学生论文选题所涉理论和知识,丰富、发展自己的学术知识和思想。据韩正之教授回忆,张钟俊先生具有极强的学习能力。若论文的选题对张钟俊先生来说是全新的领域,通常情况下,张先生与论文作者进行两次面谈:第一次面谈,论文作者简要介绍自己行将开展的论文;第二次面谈,为张钟俊先生经过思考后,向论文作者提出问题。经过两次面谈,张先生即能准确地把握论文中涉及的最新理论,应对国际学术会议上可能会出现的各种问题。而先生每次出席国际会议后,总会将会议论文复印,分发给研究相关方向的副导师和研究生,这是他发现新研究领域的重要途径也是他敏锐的科学感体现的。周东华教授是张先生指导过的众多学生中的一员[①],我们可以通过周教授当年在交通大学攻读博士学位期间的 2 篇关于扩展卡尔曼滤波的论文来说明问题。

　　卡尔曼滤波最初提出时,只适用于符合高斯分布的随机线性系统。后来,布西(Bucy)等人在此基础上,提出了扩展卡尔曼滤波(Extended Kalman Filter, EKF),将滤波理论进一步拓展到非线性领域,从而更好地模拟常见滤波。EKF 算法较为简单,如果模型参数和过程参数基本匹配,并选择适当的初始点,那么滤波过程可渐近收敛,从而得到状态的近似无偏估计值;反之,如果模型参数与过程参数存在较大差异,EKF 的估值精度就会大打折扣,甚至发散。而工业过程建模的精度要求不高,因此需要改进常规 EKF,使其对过程参数变化具有一定的鲁棒性。

　　据韩正之教授回忆,当时的学界将张钟俊看作是"中国第一个运用卡尔曼滤波技术的人"。他在 1978 年发表的《陀螺角速度漂移数学模型识别》研究论文中,即对滤波有所研究。[②] 周东华当年攻读博士学位期间,在张先生

---

① 周东华,1981 年考入上海交通大学自动控制系,获工学学士、硕士学位后,师从张钟俊攻读博士学位,主要从事滤波器的研究。

② 张钟俊、杨翠莲:《陀螺角速度漂移数学模型识别》,《上海交通大学学报》1978 年第 1 期,第186-212 页。

的指导下,撰写了《非线性系统带次优渐消因子的扩展卡尔曼滤波》的研究论文,提出了一种新的带次优渐消因子的扩展卡尔曼滤波器(Suboptimal Fading EKF, SFEKF)。虽然实际运行过程中,由于受外界环境变化等因素的影响,模型的不确定性依旧普遍存在,可能导致滤波器性能下降甚至发散。但这种滤波器因为渐消因子的作用,可充分利用残差[1]序列中的有效信息,大大提高 EKF 的估值精度。[2] 随后,在张钟俊、席裕庚两位导师的指导下,周东华又以此前的研究为基础,对 SFEKF 进行了改进,在《一种带多重次优渐消因子的扩展卡尔曼滤波器》研究论文中,进一步提出"强跟踪滤波器"的新概念和一个用于此类滤波器的正交性原理,并设计了一种具有强跟踪滤波器性能的带多重次优渐消因子的扩展卡尔曼滤波器(SMFEKF)。论文用数值仿真的实例结果表明,SMFEKF 具有更强的实时性和对突变状态的跟踪能力,也可用于高维、强耦合、非线性系统状态及参数的联合估计。[3] 这篇论文迄今已被学术研究引用近 300 次,仅 2018 年上半年,即有 3 篇关于火箭卫星的前沿论文引用了这一强跟踪滤波器的理论。

学科建设

1962 年,作为国内自动控制领域学科带头人,张钟俊较早地在上海交通大学创建了自动控制系。20 世纪 70 年代末,因故中断了长达 12 年之久的研究生教育工作逐渐恢复;1980 年,全国人大常委会正式通过《中华人民共和国学位条例》,这也是新中国成立后的第一部教育法规。1981 年 11 月 26 日,经国务院批准,国务院有关部、委,以及省(市)、自治区和中国人民解放军所属高等学校与科学研究机构,首次获得硕士、博士学位授予资格。其

---

① 残差:在数理统计中是指实际观察值与估计值(理论拟合值)之间的差值。其中包含有关模型基本假设的重要信息。如果回归模型符合理论计算,可将残差视作误差的观测值。

② 周东华、席裕庚、张钟俊:《非线性系统带次优渐消因子的扩展卡尔曼滤波》,《控制与决策》1990 年第 5 期,第 1-6 页。

③ 周东华、席裕庚、张钟俊:《一种带多重次优渐消因子的扩展卡尔曼滤波器》,《自动化学报》1991 年第 6 期,第 689-695,758 页。

时,全国共有 151 个单位获得博士学位授予权,涉及学科、专业点 812 个;358 个单位获得硕士学位授予权,涉及学科、专业点 3 185 个。上海交通大学控制学科是全国第一批获准授予博士、硕士学位资格的学科点之一。获取学位授予资格后,控制学科点各位老师兢兢业业,尽职尽责地育人。1981 年,作为项目课题组核心导师的张钟俊教授,就与陈铁年、王蔼、林争辉等几位导师协力培养了 13 位硕士,研究方向多元,从有关毕业生学位论文选题即可窥一斑:《一种传递矩阵的最小实现法》(陈晓东),《极点配置输出补偿器的设计》(钱振英),《最低阶多线性泛函观测器的设计》(陈联淦),《获得 Luenberger 标准形最小实现的一种方法,"下阶梯形"最小实现的一种算法》(华兆麟),《颈动脉窦压力感受器血压控制系统的模拟电路及计算机辅助分析》(檀东铄),等等。其中,华兆麟和钱振英选择继续深造,在张钟俊的指导下,于 1985 年分别完成了博士论文《潮汐河流的水质动态模塑的研究》《具有时滞的一类大系统的稳定性和分散镇定问题研究》,顺利获得博士学位。他们也是继王志中(博士论文《数据残缺与均匀采样时的建模方法及其应用》,导师张钟俊)之后,在上海交通大学控制学科点获得博士学位的第二批博士。

秉持"加速培养年轻的学识技术带头人"的宗旨,1984 年 5 月,著名物理学家李政道向邓小平提议,我国应在现有的博士和硕士培养体制的基础上,借鉴国外博士后制度,在国内具备一定条件的高等学校和科研机构设立学科博士后流动站。1985 年,国务院下发文件,正式实施博士后制度。这是一种运用特殊的管理方式,培养高级人才的制度。具体由政府组织实施并给予经费支持,挑选获得博士学位的优秀科研人才进入学科流动站,在 2~4 年的期限内,专门从事相关的独立研究工作,使其加速成为高层次的科技人才和学科带头人。1986 年,在张钟俊、吴健中和王浣尘教授的倡导下,上海交通大学的自动控制学科、管理科学与工程学科联合设立博士后流动站并获得批准,张钟俊为流动站负责人。1987 年,国家发布的重点学科名单中,学位点下设的自动控制理论与控制工程、模式识别与智能系统 2 个二级学科被评定为重点学科。不久,控制学科独立设置了博士后流动站。

1990 年,学校在自动控制系的基础上,决定成立自动化研究所,负责自动化系的学科建设、研究生培养和重大科研项目的攻关工作,在组织上落实学科建设和重大科研管理,以重点学科评估指标为依据,全面推动学科建设。研究所下设复杂系统控制、智能控制、过程控制、鲁棒与非线性控制、CIMS技术等5个研究室。此后的一年时间里,张钟俊亲自领导了自动控制重点学科的建设项目,并名列全校首位。1992年的校内系级办学水平评估中,自动控制系的综合评分名列全校第四位,系级研究生教学评估和系级科研综合评估均摘得桂冠。

20世纪末,国家根据国内外形势做出了一项关于发展高等教育、实施"科教兴国"战略的重大举措——"211工程",即面向21世纪、全国重点建设100所左右的高等学校和一批重点学科的工程。1995年,经国务院批准,原国家计委、原国家教委和财政部联合下发了《"211工程"总体建设规划》,这是新中国成立以来,由国家立项,在高等教育领域开展的层次最高、规模最大的重点建设项目。一期项目启动后,四处奔波指导晚辈工作的张钟俊,不顾欠佳的身体状况,仍然在百忙之中分析学科发展趋势和国家社会经济发展需要,确立了以各领域中复杂系统的控制和信息处理问题为主要对象的研究方向,并亲自领导"复杂系统控制理论及应用"学科建设项目的立项申请。最终,这一重点学科建设项目被顺利地列入"211工程"的一期建设中,获国家投资达1 410万元,重点建设了自动化研究所下属的7个研究室、4个实验室,改造了模式识别与图像处理研究所的部分设施,整体上大大改善了学科与专业教学、科学研究环境与条件,为学科在学术研究保障、师资队伍建设、实验设施更新和人才培养等方面的工作提供了重要保证和支持,也使得上海交通大学的自动控制学科逐步走向国际的舞台。

学术职务

海外学成归来的张钟俊,凭借自己扎实的学术功底和国际视野,于1946年始,协助毛启爽教授编辑《电世界》、主编《动力工程》季刊等杂志,审查申请升职教师电机类论文。毛启爽,江苏宝应人,1929年7月毕业于交通大学,随后前往美国哈佛大学电机工程研究院深造。1931年回国,任上海电话公司助理工程师。1933—1949 年间，先后在浙江大学、复旦大学、沪江大学、交通大学执教。编译出版有苏联科学家陶威斯著的《电工学》《直流发电机与电动机、蓄电机》《发电厂与配电站》等著作。新中国成立后，当选为上海市科普协会副主席、上海科学技术协会秘书长、中国电机工程学会上海分会副主席、上海电子学会副理事长兼编译委员会主任委员等。毛启爽作为同是交通大学毕业的学长和学术界的前辈，不仅充分肯定和信任张钟俊在学术上取得的成果和科研能力，在编辑工作上也给予了他很多帮助和指导，为张钟俊日后在学术期刊和学术组织的工作积累了丰厚的经验。

1956 年初，周恩来在第二届全国政协会议上做了"关于知识分子问题的报告"，发出"向科学进军"的号召，提出"必须按照可能和需要，把世界科学的最先进的成就尽可能迅速地介绍到我国的科学部门、国防部门、生产部门和教育部门中来，把我国科学界所最短缺而又是国家建设所最急需的门类尽可能迅速地补足起来，使十二年后，我国这些门类的科学和技术水平可以接近苏联和其他世界大国"[①]，并要求有关部门制定《1956—1967 年科学技术发展远景规划》，简称"十二年科学规划"。这是我国第一个关于科学技术发展的长远规划，共拟定 57 项重大任务，为我国电子学、自动化、半导体、原子能、航空航天、火箭技术等新兴学科和科学技术的发展勾画了蓝图。张钟俊受邀参加了国务院组织召开的"十二年科学规划"会议，并作为国家科学技术委员会的电力组成员，为电力组编制了"电力系统"规划一章。这也实现了他进入大学以来梦寐以求的终身志愿——为我国电气化绘制蓝图。

由于"十二年科学规划"提出的任务在 1962 年提前完成，于是，在《1956—1967 年科学技术发展远景规划》的基础上，国家重新拟定了《1963—1972 年科学技术规划纲要》，简称为"十年规划"。鉴于"十二年科学规划"工作中的突出表现及其在自动控制领域取得的成就，在"十年规划"组织实施分工中，张钟俊被任命为国家科委自动化专业组副组长。

1965 起，张钟俊担任过中国自动化学会（Chinese Association of

---

① 中共中央文献研究室科研管理部：《建国以来重要文献选编》第 8 册，中央文献出版社，1994，第 39 页。

Automation，CAA)第二、三届理事会常务理事和副理事长，并于 1985 年被聘为中国自动化学会第四届理事会荣誉理事。中国自动化学会由钱学森等 29 位学术前辈发起，正式成立于 1961 年，是国际自动控制联合会 (International Federation of Automatic Control，IFAC)和国际模式识别协会(International Association of Pattern Recognition，IAPR)成员之一。通过开展自动化科学技术及其相关领域的学术和科技信息交流，举办和组织会员参加各种形式的国际学术会议和讲座培训等活动，组织编辑出版自动化科技及相关领域的科技期刊、书籍和论文集，以及发现并推荐专业领域人才，表彰、奖励在科技活动中取得优秀成绩的自动化科技工作者等形式，学会在自动化理论和新技术的研究与应用、自动化装备与新产品的设计、制造和测试技术等方面，做了大量工作，并将自动化技术广泛应用于电力、冶金、化工、交通、农业、国防等系统和各个工业领域内，促进了中国自动化科技事业的迅速发展。

中国自动化学会下设有包括控制理论专业、遥测遥感遥控专业、仪表与装置专业、计算机应用专业、生物控制论与医学工程专业、模式识别与机器智能专业等 33 个专业委员会，张钟俊分别于 1981 年、1986 年和 1991 年，被自动化学会系统工程专业委员会、控制理论专业委员会多次聘为委员。1994 年 4 月，时任中国自动化学会第十届青年学术年会顾问委员会副主席的张钟俊出席会议并题词。同年，自动化学会过程控制专业委员会为了表彰他在过程控制领域的成果，委员会特设"张钟俊院士优秀论文奖"，以嘉奖和鼓励新一代的年轻学子和科研人员们在这一学科的探索中继续勇攀高峰。

此外，自动化学会还编辑出版多个有影响力的学术期刊，如《中国自动化学会通信》《自动化学报》《信息与控制》《机器人》《模式识别与人工智能》《电气传动》《自动化博览》《计算技术与自动化》等。张钟俊曾在 1965—1966 年、1979—1982 年、1982—1986 年间担任《自动化学报》第二、三、四届编委和顾问，以及《信息与控制》的编辑委员会名誉主编等。

随着我国科学技术的发展，为加强科技事务的管理，1958 年，国家将此前成立的科学规划委员会、国家技术委员会合并为国家科学技术委员会；20

世纪70年代初,国家科学技术委员会与中国科学院一度合并,后再度成立国家科学技术委员会,即现在的国家科学技术部。国家科委的主要职责在于研究并提出科技发展的宏观战略、科技促进经济社会发展和科技体制改革的方针、政策和法规等,从而推动国家科技创新体系建设,提高科技创新能力。张钟俊自1979年起,即担任国家科委自动化学科组副组长。

国务院学位委员会则是配合《中华人民共和国学位条例》的实施而设立,主要负责领导全国的学位工作,贯彻和统筹规划学位工作的开展和改革,组织协调相关工作。

国务院学位委员会学科评议组是国务院学位委员会领导下的学术性工作组织。其主要任务是评议、审核有权授予硕士学位、博士学位的单位及其学科、专业和博士生导师;提出修订各学科门类授予学位的学科、专业目录的建议,协助制定贯彻实施《中华人民共和国学位条例》的规章、办法。张钟俊是工学学科评议组成员、自动化分组副组长,承担调整自动化学科目录、评议和修订人才培养方案、监督学位授予单位和学科人才培养质量等任务,并向国务院学位委员会和教育部等单位提出建议。

为了进一步推动我国科技体制改革,推动自然科学基础研究的发展,20世纪80年代初,中国科学院89位院士(学部委员)联名致函党中央、国务院,建议设立面向全国的自然科学基金。在邓小平的亲自关怀下,国务院于1986年2月正式批准成立国家自然科学基金委员会(简称"自然科学基金委")。张钟俊担任第一、二届国家自然科学基金委员会自动化学科评审组成员,以及第二届国家自然科学奖信息科学部评审组成员、国家自然科学奖励委员会主任。在严格把关自动化学科项目申请资质和审查项目完成情况的同时,他也极力挖掘有潜力的研究方向,鼓励有志的年轻学者勇于探索、敢于申请。

晚年的张钟俊依旧活跃于学术界,带领一批年轻的后起之秀申请了一系列的国家重大科研项目,取得不俗的成果,颇获业界好评。他关于"陀螺漂移的数学模型"的研究,获1978年全国科学大会奖;后于1985年、1987年、1988年、1992年、1995年,分别与徐俊荣、席裕庚、许晓鸣、王跃云、施颂椒、韩正之等人完成的"系统辨识中实际问题的研究和应用""预测控制机理

受聘嘉兴市高级科技顾问(1988年)

和大系统预测控制""广义系统反馈控制设计新方法""分散系统和非线性系统设计的新理论和新方法""基于滤波器方法的非线性系统的故障诊断理论研究"等项目研究成果,陆续获得年度国家教育委员会颁发的国家科技进步二等奖。另外,"H∞与鲁棒控制系统的分析与设计"获得1990年的国家科技进步三等奖等。

　　张钟俊在自动控制学术研究和学科建设方面所取得的成就,在国际自动控制领域内也是赫赫有名。1988年8月,国际电气与电子工程师学会下属的"系统、人与控制"委员会(Systems, Man and Cybernetics, SMC)第一次在中国举行了一年一度的国际学术会议。闭幕式的赠旗仪式上,为表彰张钟俊在中国率先开创和领导了自动化学科的教育和研究工作,时任会议主席的 Arye R. Ephrath 亲自赠送了一面协会的会旗。这面会旗也为张钟俊珍视,一直挂在家里客厅的墙上。

第七章
交大访美团

　　"文革"十年浩劫,使我国科技和高教事业遭受严重的挫折和损失,拉大了与世界先进水平的差距。"文革"结束后,国家积极恢复科技、教育等各项事业,并使其走上正常的发展轨道。1978 年 3 月 18—31 日,中共中央在北京隆重召开全国科学大会,参会代表超过 5 000 人。中共中央副主席邓小平在大会开幕式上做重要讲话。他强调"科学技术是生产力","四个现代化,关键是科学技术的现代化",必须加速发展我国的科学技术事业。还提出,"积极开展国际学术交流活动,加强同世界各国科学界的友好往来和合作关系"。针对过去错误的极左指导思想,邓小平鲜明地指出:"独立自主不是闭关自守,自力更生不是盲目排外。科学技术是人类共同创造的财富。任何一个民族、一个国家,都需要学习别的民族、别的国家的长处,学习人家的先进科学技术。"[①]邓小平的讲话,为开展对外科技与文化交流打开了方便之门,也让我国科技和教育事业发展迎来了春天。

　　这时,祖国大地百废待兴,处处萌发出勃勃生机。上海交通大学,这所办学历史悠久的大学主动顺应时代潮流,在全国高校中率先走出国门,开展科技与文化交流。1978 年 9—11 月,张钟俊参加上海交通大学组织的科学

---

① 邓小平:《在全国科学大会开幕式上的讲话》(1978 年 3 月 18 日),《邓小平文选》(第二卷),人民出版社,1994。

教育访问团赴美访问著名大学和科研机构。通过这次访问,张钟俊及时了解到世界科学技术与高等教育发展趋势,深切地感受到我国与西方发达国家的巨大差距。他深深地意识到,我国经济现代化建设必须依靠科学技术,必须主动学习和借鉴美国先进科学技术与著名大学办学经验。他决心为振兴祖国科教事业贡献自己的全部心血。

访美背景

1972 年 2 月,美国总统尼克松访华,中美关系随之开始解冻。随后,许多海外华裔科学家、学者纷纷回国探亲、讲学,开展学术交流。1973—1976年,上海交大就有 10 多位旅居美国等国家的海外校友来校参观访问。1973年 9 月,交通大学机械工程系 1937 届校友、美籍华人吴德楞在回国探亲时托人转达向母校上海交大赠书的意愿,并表示希望促成交通大学美洲校友会与交大建立联系。受当时政治环境的束缚,交大居然退回了赠书单。1974年春,交大又收到吴德楞的来信。信中说,在美国的 600 多位交大校友组成了交通大学毕业生同学会,希望与母校取得联系。上海交大就此事向上海市革命委员会文教组和外事组做了汇报,但一直没有得到批复。1976 年 10月,"文革"结束。但是,国内对于开展对外科技与文化交流仍然顾虑重重,裹足不前。上海交大数次向上海市、六机部等上级单位提出希望开展对外科技交流活动,但都没有得到明确的答复。虽然如此,海外来上海交大访问参观的校友和外籍学者却有增无减。至 1978 年 3 月,交大共接待外宾 58 批578 人,其中外籍中国学者 13 人,"他们都表示愿意为祖国做些事,有的专门给我校教师做报告,有的还带来幻灯片。"①

全国科学大会召开以后,开展对外科技交流活动开始活跃起来,上海交大更是积极响应。遵照国防工办主任洪学智口头指示,上海交大设立对外联络处,以便于以上海交通大学名义与国外联系,开展国际学术交流,引进

---

① 《关于开展对外联络工作的请示报告》(交革(78)93 号,1978 年 3 月 22 日),上海交通大学档案馆,案卷号:永久 617。

国外先进科学技术。据此,上海交大还对海外校友资源和校内教师的海外关系进行了调查。当时,交通大学在美国有将近 600 名校友,多数从事科技和教育工作,有的还是有名的学术权威。在上海交大在职教师中,有 86 人曾是美、英、德、日、意、苏联和东欧国家的留学生。庞大的海外校友群体与为数不少的海归教师,以及多次接待外宾访问团、学者和校友到校访问的经验,为上海交大开展对外科技交流提供了基础和经验。据此,上海交大积极推动赴美考察之事。1978 年 3 月 30 日,上海交大向六机部递交《关于组织赴美教育考察团的请示报告》,"建议以上海交通大学的名义,组团赴美考察"。报告提出赴美考察的任务是:第一,参观美国有关高等学校,了解他们的办学经验,以便于有分析地吸收有用的东西;第二,参观和收集先进的科技成果、资料、教材等;第三,在可能情况下与在美的交大校友建立联系,建立沟通渠道,为今后开展科技交流活动创造条件。报告还建议考察团出国考察安排在 1978 年下半年或 1979 年上半年,时间一至一个半月(包括路程往返时间)。① 6 月 27 日,国防工办就派遣上海交大访问团去美国访问一事呈报国务院王震副总理、中央军委罗瑞卿秘书长:"为了早日打开局面,建议先由上海交大组织一个有名望老教授参加的十人小组","前去美国,和那里的'校友会'以及对我友好的校友进行接触,了解一些情况,相机邀请他们来华讲学、旅游、交流技术资料,同时参观几个美国理工科大学,为今后进一步开展工作创造条件。"②王震、罗瑞卿表示同意,并请示邓小平。邓小平明确批示:"交大应与美国交大校友会取得联系,到美访问。"③

7 月 13 日,六机部向王震等中央领导呈报《关于上海交通大学赴美访问的报告》。报告提出以"上海交通大学赴美访问团"名义出访,访问团包括有名望的老教授在内的 10 名成员与中央调查部 1 人、翻译 1 人

---

① 《关于组织赴美教育考察团的请示报告》(沪交委(78)26 号,1978 年 3 月 30 日),上海交通大学档案馆,案卷号:永久 618。

② 《关于派"交大八十周年校庆筹备小组"去美国事》((78)办秘字 256 号,1978 年 6 月 27 日),上海交通大学档案馆,案卷号:永久 618。

③ 张寿:《遵照邓小平指示访美,打开国门——上海交通大学赴美访问团回顾》,载王宗光主编《上海交大二十年》,上海交通大学出版社,1998,第 45 - 57 页。

组成。① 在六机部的领导和支持下，上海交大迅速开展组团访美的筹备工作。经上级批准，上海交大赴美访问团由党委书记、校务委员会副主任邓旭初任团长，团员为张寿、金悫、张钟俊、王端骧、陈铁云、李铭慰、高忠华、程极泰、张光耀、王元兆 10 人，②外加中国对外友协理事邢泽，一共 12 人。在金悫、张钟俊、王端骧、陈铁云、李铭慰这 5 位老教授中，有 4 位曾于 1920—1940 年代在美国留学或工作过。而且，"在美国有不少熟识的华裔教授与工程师，其中有不少人是我们这个代表团中的老教授的学生和同学"。③

上海交通大学赴美访问团名单④

姓名	性别	出生年月	内 部 职 务	对 外 身 份
邓旭初	男	1921.1	党委书记	校务委员会副主任
张　寿	男	1930.6	党委副书记、副校长、副教授	副校长、副教授
金　悫	男	1899.11	工程力学系教授	工程力学系教授
张钟俊	男	1915.9	电工与计算机科学系主任、教授	电工与计算机科学系主任、教授
王端骧	男	1909.3	电子工程系教授	电子工程系教授
陈铁云	男	1918.12	造船系教授	造船系教授
李铭慰	男	1915.11	船舶动力系主任、教授	船舶动力系主任、教授
高忠华	男	1929.7	精密仪器系副主任、副教授	精密仪器系副主任、副教授
程极泰	男	1923.6	应用数学系副教授	应用数学系副教授
张光耀	男	1934.1	对外科技联络处负责人	科学处副处长
王元兆	女	1925.3	对外科技联络处负责人	翻译
邢　泽	女	1922.7		中国对外友协理事、访问团秘书

① 《上海交通大学赴美访问的报告》((78)六机外字 803 号，1978 年 7 月 13 日)，上海交通大学档案馆，案卷号：永久 618。

② 《关于批准邓旭初等同志赴美访问的函》((78)六机政字 1045 号，1978 年 8 月 30 日)，上海交通大学档案馆，案卷号：永久 618。

③ 《上海交通大学访问团汇报》(1979 年 1 月 15 日)，上海交通大学档案馆，案卷号：永久 619。

④ 《上海交通大学赴美访问团考察计划》(1978 年 9 月 12 日)，上海交通大学档案馆，案卷号：永久 618。

在筹备过程中,张钟俊等老教授主动与交通大学美洲校友会负责人、美国各地校友及华裔教授通信,建立联系,为访问团出访做了充分的准备。交通大学美洲校友会会长王安为上海交大访问团安排在波士顿地区的麻省理工学院和哈佛大学的访问行程,还协调当地校友分会为访问团提供各种帮助。与此同时,美国许多大学发出口头或正式邀请,邀请上海交大访问团访问。如6月20日,美国加州大学伯克利分校副校长艾勒米亥尔·赫曼(Ilamihael Heyman)率领访问团一行15人访问上海交大。访问过程中,美方许多成员主动提出要和上海交大进行学术交流,艾勒米亥尔·赫曼在参观结束时的讲话中又正式表示希望与上海交大进行各种形式的交流,包括交换学者和接受留学生。[①] 随后,加州大学伯克利分校工学院院长、交大1945级校友葛守仁来信,代表校方正式邀请上海交通大学访问团前去访问。同月,麻省理工学院访问上海交大,该校董事会主席霍华德·约翰逊(Howard Johnson)向上海交大校务委员会副主任邓旭初发出口头邀请,并愿意与交大进行学术交流和建立校际联系。8—9月,交大校务委员会副主任邓旭初、校长朱物华和电工与计算机科学系主任张钟俊等还先后接到10余封来自美

上海交通大学访问团成员(1978年)

---

① 《外宾接待登记表》,上海交通大学档案馆,案卷号:长期2177。

国大学的电报和信函,邀请交大前去访问。如得克萨斯农工大学电子工程系主任哥拉哈普瓦拉教授(H. D. Gorakhpurwalla)和工程学院主席弗兰克教授(E. A. Franke),宾夕法尼亚大学计算机科学与电子工程系约翰·卡尔教授(John Carr),匹兹堡大学卫斯理·W·波斯瓦教授(Wesley W. Posvar)、施增玮教授,纽约州立大学库朗数学研究所拉克斯教授(Peter D. Lax),里海大学副校长约瑟夫·F·利布施教授(Joseph F. Libsch),华盛顿大学校长威廉·H·丹福思(William H. Danforth)等。[1] 密歇根大学也表示欢迎上海交大前去访问。

其间,张思侯、朱觉民、范炎等在美校友相继回上海交大参观访问。他们获悉上海交大访问团即将访美,回美国后纷纷写信给张钟俊表示欢迎来访,并积极安排参观和考察行程。范炎,交大电机工程系 1948 届校友、美国IBM 公司计算机网络系统通信部高级工程师,5 月 8 日应邀来上海交大讲学,讲授数据通信技术。范炎曾为张钟俊的短期研究生,与张钟俊的关系比较密切。刘诒谨,交大电机工程系 1930 届毕业生,曾在美国洛克希德航空公司和休斯航空公司工作,从事惯性导航和自动控制方面的研究,5 月 19 日应邀来上海交大讲学。他跟张钟俊是同学,关系甚好。这两位校友来校访问,张钟俊都参与接待。[2]

通过与在美校友以及美国大学的沟通和协调,上海交大访问团制订出了详细的考察计划和活动行程。8 月 27 日,上海交大向六机部呈报《关于我校出访美国的日程安排(草稿)及有关问题的请示报告》,其附件包括访美日程安排(草稿)、在美国参观访问的单位和负责联系接待人、在美国访问有关单位的打算(草稿)、上海交大 1979 年校庆讲学活动邀请书(草稿)。其中,附件"在美国访问有关单位的打算(草稿)"提出:"重点访问两个学校,即麻省理工学院与加州大学伯克利分校。要求在这两校召开学科对口座谈会、听课、参观实验室及图书馆。向两校深入了解以下方面的情况,①学校管理的体制和学科、院系的划分经验;②科学研究方向和专业的设置及其发展;

---

① 《邀请交大代表团访美函电及交大回件》,上海交通大学档案馆,案卷号:长期 2172。
② 《外宾接待登记表》,上海交通大学档案馆,案卷号:长期 2177。

③数、理、化等学科设置的情况和经验;④培养研究生的经验,指导方法,实行学位制的情况;⑤实验室规模及设备,科研和教学实验开设的情况;⑥教材、讲义(内部发行的);⑦学校学术活动和情报资料工作的情况和经验;⑧电化教育的使用情况与发展趋势。""访问其他单位拟作一般参观,如发现可深入了解的问题,亦按以上8点要求酌情了解。""与校友会的联系主要是友好活动。如有条件,拟向校友会或分会作'介绍上海交大情况'的报告,并放映幻灯片。通过友好活动,准备邀请五十名学者明年回校参加校庆活动,为进一步动员校友回国讲学打下基础。"①

9月12日,上海交大又向六机部上报《上海交通大学赴美访问团考察计划》。考察计划说此次出访任务:一是与在美交大校友联系,增进相互了解,并邀请50名左右的校友明年来华参加交大校庆学术活动,为今后争取更多的学者、专家来华进行学术交流打下基础;二是学习美国麻省理工学院、加州大学、斯坦福大学等著名大学在教学、科研、专业设置和管理等方面的有用经验,并与一两个对口学校探讨建立校际之间的固定联系;三是准备适当引进少量的先进设备、资料和部分教材。考察计划十分详细地拟订出拟考察的单位、活动方式,以及可能遇到的问题与应对方案,还准备了"出访基调"、"上海交通大学介绍"以及在几种不同场合使用的讲话材料。② 为了让在美校友及其他华裔科学家、学者了解上海交大,访问团专门编印了一份介绍上海交大情况的资料《上海交通大学画册》,叙述交大历史与现状,配有校园建筑、著名教授、教学活动、科研试验、文化体育、对外交流等情况的照片。③ 其中,著名教授有朱物华、周志宏、孙增光、张钟俊、金悫、罗祖道、王端骧、阮雪榆、高忠华等。上海交大访问团还准备了价值2 500元人民币的礼品,准备赠送给美方接待机构。另外,1978年7月六机部特地从外汇中拨出8万美元交给上海交大访问团,让他们在美国购买少量国内无法购置的重要

① 《关于我校出访美国的日常安排(草稿)及有关问题的请示报告》(沪交(78)字第337号,1978年8月27日),上海交通大学档案馆,案卷号:永久618。
② 《上海交通大学赴美访问团考察计划》(沪交(78)字第366号,1978年9月12日),上海交通大学档案馆,案卷号:永久618。
③ 《交大画册》,上海交通大学档案馆,案卷号:永久1529。

科研仪器设备、资料和教材。①

此次访美之前,中国高等教育已有 30 年与美国高等教育不通往来。这是一次时代赋予的机会,上海交大访问团借此可以把中美两国的教育情况做一比较,取两者之长,弃两者之短。

行程与活动

1978 年 9 月 29 日,上海交大访问团一行 12 人在团长邓旭初率领下,离开首都北京,途径法国巴黎,9 月 30 日到达美国首都华盛顿。访问团先后访问了华盛顿、费城、纽约、普林斯顿、波士顿、匹兹堡、安阿尔、底特律、休斯敦、印第安纳波利斯、金斯维尔、旧金山、伯克利、奥克芝、伯罗阿托、圣何塞、洛杉矶、圣地亚哥、圣路易斯等 20 座城市,27 所大学,14 个科研机构与公司,在美国访问了 47 天(包括路程在内共 51 天),于 11 月 19 日回到北京。② 上海交大访问团主要的访问行程和考察活动如下。

访问大学与公司

在访问过程中,交大访问团的主要任务是考察美国大学和科研机构,特别是访问对上海交大未来发展具有较高参考价值的著名大学、科研机构和企业。在著名大学方面,访问团访问了马里兰大学、乔治·华盛顿大学、里海大学、宾夕法尼亚大学、纽约大学石溪分校、纽约多科理工学院、哥伦比亚大学、私立纽约大学、普林斯顿大学、麻省理工学院、哈佛大学、匹兹堡大学、密歇根大学、韦恩州立大学、得克萨斯农工大学金斯维尔分校、加州大学伯克利分校、韦尔斯利学院、圣马特奥社区学院、斯坦福大学、莱斯大学、加州大学圣地亚哥分校、加州理工学院、加州大学洛杉矶分校、圣路易斯华盛顿

---

① 《上海交大赴美访问团关于外事经费给六机部部长的函》,上海交通大学档案馆,案卷号:长期 2290。

② 《上海交通大学赴美访问团汇报》(1979 年 1 月 15 日),上海交通大学档案馆,案卷号:永久 619。

冯元桢陪同交大访美团参观加州大学圣地亚哥分校校园

大学、罗格斯大学等27所大学。[1] 其间，重点考察了这些大学的计算机中心和实验室，多次与美方学者、专家交流工程技术发展的最新成果与未来趋势。在科研机构与企业方面，访问团先后参观了国际商用机器公司(IBM)约克唐研究中心、贝尔实验室、美国无线电通信公司(RCA)、王安计算机公司、

访美团参观美国无线电通信公司沙诺夫研究所(RCA)

---

[1]《上海交通大学代表团访美概况》，上海交通大学档案馆，案卷号：长期2171。

福特研究中心、宾斯石油公司、美国航空航天局(NASA)、圣何塞研究中心、劳伦斯研究中心、计算机仪器公司、米罗马公司、斯坦福直线加速器、菲尔恰德公司、克明斯研究中心等14个科研机构和企业。[①]

交大访问团每到一个地方，均有周密详细的接待计划和活动安排，包括参观内容、接待人员、交流内容等。每到一所大学、科研机构和企业，均有校长、院长、研究所所长及总裁、经理等负责人出面接待、招待或宴请，气氛十分热烈友好。在美期间，交大访问团总共会见200余位美国朋友。

交大访问团来到麻省理工学院，原来估计他们可能以"老大"自居，"对我们比较傲慢，但当我们访问该校时，却出现了我们意料之外的隆重热烈场面。"该校由董事长霍华德·约翰逊出面，为交大访问团举行了有校长、前任校长、副校长、各院院长、有关系系主任及知名教授(包括林家翘、董道义等)共八十多人出席的盛大欢迎宴会。霍华德·约翰逊对交大访问团团长

访美团在麻省理工学院教务长会议室听该校各院长介绍情况

---

① 《上海交通大学赴美访问团汇报》(1979年1月15日)，上海交通大学档案馆，案卷号：永久619。

邓旭初说:"今后我们两校之间应当加强联系"。关于交换学者的事情,他保证支持上海交大的意见,并说:"要踏踏实实来做,最重要的是做,而不是停留在口头上"。该校退休已经10年的老校长斯特拉顿教授,是张钟俊当年在此攻读博士学位的论文指导教授。这次,他也来参加董事长霍德华·约翰逊主持的欢迎宴会。宴会之前,他还特地翻阅了40年前弟子张钟俊撰写的博士学位论文。[①]

交大访问团到达美国后,得克萨斯农工大学金斯维尔分校校长杜安·李奇看到地方报纸上登出交大访问团要去访问的消息,立即来信邀请交大访问团去访问。副校长张寿与张钟俊教授受上海交大访问团的委托,前去该校访问。当晚,该校中国教授和校长都来设宴招待,校长夫人还亲自做点心招待他们。张寿代表交大向该校赠送背面刻有交大校徽的仿古铜镜。在平行光照射下,镜背的校徽图案清晰地反射到墙壁上。随后,张寿向好奇的美国朋友讲述交大冶金系按照周恩来总理的指示研究和仿制西汉古铜镜的故事。杜安·李奇校长非常激动,认为这是很珍贵的礼品。第二天中午,在该校组织的欢迎会上,杜安·李奇校长把铜镜带到宴会上,并请中国客人当着电视台记者的面再讲一遍仿古铜镜的故事。当天下午,当地电视台向全得克萨斯州播放刚刚录制的电视节目,还向观众介绍中国悠久的历史和文化。第二天,得克萨斯州报在头版刊登出上海交大访问团访问该校的消息和赠送铜镜的照片。[②]

在交大访问团内部,张钟俊负责电子、电工和自动控制等学科领域的学术交流和调研,他看到了许多有用的东西。其中,给他印象最深的是电子计算机的巨大发展与广泛应用。张钟俊每到一所大学,总是提出要参观计算机房,询问机器的性能,了解它们的用途。"由于计算机科学迅速发展的要求,各大学在教学与科研的设备方面建设得最快、最多的是计算机。几乎每个大学都有一个计算中心可以带动几十个终端,供教学和科研之用,另外在

---

① 《上海交通大学赴美访问团汇报》(1979年1月15日),上海交通大学档案馆,案卷号:永久619。

② 同上。

各种实验室里都有相应的专用计算机。"在美国,往往以计算机设备的质量与数量作为衡量一所大学办学水平的标准之一。所有的大学都十分重视电子计算机。如麻省理工学院设有计算中心,计算中心里的电子计算机可以连接上上百个终端进行工作。许多教授家里都有电脑设备,能够在几十秒内查出几十年前的文献资料,学生也运用电子计算机解题、做实验、进行科研。在斯坦福大学,一台设在山坳的直线加速器长达 3 公里,它的加速管的同心度在 3 公里内误差不超过 2 毫米,每分钟可以调整 360 次,是用计算机进行控制的。位于圣路易斯的华盛顿大学把电子计算机和医学研究结合起来,该校医学院拥有 300 多台电子计算机,应用到医学领域的各个方面。一般教授的家里都有计算机终端设备,他们还说目前计算机还处在幼年时期,今后还要大大发展。电子计算机在美国方兴未艾的发展态势,使访问团"感到四个现代化迫切需要电子计算机,从技术装备的角度上看,没有电子计算机就无法实现四个现代化"。[①]

交大访问团每到一所大学或研究机构参观,均有成员负责记录所见、所闻与所言。如张钟俊记载:10 月 11 日,访问团参观纽约大学石溪分校,电机工程系主任陈启宗教授出面接待。陈启宗 1962 年毕业于台湾新竹交通大学,为人热情,表示今后会邮寄资料给上海交大。在业务方面,陈启宗算是后起之秀,在控制系统方面已出版教科书 2 种及其他著作。又如,10 月 12 日访问团参观贝尔电话公司研究室。这个研究室,只有校友李天培私人邀请的客人才能进去参观。访问团大部分时间花在参观光导通信,对电子计算机情况的了解只有 1 小时。不过,李天培主动答应今后可以邮寄资料给上海交大。李天培还向张钟俊赠送 3 册图书。[②]

结交校友和华裔学者

当时,在美国的交大校友在波士顿设有交通大学美洲校友总会,在各主

---

① 《上海交通大学赴美访问团汇报》(1979 年 1 月 15 日),上海交通大学档案馆,案卷号:永久 619。
② 《上海交大赴美访问团记录》,上海交通大学档案馆,案卷号:长期 2174。

要城市设有分会。交大访问团到达美国之前，王安会长就向各分会发出通知，要求各分会欢迎访问团前去访问。交大访问团到达美国之后，每到一个城市，均有校友到机场或车站迎送，并负责安排各项参观考察活动及食宿、交通等。

交通大学美洲校友总会以及在华盛顿、纽约、匹兹堡、洛杉矶等地的校友会分会，为上海交大访问团举行联欢宴会。各分会会长都发表了热情洋溢的欢迎讲话，邓旭初团长的发言也受到他们热烈的欢迎。在宴会上，交大访问团特意放映反映交大现状的幻灯片，引起校友们的浓厚兴趣，让他们触景生情、心驰神往。有的校友还为访问团举行家宴，邀请访问团成员到家中做客，促膝谈心。这让访问团成员真切地感受到在美校友对母校的深切情意。这些校友把自己比作"出嫁的女儿"，把交大派来的访问团看作"娘家来的亲人"。有时，一些校友还单独邀请他熟悉的访问团成员到家中做客。这让访问团突破了必须"两人同行"的当时出国访问惯例。①

在美访问期间，访问团共会见交大校友 200 余人，以及台湾新竹交大与台湾其他大学毕业生和在校生 100 余人。他们大部分是美国各大学的教授或高科技公司的研发人员。其中，有些属于享有很高学术声誉的科学家或学者，如加州大学伯克利分校工学院院长葛守仁教授、佛罗里达大学工学院院长陈华伟教授、王安计算公司王安博士、加州理工学院吴耀祖教授、天然气航运公司总裁陈棨元博士、贝尔实验室田炳耕博士等资望甚高的校友。访问团通过各种形式与在美校友交往，加深了相互之间的了解，初步建立较为密切的联系，并了解到一批具有较高学术水平和爱国热情的优秀人才。他们之中的许多人接受访问团的邀请，表示今后将到上海交大讲学或开展学术交流。访问团还会见了顾毓琇、杨振宁、林家翘、冯元桢、陈省身等著名美籍华人科学家。② 在这些校友和华裔学者的联系和帮助下，上海交大很快与许多世界著名大学、研究机构建立学术联系，为学校改革和发展创造了良

---

① 《上海交通大学赴美访问团汇报》（1979 年 1 月 15 日），上海交通大学档案馆，案卷号：永久 619。

② 《上海交通大学访问团访美概况》，上海交通大学档案馆，案卷号：长期 2171。

1979年哈佛大学何毓琦教授(中)来上海交通大学讲学

好的外部条件。

此外,访问团还就上海交大建设计算中心、向美国大学派出研究生、与美国大学互派教授讲学和交换教材等问题,与在美校友和其他华人科学家进行了探讨和交流。

购置科研设备

在校友的帮助下,访问团使用六机部专门拨出的8万美元,以非常优惠的价格购得一批国内急需却无法购置的最新科研仪器设备、图书资料和教材。[①]

一是购得王安公司出品的具有20世纪70年代国际水平的小型计算机4台,市场价格为12万美元,交大访问团只付了5万美元。并且,王安公司答应附加3项优惠条件:①免费将机器运到上海;②免费派专家来上海交大指导安装,并免费培训5名技术人员;③今后如机器发生故障,可从香港派技术人员过来免费修理。王安公司还赠送给上海交大一批磁盘软件。访问团

----

① 《上海交通大学访问团访美概况》,上海交通大学档案馆,案卷号:长期2171。

归来后不久,这些计算机全部运到上海。1979 年 1 月 29 日,王安公司派专家山下秀成、王九华来上海交大安装调试售与学校的 Wang-2200 计算机。两位专家日夜工作。2 月底,开始上机算题。3 月初至 4 月初,开办计算机使用短训班。6 月中旬,计算机开始正常使用,并全天开放。这些计算机不仅成为重要的教学科研设备,还为上海交大发展计算机科学奠定了基础。1981 年,六机部柴树藩部长从计算机发展前景和战略地位出发,决定拨款 22 万美元用于上海交大建立微型计算机研究室。

二是以 2 万美元的价格购得 Intel 公司开发的微处理机系统 1 套(按国内订货价约为 4 万美元),其中有些设备国内无法订购。这套系统很快运到上海交大,并开始安装调试。

三是购得一组最新光通信器材和几种国内无法订购的高温应变片,还有一套光纤通信小型模拟设备。这些研究设备和元器件为上海交大开展光纤通信研究提供了实验设备与技术手段。

四是在校友的帮助下代为购买最新的图书资料及科技英语教学磁带。到 1979 年 5 月 12 日,上海交大收到美国最新的图书资料共有 11 类,即数学、物理、化学、力学、生物工程、计算机和控制工程、海洋工程、动力工程、工业及企业管理、英语教育、美国大学概况介绍等,总共 200 多种,1 180 多册。其中,图书及论文共 780 多册(篇),30 多所美国大学概况介绍共 400 多册。另外,访问团还接受美国朋友及校友赠送的许多图书资料,其中有些具有相当高的参考价值。如纽约大学柯朗数学研究所赠送的一套 50 册内部论文集,加州大学伯克利分校地震研究中心赠送的 Non·Sap 全套结构计算分析程序磁带,麻省理工学院董道仪教授赠送的他个人最新讲稿——*Dynamics*。

访问团回到华盛顿向中国驻美联络处汇报后,联络处韩叙副主任说:"你们这样的办法好,可以买到你们迫切需要的东西,以前,国内给驻美联络处外汇,让我们去买,我们又不懂行,买了也不知道合用不合用,这次你们专家亲自来选购,这个办法好"。① 这些最新的科研仪器、设备和图书资料,显

---

① 《上海交通大学赴美访问团汇报》(1979 年 1 月 15 日),上海交通大学档案馆,案卷号:永久 619。

著地改善了上海交大的教学与科研条件。

缔结"姐妹学校"

访问期间，访问团与密歇根大学签订了，建立"姐妹学校"的协议书，并与加州大学伯克利分校、加州大学圣地亚哥分校、乔治·华盛顿大学达成建立"姐妹学校"的口头协议（后来相继签订书面协议）。[①] 结成"姐妹学校"以后，两校将加强双方之间的协作，两校可以互换学者讲学，互相邀请对方教师参加学术会议，还可以交换学术资料，包括课程大纲、学术论文和相应的科研报告等。这为上海交大开展与美国大学之间的学术交流、科技资料交流、互派访问学者与教授等活动建立了顺畅的渠道。

上海交大访问团是新中国成立以后高等教育界的第一个访美代表团，受到交大在美校友和接待单位的热烈欢迎，在美国高等教育界和华人群体中引起强烈的反响。访问团此行得到中国政府驻美机构的鼎力支持。10月11日晚，中国常驻联合国代表团在纽约驻地设宴招待上海交大访问团全体成员，中国常驻联合国首席代表陈楚大使，代表赖亚力大使，参赞朱贵玉、卜绍敏、洪兰等出席招待会。应邀出席招待会的，还有纽约州和新泽西州的交大校友代表、大学和研究所负责人、科研同行及配偶共120余人。11月15日晚，上海交大访问团在中国驻美联络处举行告别酒会，与在美校友和美国朋友依依惜别。

上海交大访问团回国后，国内媒体做了大量的报道。1978年12月7日，《解放日报》以《上海交大赴美访问团在美受到热烈欢迎》为题进行报道。12月19日，《人民日报》和《文汇报》以《上海交大与美国密歇根大学，加利福尼亚大学伯克利分校、圣地亚哥分校，圣路易斯的华盛顿大学4校结为"姐妹学校"》为题做了报道。12月20日，《文汇报》又以《满载友谊万里行》为题报道上海交大访问美国的情况。

访美之后，许多美国高校相继组团来华回访上海交大。1979年6月24

---

① 《上海交通大学访问团访美概况》，上海交通大学档案馆，案卷号：长期2171。

日,以加州大学教务长 J. J. 马斯拉奇为团长、工学院副院长 A. M. 霍普金为副团长的加州大学伯克利分校工学院代表团一行 20 人来到上海交大,进行为期一周的参观与访问。该校这次组团来访,是为了加强两校友好往来以及进一步探讨"姐妹学校"之间在学术交流、人员交往、资料交换等方面的可能性,同时庆贺上海交大 83 周年校庆。1980 年 3 月 22 日,美国麻省理工学院代表团访问上海交大,就两校加强相互联系、开展学术交流等问题进行了讨论。1981 年 9 月 2 日,刚刚卸任的美国总统卡特来华访问期间特意来到上海交大参观。

考察美国大学教育

"文革"结束后,上海交大就着手考虑学校今后的学科专业发展问题。1978 年 4 月 11 日,《上海交通大学发展规划》提出:"到 20 世纪末使我校在教学、科研、实验室等方面赶上国际先进水平,成为世界上第一流的综合性理工科大学。"[①]并提出大力开展科学研究,以"加强基础理论,发展技术科学,突出新兴技术"为指导思想,8 年内将重点发展深潜、船舶动力、电子计算机及自动化、激光、材料科学、冲击振动噪声等 6 个技术领域。但是,由于对世界科技最新进展及趋势缺乏深入了解,制订的发展规划仍然跟不上世界科技发展潮流。

在访美期间,交大访问团结合学校学科结构与专业实际,选定一些专题进行重点考察。回国后,访问团就美国大学教学、科研、管理与学科发展情况撰写出 10 份调研报告,即《美国理工科大学概况、学制与理工结合问题》《美国工科大学中的计算机兼对上海交通大学建立计算机系统的意见》《美国电机工程教育的现状与发展》《系统工程学及其在美国大学教育概况》《运筹学和系统工程》《关于生物工程的调查研究》《美国大学的跨系课题》《美国教授教学与科研的一些情况》《对美国工科大学的一些认识》《关于发展应用

---

① 《上海交通大学发展规划》(1978 年 4 月 11 日),上海交通大学档案馆,案卷号:永久 612。

数学的打算》等。① 这些调研报告成为交大后来发展新兴学科的指导原则和发展目标。其中,张钟俊负责撰写《系统工程学及其在美国大学教育概况》。在学科发展上,美国大学令交大访问团印象最为深刻的是系统工程、计算机、生物工程等新兴学科以及新型教研机构"跨系教育组织"。张钟俊还发现,作为自动控制理论与工程技术结晶的机器人研究,正在美国大学迅速兴起,必将前途远大。下面简要介绍张钟俊对美国大学系统工程、电子计算机、跨系教育组织发展情况的调研和总结。

一、系统工程

现代生产技术、宇航系统、经济管理系统日益向大型和复杂化方向发展,成为大系统。对于这种大规模、复杂的大系统的技术评价、设计、控制和管理,属于系统工程的研究范围,局限于工业企业的这部分研究,则被称为工业工程。美国是系统工程学的发祥地,也是基础最好、应用经验最丰富的国家。美国系统工程研究起源于20世纪50年代。其时,麻省理工学院的吉尔曼(G. R. Gilman)担任贝尔实验室系统工程研究室主任,负责规划全美电视网的建设,首先提出并运用系统工程。当时,系统工程需要解决的问题,是如何缩短科学发明到投入应用的时间,以便在全国电视网中采用新的技术。不久,这门学科即被军事部门应用,最为典型的案例就是阿波罗登月计划。这项庞大而复杂的科学技术工程项目的成功实施,极大地彰显出系统工程这门学科的惊人力量和巨大价值。

在访美过程中,张钟俊发现系统思想正在广泛地渗透到自然科学和社会科学的各个领域,特别是作为一门科学管理方法,系统工程已表现出显著的应用价值。张钟俊先后与8所大学的系统工程系或有关学系的系主任、教授进行座谈,了解情况,交流看法。这8所大学与学系是宾州大学工业和运筹工程系、乔治·华盛顿大学运筹学系、里海大学工业工程系、纽约多科理工学院运筹学和系统分析系、麻省理工学院管理学院、密歇根大学工业和运筹工程系、加州大学伯克利分校工业工程和运筹学系、斯坦福大学经济——

---

① 《上海交通大学访问团访美概况》,上海交通大学档案馆,案卷号: 长期 2171。

工程系统系和工业工程系。这些大学的课程设置、招生对象和培养目标各不相同，但总的内容有许多共性，就是运用经济管理，配上运筹学方法，使管理达到最优化。同时，由于管理对象是一个大系统，必须应用系统分析，也就是必须建立系统的数学模型，在计算机上找出系统设计的最佳方案。

通过考察和交流，张钟俊比较清晰地了解了美国大学系统工程专业本科生、研究生的课程设置情况，认识到系统工程教育的发展动态。系统工程教育，美国通称为 OR/MS 教育。OR 是 operations research（运筹学）的缩写，MS 是 management science（管理科学）的缩写。全美共有 90～100 所大学开设系统工程专业。不过，因各大学培养目标、科研项目和师资力量的不同而有所侧重，有的侧重管理，有的侧重工程，因此各大学所设学系的名称也不相同。有些大学同时招收大学生和研究生，有些大学只招收研究生，还有一些大学同时设有几个系，如斯坦福大学设有工业工程系（招收大学生和研究生）、运筹学系和经济—工程系统系（只招收研究生）。美国每年培养出来的系统工程专业大学毕业生约 3 000 名、硕士研究生 1 600 多名、博士研究生 400～500 名。这方面的专业人员称为系统工程师（system engineer）或分析家（analyst），可以担任工业企业、政府机关中大系统的规划、设计和决策工作。他们的工作是不可或缺的，以至于许多著名学者指出："对社会问题采用工业技术的最大障碍是缺乏真正好的系统工程师。"[①]

在调研报告《系统工程学及其在美国大学教育概况》的基础上，张钟俊发表文章《系统工程学综述》，介绍系统工程学的学科发展历史、基本理论、研究方法以及美国系统工程教育发展情况。[②] 张钟俊认为，建设现代化国家，不仅需要大力发展科学技术，而且需要对国家科技发展规划进行合理安排和科学组织。科学的组织管理已发展成为一门新兴学科，即系统工程。它的任务是将工程技术和科学方法用于规划和设计大系统（即大规模的、复杂的、考虑到人—机因素的系统），达到整个系统综合平衡，具有良好的性能

---

① 张钟俊：《系统工程学及其在美国大学的教育概况》(1979 年 1 月)，上海交通大学档案馆，案卷号：长期 2171。

② 张钟俊、侯先荣：《系统工程学综述》，《上海交通大学学报》1979 年第 3 期，第 153－170 页。

指标和经济指标。系统工程的理论基础由经济学、运筹学、计算机应用三者组成，培养出来的专业人员称为系统工程师。系统工程的应用范围很广，除了在工业企业和军事部门大量应用外，还在城市交通、环境治理、生态保护等方面得到了应用，并取得了非常显著的效果。

张钟俊还很有远见地预言，这门学科不久将在我国生根开花，为发展国民经济、加速现代化建设进程做出应有的贡献。为此，他建议：有关院校和科研机构，应充分挖掘潜力，采用招收研究生班的办法，优先招收自动控制、计算机、电工、机械、数学等专业人才，并从有相关学科基础，如经济学、哲学等社会科学的大学毕业生中尽快培养出一批师资力量，使我国系统工程教育迅速地、广泛地开展起来。与此同时，出版社也应积极行动起来，组织翻译、编写和出版有关系统工程学的讲座丛书与科普读物。这将对系统工程在我国的发展和普及产生极大的推动作用。[①] 访美之后，张钟俊大力提倡并积极推动系统工程在国内的研究和应用。

二、电子计算机

在访问美国各大学过程中，张钟俊感觉到电子计算机的发展与应用是一个非常关键的突破。计算机研究原来是大学电工系里面的一个分支，后来逐渐发展壮大，乃至成为一个非常重要的组成部分。因而，过去的电工系现在大部分改为电工及计算机科学系，有的大学还成立专门的计算机科学系，分设在工学院或理学院。计算机课程内容的比重也不断增加，不少大学的计算机课程占电机系课程总数的 35％～50％。并且，计算机在大学教学、科研、管理等方面发挥着不可或缺的作用。在科研方面，计算机已广泛用于处理数据、识别图像、研究空气污染等。在管理方面，许多大学利用计算机进行财务管理、文献资料检索等。如上海交大访问团在纽约大学参观时，他们可以通过计算机在几秒钟之内将某年某月的《纽约时报》检索出来，再经过几分钟时间，就可以将那一天的报纸按原样打印出来。[②]

---

① 张钟俊、侯先荣：《系统工程学综述》，《上海交通大学学报》1979 年第 3 期，第 153－170 页。
② 《上海交通大学赴美访问团汇报》(1979 年 1 月 15 日)，上海交通大学档案馆，案卷号：永久 619。

　　张钟俊意识到,要把我国的科技水平、生产水平和管理水平搞上去,必须大力普及、推广和应用电子计算机。在访问过程中,交大访问团就交大建设计算中心向在美校友和其他学者征询意见。当时,交大已向上级部门申请准备购买英国 ICL—2980 大型计算机,全部软硬件价格加起来高达 800 万美元。经过科学分析,这些校友以充分的理由否定了上述方案,代之以先购买几台像 PDP—11/70 那样的小型计算机,再逐步发展成为大型系统的新方案。单此一项,至少可以节省外汇 500 万美元。[①] 后来,交大访问团在向上级部门汇报时提出,鉴于计算机技术发展十分迅速、计算机价格变化趋势以及维修与保养费等因素,学校计算中心"应该分阶段进行建设,第一阶段宜先用几个小型计算机,建立计算中心,提供数十个终端,供教学和科研之用。再在重点实验室或研究室中,配置小型计算机和微型计算机,供控制和数据处理之用,其目的是初步满足大量的教学与重点科研的要求。然后再根据需要扩充一些中型的或大型的计算机,扩大计算中心,推广计算机的应用。这样逐步地向前发展,比较符合多快好省的原则。"[②]

　　早在 1958 年,交大就开设了计算机专业,然而受学校隶属体制变化的影响,几度易名。1978 年,交大将电力电机系和电子计算机系合并,成立电工及计算机科学系,下设电力工程、自动控制、计算机科学技术 3 个专业。访美以后,计算机专业逐渐明确了发展方向。1980 年 4 月,交大成立面向全校的计算中心,花费 200 万美元购置了一套计算机系统。为了适应信息技术发展的潮流,1984 年交大又以电工及计算机科学系、电子工程系为基础,将电工、电子类专业的发展重点逐步转移到电子信息方面,大力发展光纤技术、导波光学、计算机等电子信息与通信等学科。

三、跨系教育组织

　　由于现代科学技术飞速发展,学科之间日益相互渗透,美国著名大学纷

---

　　① 《上海交通大学访问团访美概况》,上海交通大学档案馆,案卷号:长期 2171。
　　② 《上海交通大学赴美访问团汇报》(1979 年 1 月 15 日),上海交通大学档案馆,案卷号:永久619。

纷成立各种"跨系课题"(跨系教育组织)。它们直属于大学研究院管理,由跨系课题组织或研究院向美国国家科学基金会或有关工业部门申请课题经费,抽调有关的教授、研究生等组成"跨系课题",一般是挑选基础很好的研究生作为教授的助手。"跨系课题"通常出现在涉及领域较为宽广的新兴或边缘学科,在进行比较长时间的研究以后,视其发展与完善情况可能独立建系。系统工程学就是这样发展起来的。"跨系课题"组织专题讨论班,邀请校内外的有关专家来讲学。在加州大学伯克利分校工学院,就设有生物工程、环境工程、市政与公共系统、海洋工程、地震工程等"跨系课题"。这些"跨系课题"的课程由有关学系分别开设,包括机械、土木、电子计算机、材料科学、生理、生物、化学、物理等理工科学系及校外合作机构。[①]

"跨系课题"引起交大访问团的浓厚兴趣,随后上海交大引进了这种学术体制,以促进和培育新兴学科的成长。1982 年 4 月,上海交大成立生物医学工程、系统工程、海洋工程、能源工程、环境工程、热科学等 6 个跨系学科委员会,成为全国最早建立跨系教育组织的高校。

收获与体会

交大访问团回国以后,对访美活动进行了比较系统深入的总结,形成了许多共识。1979 年 1 月,访问团形成总结报告《上海交通大学赴美访问团汇报》。这份报告将这次访美活动的主要收获和体会归纳为:一是与在美交大校友和美籍华人进行广泛的接触,加深了了解,建立了联系;二是与密歇根大学等 4 所美国著名大学达成了结成"姐妹学校"的协议;三是初步考察了美国高等教育,了解了美国高校的教育与科研体制、学科建设、教学、科研等情况;四是体会到现代大学要有世界一流的科研仪器设备和丰富的图书资料,学校要提高办事效率必须有一定的自主权。作为访问团的重要成员,张钟俊的收获和体会也凝集在这份报告中。除了了解到美国大学科技与教育发

---

① 《上海交通大学赴美访问团汇报》(1979 年 1 月 15 日),上海交通大学档案馆,案卷号:永久619。

展情况处,张钟俊还有以下体会和收获。

一、中美高等教育差距

这次访问是"文革"之后我国高等教育界的第一次访美,让张钟俊等访问团成员开阔了眼界。他们深深感到我国大学与美国大学的巨大差距,美国大学的新学科、边缘学科、高新技术发展日新月异,令国内大学望尘莫及。美国大学建立很多跨系教育组织,专门负责研究跨系课题,借此在适当的时候建立新学科。美国大学许多老学科因为新学科的崛起而不断开出新花,展现出旺盛的生命力,而中国大学的许多老学科几十年一成不变。

美国大学科研实力之雄厚,实验设备之先进,电子计算机使用之普及,图书资料之齐全,令他们叹为观止。各大学财源之广阔,财力之殷实,也使他们望之兴叹。在访问过程中,访问团成员看到许多华裔学者已在科研工作上取得重要成绩,并且站在世界科学技术的先进行列。除了他们本人努力钻研外,最重要的因素就是美国大学拥有世界第一流的科研仪器与实验设备以及丰富的图书资料,美国大学对这方面的投资非常大。如加州大学伯克利分校地震研究中心,对实验设备的投资多达3亿美元。斯坦福大学建有一个3公里长的世界上最大的直线加速器,丁肇中发现J粒子就是在这个设备上得到验证的。这个巨型设备非常庞大,每年的运转经费需要3 500万美元。在规模比较小的里海大学,研究集成电路的实验设备就占了整整一座大楼。加州大学伯克利分校冯元桢生物力学实验室的研究设备,也是世界第一流的,占了一幢大楼的整个一层。①

在图书资料方面,张钟俊等发现美国大学的图书馆藏书非常丰富,几乎世界各主要机构的学术杂志、论文,应有尽有。除了学校有一座大图书馆外,各个学院还有自己的图书馆。如纽约大学图书馆是一座11层大楼,全部是钢结构,墙全部用玻璃制成,共有5 000个座位。另外,还有几百个单独供研究生写论文的专门房间。有的大学图书馆采用电子计算机检索文献,使

①《上海交通大学赴美访问团汇报》(1979年1月15日),上海交通大学档案馆,案卷号:永久619。

教师和研究生可以随时查阅所需要的文献，了解本学科的最新动向。数学家陈省身对交大访问团说："你们应该舍得每年给数学系拿出 10 000 美元，买世界上所有的最新的数学资料，数学系不要什么其他的仪器设备。有了这些资料，再加上我们中国人的聪明和勤奋，我深信超过世界水平是指日可待的。"①

在管理方面，美国大学也有很多值得借鉴之处。美国大学的办事效率比较高，其中的一个重要原因是美国大学拥有一定的办学自主权，而国内大学的权力集中在领导机关，导致办事效率低下。通过这次访美活动，访问团每一位成员都亲身感受到其中的巨大差距。

二、建立学术交流渠道

这次访美活动的初衷之一，是与在美校友直接联系，建立中美学术交流渠道。访美以后，一大批具有较高国际学术声誉的在美校友、华裔学者相继访问上海交大。据记载，1979 年"共有 40 位外籍专家来我校短期讲学，其中由我校正式邀请的 30 名，自费来华探亲或其他院校邀请顺道请来我校讲学的 10 名。此外，还有 27 名在我校作过一两次学术报告，包括来参加我校校庆学术报告会的 13 名。"②当时，上海交大邀请海外学者来校讲学的目的，主要是提高学校师资水平，缩短与国外先进大学在教育、科研上的差距。在张钟俊擅长的自动控制领域，就有多位来自美国著名大学的学者应邀来交大讲学或进行学术交流。

应上海交大和西安交大邀请，1979 年 5 月 15—31 日美国宾夕法尼亚大学荣休教授顾毓琇来上海交大讲学。这次讲学安排讲课 6 次、座谈 2 次。6 次讲课的内容为：第一讲"线性控制系统"，第二讲"线性控制系统——状态变量"，第三讲"非线性系统分析"，第四讲"非线性控制系统——特性"，第五

---

① 《上海交通大学赴美访问团汇报》(1979 年 1 月 15 日)，上海交通大学档案馆，案卷号：永久 619。
② 《一九七九年邀请外籍专家短期讲学工作总结》(沪交(79)字第 543 号，1979 年 12 月 12 日)，上海交通大学档案馆，案卷号：长期 2289。

讲"非线性控制系统——稳定性",第六讲"拉氏变化及泰勒-柯西变换、雷氏变换及罗朗-柯西变换"。在西安交大,顾毓琇讲授非线性控制及电力系统方面的内容。[①]

1979 年 6 月 13—24 日,哈佛大学何毓琦教授来上海交大讲学,讲学内容为"最佳控制和估计导论",听课人数达到 114 人。何毓琦系统地讲授了这门课程,讲课结束后,还把讲稿及美国大学生的练习题、试题和学生自学时的辅导材料赠送给交大,为交大后来给研究生和高年级本科生开设"最优控制"课程提供了全套的教学参考资料。他还表示,愿意与上海交大合作开展"电力系统负荷的最佳分配——大系统研究"课题的研究。[②]

1979 年 6 月 18 日—7 月 14 日,美国纽约州立大学石溪分校电工系主任陈启宗教授来上海交大讲学 4 周,一共讲授 19 次,每次讲 3 学时,总共讲课 57 学时,学生听课计学分。陈启宗系统地讲授了美国大学自动控制专业的研究生课程"线性系统理论"。其间,他还举办了一次大型座谈会,主要交流美国大学自动控制专业的教学情况。听众共有 150～160 人,其中本校教师 50～60 人,来自各地 38 个兄弟院校和 19 个设计院、研究所的约 100 人。"线性系统理论"是美国大学电气与电子工程专业研究生的主修课程。陈启宗曾在美国多次讲授这门课程,对内容钻研很深,讲课熟练,态度认真,深得听课者好评。本次授课以他 1970 年出版的《线性系统理论导论》(*Introduction to Linear System Theory*)为教材,美国有好几所著名大学采用这本书作为研究生教材。陈启宗在纽约州立大学石溪分校为研究生讲授这门课程不到 40 学时,这次在交大讲授了 57 学时。他利用增加的学时补充了自 1970 年以来发展起来的研究成果以及国际上有关的新进展,主要有线性系统的标准型问题、实现性问题及规定器问题等。其中的多变量系统及实际算法问题,他在美国还没有讲授过。

---

① 《上海交通大学关于接待美籍学者顾毓琇教授来校讲学的具体安排》(1979 年 4 月 11 日),上海交通大学档案馆,案卷号:长期 2294 号。

② 《一九七九年邀请外籍专家短期讲学工作总结》(沪交(79)字第 543 号,1979 年 12 月 12 日),上海交通大学档案馆,案卷号:长期 2289。

陈启宗在上海交大全面系统地讲授这门课程,使国内同行了解到美国大学的教学水平和教学情况,特别是我国很多高校正在准备为研究生开设这门课程。讲学结束后,陈启宗将他的两本著作赠送给交大:一本是 1970年出版的《线性系统理论导论》,另一本是 1975 年出版的《线性控制系统理论与应用》(*Analysis and Synthesis of Linear Control Systems*,大学本科生教材)。[①] 他还表示,如果交大需要采用这两本书作为教材,他同意影印,不必考虑版权问题(第二本书的版权属于陈启宗)。[②]

当时,来上海交大讲学的外籍学者的讲学方式和内容,主要有三种情况:一是系统地讲解一门课程,并介绍这方面的最新科研成果与发展动向。二是介绍学者本人近年来的科研工作情况,讲述自己发表的重要学术论文以及当前国外在这个领域的发展动向。三是做一般性的介绍。从教学效果看,系统地讲授一门课程最受欢迎,对国内高校提高师资水平、缩短与国外大学的差距有很大的帮助。这类讲学都有讲稿或教材,因而课堂效果好,并且讲学后期总要介绍一些本学科国际上的科研动向及授课者本人的重要科研论文,从而使听讲者收获较为全面,较为具体实在。在外籍专家授课的基础上,上海交大很快就开设或准备开设 12 门研究生及本科生高年级的新课程。有些专业在邀请专家时,目的比较明确,讲学的要求也比较具体,讲学结束后,立即能利用授课者的讲稿开课。如陈启宗讲授"线性系统理论",讲学结束后,上海交大自动控制专业就使用他的教材开设"线性系统理论"课程。何毓琦讲授"最优控制理论"所采用的教材,虽然国内已有影印本,他在讲课结束之后将他的讲稿以及学生练习的题目、试题,甚至学生自习时的辅导材料等整套教学资料留给交大,为交大开设"最优控制"理论课程提供了宝贵的参考资料。[③]

随着中美学术交流渠道的建立和运转,大批外籍学者来交大讲课、开展

[①] 第二本书为第一本书的修订本。

[②]《关于美籍华裔陈启宗教授来我校讲学的情况汇报》(沪交(79)字 387 号,1979 年 9 月 14日),上海交通大学档案馆,案卷号:长期 2295。

[③]《一九七九年邀请外籍专家短期讲学工作总结》(沪交(79)字第 543 号,1979 年 12 月 12 日),上海交通大学档案馆,案卷号:长期 2289。

学术交流,将世界上最新的科技内容大量输入国内,鼓励并提振了交大和其他单位听讲人员的信心,极大地促进了国内自动控制等学科研究水平的提升。另外,也生动地体现出海外校友对交大的深情厚谊以及对祖国建设的鼎力支持。

第八章
系统工程研究与应用

1978 年 12 月 18—22 日，中共中央在北京召开十一届三中全会。全会决定将全党工作重心由"以阶级斗争为纲"转向"以经济建设为中心"，实行改革开放。从此，我国进入改革开放时代，国家的工作重心逐渐转移到经济现代化建设上面。1982 年 10 月，中共中央提出"经济建设必须依靠科学技术，科学技术工作必须面向经济建设"的科技工作方针。这一方针为我国科技工作指明了方向，也为高校教育与科研事业的发展提供了契机。于是，科学技术面向经济建设，为国民经济发展做出贡献，成为高校教育与科研工作者的重要任务。

在这样的背景下，上海交大积极调整科研方向，逐渐把科研工作重点转移到国民经济领域，加强技术开发和成果的推广应用，直接为经济建设服务。此时，张钟俊已年逾花甲，过了精力最为旺盛的年龄，但"文革"造成的人才断层，再次把他推向国家科技与教育事业的最前沿。通过对美国麻省理工学院、加州大学伯克利分校等世界著名大学以及国际商用机器公司、贝尔实验室等高科技公司的访问和考察，张钟俊了解到世界科技最新进展与高等教育发展趋势。他怀着崇高的历史使命感，站在世界科技发展和国家社会需要的高度，努力抓住世界科技革命和产业变革的机遇，一方面在全国各地积极介绍和推广现代控制理论，另一方面大力宣传和推动系统工程这门新学科的研究和应用。

控制理论与系统工程

"文革"结束后,上海交大积极着手恢复办学传统,重建理科,恢复管理学科,新建人文学科,建设计算机、光纤通信、图像识别、系统工程等新兴专业,还创建了一批反映现代科学技术发展趋势的新学科、新研究所和实验室,推动学校向理工管结合方向转型。1978 年 10 月,交大提出在继续办好传统而有特色专业的同时,尽量以新技术、新学科来设置专业。[①] 当年,交大将电力电机系和电子计算机系合并为电工及计算机科学系,张钟俊担任系主任。1979 年,交大成立自动化研究所,张钟俊为负责人。1981 年 12 月 18 日,国务院批准上海交大 12 名教授为全国第一批博士生导师,他们是方俊鑫、罗祖道、黄步玉、骆振黄、贝季瑶、李渤仲、王兆华、张煦、张钟俊、杨槱、陈铁云、盛振邦。其中,张钟俊为自动控制专业博士生导师,招收自动控制理论及应用专业博士研究生。

到英国参加 IFAC 系统辨识会议(1985 年)

---

① 《报送我校专业调整方案与有关表格》(1978 年 10 月 31 日),上海交通大学档案馆,案卷号:永久 611。

20 世纪 60 年代以后,世界自动控制科学突飞猛进,脱离经典控制论阶段,进入现代控制论阶段。张钟俊始终关注和跟踪这门科学的发展,而且在"文革"后期的 1973 年,组织自动控制、数学、陀螺、计算机等专业的教师举办"现代控制理论"讨论班,一起学习现代控制理论。他还将现代控制理论中的新成就卡尔曼滤波技术应用于陀螺角速度漂移的数学模型的辨识,研究成果获得国防科委科研成果二等奖。这在当时属于国内首创。作为自动控制学科的学术带头人,张钟俊顺应自动控制科学发展趋势,积极引入和推广现代控制理论。

1977 年 12 月,张钟俊通过对控制理论发展历史进行回顾和总结,认为控制理论的发展经历了三个重要阶段。[1] 第一个阶段为经典控制论阶段,以 1948 年美国数学家维纳创立"控制论"为标志。第二个阶段为 20 世纪 60 年代以后的现代控制理论阶段,这是为适应航天技术和计算机技术迅速发展而建立起来的。20 世纪 70 年代末期以后,能源、环保、人口、经济等问题对控制理论提出了新的课题。因而,控制理论需要处理的系统结构更加复杂:一方面这种系统的运行过程常常夹杂着人的思维活动,系统的行为变得更加不确定;另一方面,需要讨论的系统规模更加庞大。这些新特点使传统的控制手段几乎一筹莫展。根据 20 世纪 70 年代以来需要解决的问题的新特点和理论的新进展,张钟俊支持"控制理论进入第三个发展阶段"的看法,即认为已经进入大系统理论时代。这个观点一直指导着张钟俊后来的研究工作,1981 年他在自动控制专业招收博士研究生时,将研究方向定为大系统优化。

1984 年,张钟俊提出以大系统理论为指导,以微型计算机的应用为突破手段,形成分级分布式计算机控制和信息管理的工业大系统理论,这个理论简称"一大一微"。而且,他以杰出的才能和渊博的知识勾画出工业大系统的研究框架。他分析了这类系统信息结构分散的特性,论述了微型计算机应用在控制中的基本作用,提出了计算机通信、计算机协调等新的研究课题。他认为,自动控制科学发展的立足点是实际应用,生长点主要是社会经

---

① 张钟俊、沈锦泉:《自动控制理论及其发展概况》,《信息与控制》1978 年第 2 期,第 57 - 62 页。

　　所谓"一大"，就是发展大系统理论。20 世纪 70 年代后期，张钟俊开始探索"工业大系统"，并开展了一些开拓性工作。在张钟俊的倡导下，上海交大在全国率先成立大系统研究室，自动控制系副主任吴健中担任研究室主任。为了支持大系统研究室发展，张钟俊把自动控制专业的韩慧君、张乃光、谢剑英、袁天鑫等教师调入大系统研究室，加强了研究力量。

　　所谓"一小"，就是发展微型计算机的应用。1978 年 9—11 月，张钟俊在访美过程中敏锐地看到计算机的发展和应用成为技术革命中的一项关键性突破。回国后，他多次向学校提议发展计算机的研究和应用。在他的积极推动下，自动控制系成立了"微电脑应用研究室"，并成立《微电脑应用》杂志编审组，开展微电脑在工业领域的应用研究以及定期出版《微电脑应用》杂志。在相当长的一段时间里，这些工作引领了我国微型计算机研究与应用事业的发展。

　　所谓"一智能"，就是研究智能控制。20 世纪 80 年代初期，智能控制尚处于萌芽状态。在张钟俊的支持下，上海交大成立了智能机器人研究所，开展智能控制问题的研究和探索。

引入和发展经济控制论

　　在经济控制论发展史上，出现过许多具有里程碑意义的研究工作。20世纪 60 年代，奥斯卡·兰格用经典控制论讨论凯恩斯理论，将可靠性理论引入经济领域，用控制理论方法研究经济现象的稳定性。20 世纪 70 年代，邹至庄在研究经济问题过程中引入最优控制方法，曼内斯库运用状态空间方法对国民经济大系统的结构进行逐层剖析。1984 年，在一次《自动化学报》编委会上，张钟俊与胡保生等编委，谈到以邹至庄为代表的美国自动控制学

---

① 张钟俊、王浣尘、吴健中：《自动化学科发展到大系统时代的国外现状点滴和对我国的展望》，《国外自动化》1984 年第 5 期，第 7 - 9 页。

者将自动控制理论应用于经济问题的研究,包括宏观经济建模、预测、优化控制、政策评价等,形成现代控制理论的一大发展方向。

到英国剑桥大学参加关于控制理论的会议(1985年)

为了适应这一发展趋势,张钟俊决定将现代控制理论推广到经济管理领域,将大系统理论和系统工程方法结合在一起分析宏观经济问题,开拓"经济控制论"这个新的研究方向。自1979年起,张钟俊与张启人、候先荣等学者合作,将现代控制理论移植到经济管理问题的研究,探索建立"经济控制论"这门新的分支学科。张钟俊亲自指导这门新学科的建设,带领研究人员如何联系中国实际,从工厂、企业、高等学校及科研院所踏踏实实地做起。这一时期,他们在学术刊物上大约发表了10篇论文,其中有7～8篇探讨如何将现代控制理论的最新成就移植到现代经济系统的研究,由此提出了新一代的"经济控制论"。

其间,他们引入现代控制理论中两个最重要的结构概念——可控性(可达性)和可观性(可重构性),探讨了在经济控制理论中引入这些概念的途径和相应的分析方法;描述了计入不同经济结构特点时对这些概念应做的对应调整,并指出在概念修正后所服从的条件和有关的经济意义;讨论了多变量计量经济模型最优控制理论有关的某些论题,提出用状态空间法测辨、建模和控制问题的一些建议,并推导了若干有关的公式;讨论了宏观经济系统建模的原则和步骤,分析了有关国家经济最优控制或决策的许多重要概念,并扼要提出将现代控制理论应用于经济问题和经济调整的若干领域;提出了经济系统最小实现模型和动态投入产出分析法,阐述了经济系统仿真的意义和特点。另外,还讨论了能源系统模型化的现实意义、能源结构特点、能源子系统在社会经济大系统中所处的重要地位,分析了世界能源形势并对各国能源模型进行分类,并论及发展能源系统工程的一些问题。[①] 这些研究成果率先将现代控制理论应用于经济管理领域,开辟出我国经济控制理论研究的现代控制理论阶段,为创立"经济控制论"这门新学科做了大量理论、实践方面的准备,对我国经济与社会发展也具有一定的指导作用。1983年9月2日,《文汇报》报道:上海交大张钟俊教授等开拓"经济控制论"这门新兴学科。它能在短期内观察到实际经济生活中需要长期才能展现的进程。

在西安举行的 IFAC 人机系统会议开幕式上致辞(1989 年)

在大量理论探索与实践应用研究的基础上,1991 年,张钟俊与周斯富、司春林等合作编著的《经济控制论——控制理论在经济管理中的应用》一书出版。该书主要介绍经济控制论的研究对象、发展、内容和任务,控制系统(主要是线性系统)的基本理论知识,经济系统的模型以及参数的辨识方法,

---

① 张钟俊:《张钟俊教授论文集》(第一卷),上海交通大学出版社,1986,第 168 – 256 页.

经济系统的动态分析、稳定性分析,经济系统的优化控制以及经营管理方面的研究成果。[1]

推动系统工程发展

为了适应大系统理论发展与管理科学化的趋势和要求,张钟俊积极倡导和推广系统工程。系统工程是面向实践,用系统思想、系统与控制的科学方法以及现代信息与计算技术等工程手段,解决现代社会、科技、经济、军事、工农业生产等领域不断涌现出来的复杂系统问题的一门技术科学。20世纪40年代后期,张钟俊在上海市公用事业局担任电力网设计和规划工作时,就已触及系统工程的雏形。20世纪50年代末至60年代初期,系统工程在美国发展成为一门独立的学科。20世纪60年代后期以后,系统工程广泛应用到经济管理等领域,展现出惊人的力量,取得了显著的效果。

"文革"结束后,我国国民经济和社会管理迫切需要科学的管理方法,因而管理与决策科学化问题被提上日程。而系统工程以全局的观点出发,综合应用现代科学技术和先进的管理技术,追求整体最优的规划、实施方案和具体运行,以达到结果最优,恰好适应这种需要。此时,张钟俊感到国家现代化建设不仅需要大力发展科学技术,而且必须采用系统工程方法来加强组织管理。1977年,张钟俊在广州召开的一次全国性学术会议上,提出在我国推广和应用系统工程的主张。他结合国际上许多成功范例,深入浅出地介绍系统工程的观点、内容和方法,给与会者以振聋发聩之感。这以后,国内高教界开始关注系统工程这门学科。

1979年,张钟俊发表介绍"系统工程学"这门学科的述评文章《系统工程学综述》。[2] 在这之前不久,钱学森与许国志、王寿云在上海《文汇报》发表宏

---

[1] 张钟俊、周斯富、司春林、黄培清:《经济控制论——控制理论在经济管理中的应用》,西安电子科技大学出版社,1991.

[2] 张钟俊、侯先荣:《系统工程学综述》,《上海交通大学学报》1979年第3期,第153-170页。

文《组织管理的技术——系统工程》,①在神州大地上吹响普及和应用系统工程的号角。随后,全国迅速形成一股"系统工程热",各大著名高校纷纷开设系统工程专业。如1977年底西安交通大学胡保生与汪应洛、李厚仁向教育部建议建立系统工程专业,并在该校创建系统工程研究所。

在张钟俊的带领下,上海交大迅速开展系统工程的研究。到1980年,张钟俊在系统工程理论和应用方面取得了初步的研究成果。这一年,张钟俊赴美参加国际系统工程学术会议,期间应邀在密歇根大学和佛罗里达大学做短期讲学。在佛罗里达大学,张钟俊结识匈牙利裔美国数学家、卡尔曼滤波技术的创始人卡尔曼(R. E. Kalman)教授。卡尔曼倾听了张钟俊题为"系统工程在中国"的学术演讲,对他在系统工程方面的学术见解表示赞赏。借此机会,张钟俊与卡尔曼讨论现代控制理论的发展问题。当时,卡尔曼已从控制理论研究转向经济管理控制问题的研究(翌年,应张钟俊的邀请,卡尔曼来到上海交大讲学)。在这次访问过程中,张钟俊还参观了美国最大的咨询机构——兰德公司,听取兰德公司研究人员的介绍。他意识到大学应该介入经济领域问题的研究。并且,他更为深刻地认识到系统工程在预测和决策中的突出作用,联想到祖国正在进行现代化建设,感到非常有必要推广和应用系统工程。

张钟俊非常重视系统工程教育的发展。1980年11月,中国系统工程学会成立,张钟俊当选为学会副理事长。在张钟俊的积极推动下,1981年5月,中国系统工程学会成立教育与普及工作委员会(简称"教普会"),张钟俊担任教普会主任委员。随后,他大力推动系统工程教育普及工作的开展。另外,他还积极推动中国系统工程学会教育系统工程专业委员会的筹建。1987年1月,教育系统工程专业委员会正式成立。20世纪80年代,教普会在全国多地举办系统工程培训班。1983年6月,孙东川在江苏无锡主持开办一个系统工程培训班,张钟俊亲自参加开班仪式,吴健中、王浣尘等学者到培训班做专题讲座。1987年夏,张钟俊到贵阳推广系统工程,影响很大,为孙东川承担贵州省劳改系统的研究课题打下了基础。张钟俊和吴健中还担任该课题的学术顾问,指导课题研究的开展。

---

① 钱学森、许国志、王寿云:《组织管理的技术——系统工程》,《文汇报》,1978年9月27日。

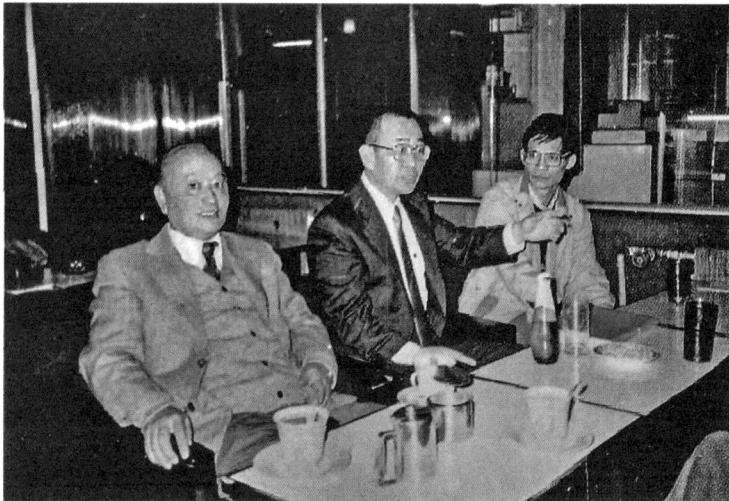
接待系统科学与控制论专家谈自忠教授访问交通大学（1988年）

教普会还受中国系统工程学会的委托，多次举办青少年系统工程夏令营。1992年，张钟俊在昆明出席全国青年学生系统工程夏令营，向青年学生讲解系统工程的观点和方法，号召大家今后应用系统工程为祖国现代化建设服务，表达了一位老科学家对年轻一代的殷切希望。

创建系统工程研究所

20世纪80年代初期，能源问题成为我国一个非常重要的技术、经济与政治问题。从长远需求看，能源问题是涉及人口、经济、环境、交通运输等多个方面的错综复杂的大系统问题，并且能源建设具有周期长的特点。因此，需要采用系统工程的观点和方法，对上海十年、二十年甚至三十年或更远期的能源战略问题进行研究，使上海以后二十年的能源问题有一个比较恰当的规划。鉴于此，1982年6月上海交大向上海市高教局建议成立上海市能源系统工程研究所。当年11月，经上海市科委、上海市教卫办批准，上海交大成立能源系统工程研究所。吴健中担任所长，张钟俊担任顾问。这是国内最早建立的系统工程专门研究机构之一。能源系统研究所的主要成员之一王浣尘，1982年7月从西安交通大学调回上海交通大学，参与筹建能源系统工程研究所，历任副所长、所长。能源系统工程研究所的研究方向和任务是从事能源系统软科学的研究,主要研究上海市中远期能源的战略和规划问题,为上海市委、市政府决策提供能源系统的咨询意见。① 成立后,能源系统工程研究所先后承担了"上海市能源模型的研究""用系统工程方法对上海新港址方案进行评价和选优""用光纤通信技术改造上海市内电话系统、建立光纤新兴工业的可行性研究"等研究课题和任务,已远远超出能源领域。鉴于此,1983 年能源系统工程研究所更名为系统工程研究所。②

系统工程研究所将以为国民经济建设服务、发展系统工程学科理论和培养研究生作为三大任务。并且,根据需要不断开拓新的研究方向和领域,扩大为国民经济服务的范围。到 1985 年,系统工程研究所已经形成一支从事系统工程理论与应用研究的学术梯队,拥有中、高级研究人员 13 人。张钟俊担任研究所顾问教授,并聘有 5 名正副兼职教授。所长为王浣尘,副所长为顾蔚文、刘樵良。系统工程研究所设立的内部机构,有大系统理论及应用研究室、经济控制论研究室、社会经济系统工程研究室、系统仿真研究室、系统工程方法论研究室、运筹学研究室,并建有系统工程实验室。系统工程研究所密切关注国际上新兴学科领域的重要突破,及时设立新的研究方向,积极开展战略对策研究。设立的主要科研方向有大系统理论及应用、经济控制论、社会经济系统工程、系统仿真、系统工程方法论、运筹学等。在科研方面,系统工程研究所努力创造符合我国国情的系统工程方法,开展"社会经济系统宏观决策和规划""决策辅助系统""随机离散系统""动态模式经济控制论模型""计量经济模型""系统动力学经济模型""能源系统工程""安全系统工程""人口系统工程""可行性研究""预测与系统分析"等理论、方法及应用方面的研究。③

为了适应科学技术综合化与交叉渗透的发展趋势,推动边缘学科和新兴学科成长,上海交大还决定建立跨系科研机构。1982 年 4 月,上海交大成

---

① 《关于建立上海市能源系统工程研究所的请示报告》,上海交通大学档案馆,案卷号:永久845。

② 《报请将能源系统工程研究所正名为系统工程研究所》(1983 年 3 月 17 日),上海交通大学档案馆,案卷号:永久925。

③ 《上海交通大学系统工程研究所简介》(1985 年),上海交通大学档案馆,案卷号:永久1122。

立生物医学工程、系统工程、海洋工程、能源工程、环境工程、热科学等 6 个跨系学科委员会。这些跨系科研机构挂靠在一个主要单位，通过学科交叉和各系之间的人员交流，组成结构合理、有一定攻坚能力的科研团队，对联合开发研究的课题进行组织协调，开展学术交流活动，进行多学科的合作研究。其中，张钟俊担任系统工程跨系学科委员会主任，吴健中、徐纪良、张连方担任副主任。当时，工业管理系是系统工程跨系学科委员会成员单位之一，该系成立于 1979 年。1984 年 4 月 11 日，教育部批复同意上海交大成立管理学院。上海交大管理学院由工业管理系和系统工程研究所扩建而成。管理学院设有工业管理系、决策科学系、工业外贸系三个系，以及系统工程研究所、人力资源管理研究室、计算机应用实验室 3 个研究机构。1985 年，管理学院与自动控制系联合建立系统工程博士后科研流动站。到 1991 年，管理学院设有工业管理工程、系统工程、管理科学、技术经济与工业外贸 5 个硕士点以及工业管理、系统工程 2 个博士点。

推动系统工程在社会经济领域的应用

为适应管理科学化趋势，张钟俊积极宣传管理科学，倡导大家学习、研究和应用管理科学。他认为："现代管理科学就是用控制论的观点、系统科学的方法，通过动态的决策过程和信息交换过程，综合地研究经济系统或社会系统内时间、物料、信息、能量和人，以及它们周围的社会、自然环境之间的关系，并以更积极的态度发挥人的能动作用来改造或控制这种关系，以便从定性和定量两方面都能证明达到了令人满意的状态。"并且，"管理科学既考虑静态优化，也考虑动态优化；既研究'大管理'，也研究'小管理'；既涉及'软'，也涉及'硬'；特别是把人放在第一位，研究人的心理、行为、人-机联系、人的劳动价值和舒适性等等。"所以，"管理科学是更全面、更高级、更积极地直接为人民服务的新兴科学"。[①] 他还深入浅出地介绍管理科学的研究方法及其发展趋势。关于管理科学发展趋势，张钟俊认

① 张钟俊、张启人：《论管理科学》，《管理现代化》1982 年第 1 期，第 4—7 页。

为：一要全面引进控制理论；二要发展智能管理；三要建立独特的管理系统理论；四是积极开展行为科学和人-机工程学的研究。[①]

　　系统工程是非常重要的管理科学方法之一。它按照系统思路，在某些特定条件下或某种指定的意义上，使所要处理的事物达到最好、较好或令人满意的结果。张钟俊在总结上海交大系统工程研究所服务国民经济实践及其效果的基础上，提出如何发挥系统工程为国民经济建设服务的作用以及如何促进系统工程学科发展的看法：一要努力赢得决策者更多的信任；二要与决策者密切对话，努力使工作具有尽可能大的针对性和实用性；三要向有关部门和专业人员学习，密切协作，才能取得切合实际的结论；四要努力创造符合我国国情的系统工程方法；五要在为国民经济服务的同时不断发展系统工程学科。[②] 可见，密切结合社会与经济发展实际，不断解决国民经济提出的新的复杂系统问题，是系统工程这门科学发展的原动力和生命力。作为学术带头人，张钟俊积极带领大家开展系统工程应用于国民经济的理论与方法研究。他与合作者将投入产出方法与线性规划相结合，提出一个地区的指导性生产计划管理模型，并提出分解-协调的求解方法；[③]应用环变量简化宏观经济系统问题的求解方法；[④]运用系统工程方法讨论能源经济系统的建模问题，以发展能源系统工程。[⑤] 另外，他还介绍和推广时间序列分析等新的研究方法。[⑥]

　　张钟俊在开展探索性研究之余，积极指导系统工程研究所的学术工作。在他的指导下，系统工程研究所积极开展系统工程应用于国民经济的研究

---

① 张钟俊、张启人：《论管理科学》，《管理现代化》1982 年第 1 期，第 4-7 页。

② 张钟俊、吴健中、王浣尘：《系统工程为国民经济服务的几点看法》，《系统工程》1984 年第 1 期，第 5-7 页。

③ 张钟俊、司春林、周斯富：《一个地区的生产计划管理模型》，《系统工程》1985 年第 4 期，第 11-15 页。

④ 张钟俊、周斯富：《应用环变量简化宏观经济系统问题的求解方法》，《系统工程》1985 年第 1 期，第 12-20 页。

⑤ 张钟俊、张启人、林国涕：《论能源经济系统》，《信息与控制》1983 年第 2 期，第 23-27 页。

⑥ 张钟俊：《一门新兴的边缘学科——现代时间序列分析》，《信息与控制》1988 年第 4 期，第 62-64 页。

工作,如管理科学、系统工程和重大科学技术的预测、论证等,并承担了许多与国计民生有关的科研项目。系统工程研究所接受的研究、推广和转让项目与课题,有国家科委下达的"华东地区能源政策研究",上海市科委下达的"上海市近期能源-经济模型的研究""上海港新港址方案的评价与选优""用光纤通信技术改造上海市内电话通信及建立光纤新兴工业的可行性研究""上海市科技发展重点行业的评价"等。[①]

科学合理地做好上海港新港址的选址,是上海市建设新港区急待解决的问题。当时,有关方面经过多次反复比较、筛选,提出 4 个选址方案,即罗径、七丫口、外高桥和金山咀。对于这类投资额大、工期长、涉及面广的多学科、大规模的建设项目,必须在初步可行性研究中采用系统工程方法对新港址进行评价和选优,为领导决策提供科学依据。接受这项研究任务后,系统工程研究所通过查阅大量资料、现场勘察、走访各有关新港区的可行性研究分项咨询单位,多次与上海市港务局有关领导、设计人员讨论,采用特尔菲法征询有关专家的意见。最后,他们将建设新港区必须考虑的全部因素和港口建设以后产生的效果和利弊,运用系统工程方法抽象化为 9 大类共 70 条的港址评价指标体系,建立数学模型,再借助计算机的仿真计算,算出新港址的"可能满意度",既满足客观需求,又考虑实际可能。[②] 系统工程研究所将这项任务的研究报告与数据递交给上海市有关领导部门,被认为选址论证工作有了新的突破,已经作为上海市政府对上海港新港址进行决策时的主要依据之一。

系统工程研究所积极开展"人口控制论"理论与应用的研究。其中,王浣尘参与航天工业部 701 研究所宋健主持的"人口系统定量研究及其应用"课题。这项课题运用系统工程和控制论的方法进行因素分析,理论与实际相结合,定性与定量相结合,找出了我国约 70 年的人口大周期,应用大系统理论与最优控制理论,得出了人口控制的大系统结构及优化方案。该课题

---

① 《上海交通大学系统工程研究所简介》(1985 年),上海交通大学档案馆,案卷号:永久 1122。

② 王浣尘、吴健中、王鹤祥:《用系统工程方法对上海新港址进行评价和选优》,《系统工程理论与实践》1984 年第 2 期,第 46 – 52 页。

第八章　系统工程研究与应用 | **183**

从 1978 年开始,历经 10 年的研究,从理论和实践上解决了我国人口控制的战略目标问题。有些建议被相关政府部门采纳和实施,为我国人口控制的战略研究和应用做出了重要贡献。1987 年 7 月,宋健主持并与王浣尘、于景元等人合作完成的研究成果"人口系统定量研究及其应用"获得 1987 年度国家科技进步奖一等奖。[①]

除了上述研究工作,系统工程研究所还承担了多项社会、经济与区域规划方面的课题,如负责完成牡丹江、常熟等城市的远景规划,我国钢铁工业发展规划咨询研究等。其中,成果最为突出、社会影响最大的是关于新疆维吾尔自治区社会经济发展规划的咨询研究。这些课题的研究成果为经济建设、社会管理、决策科学化提供了科学依据,取得了比较显著的社会效益和经济效益,为社会与经济发展做出了贡献。这也反映出当时的政府决策机构对系统工程的应用是比较重视的。

总之,在张钟俊的指导和带领下,系统工程研究所积极将理论应用于实际,努力探索我国社会经济系统定量和定性相结合的新局面,应用各种方法建立了一批社会经济模型,撰写了大量咨询报告,为国家科委、国家计委、上海市科委等有关部门的经济规划、体制改革、政策修订及重大问题决策提供了科学依据和咨询意见。这些研究课题的开展,也提高了系统工程研究所学术队伍的学术水平,带动了学科建设。1979 年,上海交大开始建设系统工程学科。起初,大家对这门新学科非常陌生。经过上述重要课题的研究和磨炼,研究队伍的学术水平迅速提升,在国内外学术界建立起良好的声誉。由于出色的研究成果及其产生的影响,上海交大系统工程研究所成为全国系统工程界的一支重要力量,与其他研究机构一起共同开创出我国系统工程学科发展史上令人惊喜的辉煌时代。

新疆发展规划咨询课题

1982 年,受新疆维吾尔自治区政府委托,上海交大系统工程研究所开展

---

① 王宗光:《上海交通大学史》(第七卷,1978—1991),上海交通大学出版社,2016,第 180 页。

"新疆维吾尔自治区长期发展规划"咨询课题的研究。在张钟俊的主持下，系统工程研究所采用系统工程方法研究新疆维吾尔自治区社会经济模型，为新疆 2000 年社会经济发展规划的制订提供了咨询意见。

当时，国务院副总理、上海交大校务委员会主任王震希望上海交大充分发挥学科优势，积极开展国内区域合作，在教学、科研等方面支持新疆维吾尔自治区的发展。1982 年 8 月 6—19 日，上海交大党委书记邓旭初等根据王震"交大要支援新疆高等教育事业"的指示，来到新疆参观考察。他们访问了乌鲁木齐、伊犁、石河子等地的高校，洽谈了上海交大支援有关高校建设的办法和形式，具体包括招收新疆大学生、接收新疆有关大学教师来上海交大进修、选派教师到新疆高校讲学、支援新疆高校图书设备等。8 月 17日，新疆维吾尔自治区党委第一书记王恩茂等接见了邓旭初一行，并听取了上海交大对新疆各项工作的建议和设想。在接见时，邓旭初向王恩茂提出："王震同志要我们支援新疆，我们访问了新疆有关高校，我们所能提供的帮助实在是微乎其微。新疆 2000 年的建设规划还未制订，上海交大愿意用系统工程学科协助新疆制订这个规划"。王恩茂当即赞许邓旭初的建议，并同

与上海交大管理学院吴健中教授讨论工作

意派人到上海交大具体洽谈。① 于是,上海交大把援疆工作作为学校的一项重要工作来实施,在发展规划、培养人才、资源勘探、工业发展等方面承接了10项任务。当年9月3日,《光明日报》报道上海交大从10个方面支援新疆高教事业发展的消息。其中,提到上海交大选拔一批学有专长的博士去新疆参加自治区经济长远发展规划的制订。

1982年10月下旬,新疆维吾尔自治区教育厅党组书记、副厅长袁治章一行13人来到上海,与上海交大领导及有关部门共同研究落实有关招生、教师进修、聘请教师讲学、支援图书设备等事宜。11月14日,王恩茂致信邓旭初,提出"热烈欢迎贵校派出一批学有专长的学者来疆帮助我们搞新疆的建设规划"。② 1983年2月,上海交大派出以系统工程研究所张钟俊、吴健中为首的代表团奔赴新疆,对新疆进行访问和调查。8月,新疆维吾尔自治区计委和上海交大签订"关于宏观社会经济模型在新疆应用的研究"课题协议书。协议书规定课题的总任务是"为制订新疆维吾尔自治区2000年的社会经济发展战略,实现工农业总产值翻两番,人均工农业总产值达到全国中等以上水平的目标,提供咨询意见"。11月下旬,张钟俊再次带领系统工程研究所首批课题组成员进入新疆考察,搜集、研究和分析来自新疆各地的大量资料。

课题组对50万个关于1949年以后新疆维吾尔自治区经济发展状况的统计数据做了整理和分析,从中萃取5万个数据作为建立数学模型的依据,并决定以定量为主、定性为辅的建模方针。在大家的努力下,课题组建立了描述宏观经济的系统动力学模型、反映各生产部门间相互依赖关系的投入产出模型以及采用状态空间描述的动态经济控制模型,还完成了一个附属的特尔菲型专家咨询系统。根据模型,课题组在计算机上模拟获得新疆维吾尔自治区在1990年至2000年能够达到的各项经济指标,并提供了实现这些指标的具体方案,描绘出21世纪新疆维吾尔自治区的远景,还指出潜在的问题。经过调查、建模、仿真和研究等环节,最后课题组完成《新疆维吾尔自

---

① 邓旭初:《忆上海交大重振雄风》,东方出版社,1995,第109页。
② 同上书,第110页。

治区 2000 年经济建设和社会发展规划宏观战略咨询报告》。在这项研究中，课题组取得的最大成果是运用 SD(简称 XJ—MASEM—SD)方法建立的"新疆宏观社会经济模型—SD"。运用 SD 方法建立宏观社会经济模型，以辅助一个省(区)的长期发展规划，本身就是一项很有意义的探索性工作。这个经济模型体系的建立，经历了以下阶段。①

(1)模型与模型体系。接受任务以后，课题组碰到的第一个问题是探索完成这一任务的途径。因为对社会经济系统进行定量分析、研究的各种数学模型，其理论基础与技术手段各不相同，它们各有适用的范围，也各有优缺点。任何类型的模型，都是复杂的实际系统的简化与抽象，它们所容纳的变量是有限的，所研究的相互作用、相互影响也只是局部性质的。因此，运用一种模型是难以完成辅助一个省(区)社会经济长期发展规划这样的重任。鉴于此，他们认为必须建立一个比较完备的模型体系。他们根据任务的性质，考虑到各种模型与方法的功能及特点，建立了定量与定性相结合的新疆宏观社会经济模型体系。这个体系由系统动力学模型、投入产出模型、动态模式经济控制论模型及特尔菲咨询系统等四个部分组成。各个部分都有自己特定的目的，既能独立工作又能相互配合。

(2)建模准备。新疆宏观社会经济模型—SD 是上述模型体系中的系统动力学模型。课题组选用系统动力学方法，是因为这种方法适合做长期的、动态的、战略的分析和研究，尤其擅长处理非线性关系及多重反馈环的交互作用，并能获得其他模型难以获得的结果。然而，系统动力学方法在我国的研究和应用还处在萌芽状态，用于建立省(区)级的宏观社会经济模型尚无先例。为此，课题组从三个方面做了准备。一是在技术上的准备。首先，探索系统动力学方法的理论基础与方法论，分析了国外一些著名模型，并在交大 B—1955 电子计算机上用 FORTRN—77 语言编写出系统动力学模型的程序。二是在宏观经济理论上的准备。建立宏观社会经济模型，必须接受经济理论的指导。由于种种原因，我国经济理论的研究长期落后于经济发

---

① 吴健中、王浣尘、苏懋康：《新疆宏观社会经济模型—SD 简介》，《系统工程》1985 年第 4 期，第 16 - 20 页。

展与改革实践,对于经济概念与经济关系定性描述的居多,定量描述的极少。为此,课题组主动学习国外的经济理论,从中吸取经过实践证明、理论上比较成熟而又适合我国国情的部分。三是关于建模对象(新疆)的数据资料等方面的准备。课题组先后四次来到新疆,与新疆有关领导座谈,详细了解情况,还到新疆各地做实地考察,掌握了大量的第一手资料。课题组还利用特尔菲咨询系统的结果,了解了国内(包括新疆)数十位著名学者、专家对开发新疆的具体看法。课题组反复学习、深入领会中央领导同志视察新疆时做的一系列重要指示,查阅了国内外有关新疆社会经济问题的大量文献,分析研究了新中国成立30多年来新疆社会经济发展的统计资料,处理了数十万个数据。

通过这些细致而扎实的基础工作,课题组基本上弄清了新疆的历史、现状和2000年的奋斗目标,了解了新疆的人口、地理、环境、资源、气候等状况及其演变规律,尤其是摸清了开发新疆的六大制约因素:一为缺乏资金;二为地域广、运距长;三为有限的水资源在地域上、季节上的分布严重不合理;四为基础设施差、底子薄;五为缺乏技术和专业人才;六为具体资源情况尚不清楚。这样,就为新疆宏观社会经济模型—SD目的的确立、变量的选择、参数的提炼,做了非常充分的准备。

(3)模型目的。建立新疆宏观社会经济模型—SD,主要有两个目的:一是探讨实现新疆既定的2000年宏伟目标需要怎样的内外条件以及应该采取怎样的对策;二是要展望21世纪,提出某些应引起注意的潜在问题。根据模型目的,针对开发新疆的六大制约因素,课题组试图通过模型开展以下方面的工作:第一,探讨新疆经济发展的资金条件,预测对于实现既定的2000年目标,20年间工业、农业及交通运输业累计投资总规模并给出它们逐年参考投资量。第二,探讨交通运输业合理的发展规模以及交运投资与工农业投资的合适比例。第三,探讨水资源对新疆开发的总限度以及水资源利用系数的提高对新疆土地开垦、农业生产等的影响。第四,预测新疆主要社会经济变量,如工农业总产值、人口、耕地、已开发的水资源、非再生能源年开采量、科技人员及运力等在各种方案条件下至2000年的时间轨迹。通过对比、分析和评价,提出建议的发展方案。第五,通过模型上的试验,评价各种政策,如提高固定资产交付使用率、提高交运投资比重、提高水资源利用系数、提高新疆投资自筹能力、控制人口迁移等。第六,预测在各种自然增长率及迁移条件下,21世纪中叶新疆人口的发展情况,为制订合理的人口政策提供科学依据。第七,探讨资源有限性对新疆21世纪人口及经济发展的影响,针对潜在的问题提出积极的对策。

(4)模型总体结构。新疆宏观社会经济模型—SD仅考虑总量问题,没有涉及部门经济结构及省(区)内部区域经济结构等细节问题。为此,根据模型目的,课题组确定模型由五大子系统组成,即工业子系统、农业子系统、交通运输子系统、人口子系统和资源子系统。这个经济模型的集结程度比较高,上述五个子系统共含变量140个,包括流位变量11个。社会经济系统是极其复杂的,除了子系统内的变量有关联外,子系统之间还有错综复杂的关联。

(5)模型工作格局。模型建成之后,课题组进行了试算,并就模型的结构及试算结果进行了深入的讨论。课题组将模型工作分为三个阶段:第一阶段是验证模型的有效性,仿真时间从1950年到1982年。第二阶段是研究如何实现2000年宏伟目标,仿真时间从1950年到2000年。第三阶段是展示21世纪及之后的远景,研究可能出现的潜在问题,仿真时间从1950年到2100年。模型仿真的起始时间选在1950年,课题组将1950—1982年这33年的历史数据与模型仿真运行的结果相对照,作为考核模型有效性的重要依据。课题组考查了工农业总产值、人口、非再生能源产量、在耕地及已开发的水资源等8个主要社会经济变量。从仿真曲线看,与历史曲线基本吻合。从数值对照看,168对数据中有87%相对误差小于5%。这样,就证明了新疆宏观社会经济模型—SD的有效性。

第一阶段的工作是在模型上"顾后",其目的是为了在模型上"瞻前"。为了突出研究至2000年工农业年总产值翻两番半的主题,课题组将"瞻前"分为两阶段(即第二阶段与第三阶段)。第二阶段的工作是围绕如何实现2000年的目标这一中心而展开,这是模型工作的重点。在模型工作的第三阶段,课题组看得更远,就21世纪发展的若干潜在问题展开讨论,以便为新疆制订2000年社会经济发展规划从另一个角度提供有价值的信息。在这个阶段,课题组运用模型进行具体的应用,详细讨论资金问题、运输问题、水资

源问题、人口问题和资源问题。①② 最后,课题组在咨询研究报告中建议新疆
2000 年的战略目标是:工农业总产值 408 亿元,翻 2.543 番;人均工农业总
产值 2 366 元,属于全国中等偏上水平;工业产值占工农业总产值的 67%。
在咨询研究报告中,课题组对实现上述战略目标的条件,如人口、资源、水资
源、能源资源、交通运输能力、科技人员需求量等,都给出了数据,提出了若
干对策。还对新疆 1990 年、2000 年主要产品产量的初步安排进行论证,还
展望 21 世纪的发展远景,探讨某些值得注意的潜在问题。③

1984 年 6—7 月,新疆维吾尔自治区计委有关人员来到交大,共同召开
新疆宏观社会经济模型研讨会,充分肯定了课题研究的结果。随后,张钟俊
率领交大课题组一行 8 人来到新疆,向新疆维吾尔自治区党委、政府和规划
委员会汇报课题研究的结果及咨询意见。9 月 3 日,新疆维吾尔自治区党委
书记祁果、自治区政府副主席田仲、沙比尔、王素甫、黄宝璋等 20 余人听取交
大课题组提出的宏观战略咨询意见。汇报之后,新疆维吾尔自治区党政领
导对研究结果给予了很好的评价,认为研究结果符合新疆的实际,提出的咨
询意见也符合新疆的实际,可以作为新疆维吾尔自治区编制长远规划的参
考依据,具有实际应用价值。新疆维吾尔自治区计委领导同志说:"上海交
大系统工程研究所提供的咨询意见对新疆正在进行的规划工作具有参考和
咨询作用,工作质量是好的。……特别是在提供数据的及时性和完整性不
够理想的条件下,交大同志克服了种种困难取得了上述成果,我们表示满
意。"④1984 年 9 月 5 日,新疆维吾尔自治区政府给上海交大发来感谢信,内
容如下。⑤

---

① 吴健中、王浣尘、苏懋康:《新疆社会经济发展的若干制约因素之探讨——新疆宏观社会经济
模型—SD 应用之一》,《系统工程》1986 年第 1 期,第 17 - 22 页。

② 吴健中、王浣尘、苏懋康:《二十一世纪新疆人口及某些资源问题的展望——新疆宏观社会经
济模型—SD 应用之二》,《系统工程》1987 年第 1 期,第 21 - 29 页。

③ 上海交通大学系统工程研究所:《新疆维吾尔自治区 2000 年经济建设和社会发展规划宏观
战略咨询报告》,1984 年 9 月。

④《发挥学科优势,在教学、科研上支援边疆社会主义四化建设》(1987 年 6 月 11 日),上海交通
大学档案馆,案卷号: 长期 3660。

⑤ 邓旭初:《忆上海交大重振雄风》,东方出版社,1995,第 111 - 112 页。

上海交通大学并邓旭初同志：

应自治区党委第一书记王恩茂同志的邀请，贵校系统工程研究所于1983年2月来疆承担2000年经济发展规划的咨询课题。并于同年8月在贵校签订了《关于宏观社会经济模型在新疆应用研究》协议书。经过一年半的努力，贵校系统工程研究所出色地完成了协议书规定的咨询任务，已于今年9月3日向自治区党委、人民政府及规划委员会做了汇报。9月5日向各厅、局、各大学有关同志做了报告。

贵校系统工程研究所应用系统工程的方法，通过收集资料、建立新疆宏观社会经济模型和大量的计算机仿真工作，提出的关于新疆2000年经济发展规划的战略目标，实现目标的主要约束条件以及分析对策等咨询意见，符合新疆的实际，可以作为新疆维吾尔自治区编制长远规划的计算依据，确实具有实用价值。自治区对贵校系统工程研究成果（咨询意见）十分满意，并表示衷心的感谢。

目前，国内利用系统工程的方法进行一个省（区）的宏观经济发展规划的应用研究是属第一次，在国际范围内也只有少数大型国际研究机构才能承担这类任务，而且完全成功的也不多。而贵校系统工程研究所的同志们在十分困难的条件下，不怕困难，勇于探索，紧密联系经济建设实际，努力攀登科学技术高峰的精神，闯出新的路子和取得的成绩，是值得赞赏、庆贺和学习的。

热切希望贵校系统工程研究所在完成战略模型和宏观咨询的基础上，再接再厉，继续完成研究新疆社会经济发展规划的工作模型，做出利用系统工程和计算机现代化科学方法和手段编制五年规划的最终课题，为支援新疆做新的贡献。

　　此致

　　敬礼！

新疆维吾尔自治区人民政府

一九八四年九月五日

1984年9月，上海交大系统工程研究所完成"新疆维吾尔自治区长期发展规划"咨询课题的研究。中央与上海市主要报纸都做了报道，如《解放日报》以《上海交大系统工程研究所完成新疆宏观经济模型》为题进行报道，其中写道："国内利用系统工程方法进行一个省(区)的宏观经济发展规划的应用研究这还是首创，即使在国际上，此类范围的研究也尚属鲜见。"①1986年，研究成果《新疆经济及社会发展长远规划的咨询研究报告》获得上海市科学技术进步奖三等奖。后来，系统工程研究所又开展新疆社会经济发展计划工作模型的研究，建立的"新疆经济计划工作模型"获得1990年国家教委科技进步奖二等奖。

在课题研究过程中，张钟俊自始至终亲力亲为，事必躬亲，亲手指导并直接参与资料调研、数据分析、系统建模等工作，直至研究结果达到令人满意的程度。其间，张仲俊两次奔赴新疆开展实地考察和调研。课题组重要成员王浣尘回忆说："按中央领导下达之任务，受新疆维吾尔自治区党政领导的邀请，上海交通大学党委指派系统工程研究所赴新疆调研并制订中长期发展战略研究报告。这在当时是开系统工程界关于省区发展战略研究的先河，其难度可想而知。任务紧迫而又艰巨。幸亏有张先生不畏艰难，领衔挂帅，我们年轻的晚辈才敢勇挑此重担。更难能可贵的是，张先生不顾年迈，亲自带队，多次风尘仆仆前去新疆实地调研考察，老中青相结合，奠定了课题取得成果的基础。"②这项研究成果还是多学科合作、协同研究的结果。其时，交大图像处理研究所也参与了这项课题的研究。据该所研究人员李介谷回忆："1982年，我们图像所参加了他(张钟俊)所主持的'新疆维吾尔自治区长期发展规划'咨询的项目，主要负责通过空摄图像来调查新疆地区的水资源。一开始先生就频频告诫我们，对于拿到的课题不要有单纯任务观点，要努力使课题的操作在新疆真正起到作用，从而在项目一开始就把立足

① 《上海交大系统工程研究所完成新疆宏观经济模型》，《解放日报》，1984年9月16日第一版。
② 王浣尘：《怀念恩师张钟俊先生》，载席裕庚主编《厚德博学　孜孜一生——纪念张钟俊先生诞辰100周年》，上海交通大学出版社，2015，第137－138页。

点提到了一个相当的高度。"①

"新疆维吾尔自治区长期发展规划"咨询课题是我国第一次采用系统工程方法开展大规模区域经济发展规划的研究项目。所取得的成果"新疆宏观社会经济模型"是我国在系统工程应用领域取得的重要成就,有力地推动了我国系统工程的研究和应用,在我国系统工程学科发展史上具有十分重要的地位。这项研究成果为新疆维吾尔自治区制订经济发展规划提供了科学依据,为支持少数民族地区发展做出了重要贡献。

建立系统工程学术重镇

张钟俊十分重视人才培养,注重在宏观方向和方法论上指导年轻教师,言传身教地带出了一支优秀的学术梯队。他主张学术民主,尊重年轻教师的意见。在他的倡导下,不仅在自动控制系"控制沙龙"上可以不分长幼师生,各抒己见,切磋学术,而且在平时也可以七嘴八舌地进行争论,开展讨论,活跃学术氛围,鼓励大家取长补短,共同提高。他还注意发现和提携年轻教师,创造机会将他们推到学术研究的第一线,让他们承担国家级项目,使他们尽快形成高水平的独立工作能力。

张钟俊不仅对年轻教师、研究生从严要求,而且注意传授科学方法、严谨学风和创新精神。他主张并坚持用美国著名大学培养研究生的办法,要求研究生具备坚实的数学基础,熟悉计算机的应用,要求大家探讨控制论科学的前沿问题,鼓励他们提出创造性的见解。他要求博士研究生在读好政治课、外文和一些专业课的同时,必须阅读自己主攻的学科方向的国内外最新论文 50 篇以上,并清楚这一学科方向的历史情况、发展动态及存在的问题。博士研究生许晓鸣跟他讨论,确定工业大系统方向的学位论文题目以后,足足花了半年时间阅读了 60 多篇外文文章,不仅提高了外文阅读能力,而且掌握了这一领域前人已经做过的研究工作,得以在新问题上提出自己

---

① 李介谷:《济济多士,秉文之德——纪念张钟俊教授百岁诞辰》,载席裕庚主编《厚德博学 孜孜一生——纪念张钟俊先生诞辰 100 周年》,上海交通大学出版社,2015,第 135‐136 页。

的创见。后来,许晓鸣完成博士论文《工业大系统的预测控制》。对此,王浣尘说:"对于系统工程博士和博士后的培养模式,张先生做出了创新示范。犹如博士论文答辩决议书的四段模式,在我们系统工程学科和管理科学与工程学科博士生答辩中,被同行美称为'交大模式',得到推广。"①

博士后研究人员既是开展科研工作的重要力量,也是学校补充学术梯队和师资队伍的重要来源。经国家科委批准,1985 年 11 月,上海交大建立第一个博士后科研流动站——自动控制博士后科研流动站,包括自动控制理论及应用和系统工程两个专业,张钟俊为流动站负责人。1987 年 1 月,录取倪路伦为自动控制流动站博士后研究人员,这也是上海交大历史上第一位博士后研究人员。倪路伦毕业于英国威尔士大学,1987 年 2 月进站,合作导师为王浣尘教授,1989 年 3 月出站,进入复旦大学管理学院工作。至 1990年,自动控制博士后流动站共有 10 名博士后研究人员进站工作。②

在张钟俊的精心培育和提携下,上海交大自动控制与系统工程学科很快就形成了一支研究能力比较突出、年龄结构比较合理的学术队伍,在全国具有相当高的学术声誉。在 1988 年国家教委组织的全国首次高等学校重点学科评选中,上海交大的振动冲击噪声、金属材料及热处理、热力涡轮机械、通信与电子系统、自动控制理论及应用、模式识别与智能控制、船舶结构力学、船舶流体力学 8 个学科被列为高等学校重点学科。对于张钟俊在上海交大自动控制与系统工程学科建设和发展过程中的重要贡献,王浣尘说:"20世纪 80 年代初,张先生热情鼓励我回上海交通大学工作,并积极推动操办工作调动事宜。继而又为系统工程在上海交通大学的发展开辟了一片新天地。短短只有二三年时间,在张先生带领和推动下,系统工程成功地创建了硕士点、博士点,并且不久又以自动控制和系统工程两个方向联合创建博士后流动站,率先为上海交大创建了第一个博士后流动站。如果没有

---

① 王浣尘:《怀念恩师张钟俊先生》,载席裕庚主编《厚德博学 孜孜一生——纪念张钟俊先生诞辰 100 周年》,上海交通大学出版社,2015,第 137－138 页。
② 《1987—1989 年本校接收博士后统计表》(1990 年 4 月),上海交通大学档案馆,案卷号:JX588。

张先生的关怀和提携,年轻的晚辈不可能在如此短时间内取得如此一系列的进展。"①

　　在张钟俊的指导和带领下,上海交大系统工程研究所在系统工程理论与应用研究方面取得了十分突出的成绩,学术声誉迅速攀升,成为全国系统工程领域重要的学术阵地。张钟俊还主动向国际学术界介绍中国在系统工程研究与应用领域取得的成绩。他参加过两次国际系统科学与系统工程学术会议。1980 年,他赴美国参加国际系统工程学术会议,在会议上宣读论文《中国系统工程的发展与新贡献》,引起各国学者的极大兴趣。

---

　　① 王浣尘:《怀念恩师张钟俊先生》,载席裕庚主编《厚德博学　孜孜一生——纪念张钟俊先生诞辰 100 周年》,上海交通大学出版社,2015,第 137 - 138 页。

第九章
教书育人

编译教材

　　张钟俊的编写教材之路，可追溯到 20 世纪 30 年代他在美国求学时期。1937 年夏天，麻省理工学院电机系计划组织编写《电路学》教材，当时攻读博士学位的张钟俊被学校委任为研究员，每周花费 20 小时协助 E. A. 吉耶曼教授完成教材的编辑工作。同年，张钟俊完成了题为 *Short Circuit Analysis of Single Phase Machine* 的毕业论文撰写和答辩工作，并顺利获得科学博士学位。

　　1938 年回国后，张钟俊陆续收到了清华大学、武汉大学、广西大学和浙江大学四所学校的聘函，最终选择带着弟弟和妹妹远离战区，前赴四川任教。在重庆交大电信研究所任教时期，他把萨本栋的事业成就作为自己人生奋斗的目标，并希望通过发表国际论文等形式，在国内外的科学研究及行政事业上有所建树。为了克服当时学术期刊文献资源匮乏的困境，他通过借阅将论文缩印成很小方块形状的幻灯片，阅读了大量的英、法论文，深入钻研了"电信网络"和"伺服电机"两个领域。1943 年 1 月，张钟俊用英语完成了《电信网络（上册）》的初稿，后在上海龙门书局作为英文影印本 *Communication Networks Vol. I* 印出。同年，他还为学校编辑出版了当时唯一的一期《交大学报》，其中刊有他的一篇英语论文——*An Approximate*

Solution of High Order Algebraic Equation。随后，张钟俊还与当时的助教阮善先①合译了 L. F. Woodruff 的著作——*Principle of Electric Power Transmission*②，中文译本名为《电力传输》③，在 1949 年 9 月由上海龙门书局出版。

两年后的春天，鉴于中文教本的需要，以及受到龙门书局的特约，张钟俊以当时美国高校普遍采用的教材——W. H. Timbie 和 V. Bush 合著的 *Principle of Electrical Engineering*④ 为蓝本，参考一本德文和三本俄文的相关书籍，编辑完成了《电工原理》⑤的上册部分，用作国内高等院校电机系"电工原理"的课程教材。然而，当时国内的科研水平还远远落后于国外，能以这本教材作为教科书用于教授"电工原理"课程的老师并不多。因此，这本珍贵的教材后来逐渐为新编书籍代替，但张钟俊为我国高等教育事业编写教材之梦并未由此而破灭，反而才刚刚开始。

1951 年夏，应东北科学院之邀，张钟俊赴长春开展为期一个月的讲学，主要教授网络综合和伺服机件原理等课程内容。讲学结束后，他在沈阳、哈尔滨和大连等地一些单位参观访问。其间，苏联专家对中国建设所给予的无私帮助，令张钟俊记忆尤为深刻。他开始对苏联的科学技术有了新的认识和评价，"必须学习苏联"的想法就此萌芽。同时，机缘巧合，这一年，教育部也着手组织开展以"向苏联学习"为主要方向的全国高等学校工学院院系调整工作，并于次年进行了大规模的综合性大学调整。各高校纷纷响应国家号召，效仿苏联的教育、教学经验，制订课程丰富、安排严密的新教学计划，提出"由于苏联教材理论性强，所以基础课都以苏联教材为主。学习苏联大学的教学方法，将原先的讲授课程、实验、实习、考试等教

---

① 阮善先，高级工程师，1943 年毕业于交通大学电机系。

② L. F. Woodruff, *Principles of Electric Power Transmission*. (New York: John Wiley & Sons, Inc, 1938).

③ L. F. Woodruff：《电力传输》，张钟俊、阮善先译，龙门联合书局，1949。

④ W. H. Timbie & V. Bush, *Principle of Electrical Engineering*. (New York: Wiley, 1922).

⑤ 张钟俊编《电工原理》，龙门联合书局，1951。

学环节,增加成为课堂讲授、课题学习、习题课、实验课、辅导、答疑、质疑、生产实习、毕业实习、学年论文、课程设计、毕业论文、毕业设计等"①具体实施办法。当时中国的电力系统教育状况令人担忧,加上张钟俊内心"学习苏联"的坚定想法,促使他决心学习俄语。东北之行结束后,他坚持每天抽出三小时的时间学习俄文,以期通过亲自翻译一批前沿的苏联电学教材,提高国内电力专业本科教育与教学水平,推动我国高等工程教育的发展。

仅仅用了一年的时间,张钟俊的俄语水平已经达到可以借助字典而独立翻阅俄文技术书籍的程度了。于是,从1952年秋季学期开始,他全部采用苏联教材进行教学,陆续主讲了电力网、电工原理、伺服机件、电讯网络等课程。其中,在教授"短路电流"课程时,他利用闲暇时间,边教边译,完成了苏联高教部的课程审定教本——乌里扬诺夫的《电力系统短路》②——的全译工作。1953年春季学期,张钟俊讲授"电力系统稳定"课程,其间,他又全译了日丹诺夫的《电力系统稳定》③一书。其俄语学习能力和俄语水平由此可窥一斑。在1953年底的全校教师俄文专业阅读考试中,他还获得了第一名的好成绩。

后来的几年时间里,张钟俊又陆续翻译了大量苏联教材,如《初级电工原理》④(1954)、《电力系统短路》课程的另外两本配套教材——《短路电流实验指导》⑤和《电流习题集》,以及《电力网及电力系统》⑥(1955)、《电力系统暂态过程》(上、下)⑦(1959)和《动力系统运行方式》⑧(1965)等。另外,又与他

---

① 盛懿、孙萍、欧七斤:《三个世纪的跨越——从南洋公学到上海交通大学》,上海交通大学出版社,2006,第240页。
② (苏)乌里扬诺夫(C. A. Ульянов):《电力系统短路》,张钟俊译,燃料工业出版社,1954。
③ (苏)П. C. 日丹诺夫:《电力系统稳定》,张钟俊译,龙门联合书局,1953。
④ (苏)B. Ю. 罗蒙诺索夫、(苏)K. M. 波李凡诺夫:《初级电工原理》,张钟俊译,燃料工业出版社,1954。
⑤ (苏)C. A. 乌里扬诺夫:《短路电流实验指导》,张钟俊译,燃料工业出版社,1955。
⑥ (苏)A. A. 格拉祖诺夫:《电力网及电力系统》,张钟俊译,水利电力出版社,1955。
⑦ (苏)P. 鲁登堡:《电力系统暂态过程》,张钟俊译,水利电力出版社,1959。
⑧ (苏)И. M. 马尔柯维奇:《动力系统运行方式》,张钟俊译,中国工业出版社,1965。

人合译了《电力网运行情况计算》①和《高压电力网的继电保护装置》②等著作，并于 1961 年撰写《电力系统电磁暂态过程》③一书。上述一系列完整的电学教材，为我国高等工程教育之电力系统工程人才培养提供了丰富的教学资源，不仅填补了当时国内该领域教学用书的空白，而且影响深远，时至今日，部分教材仍被一些高校选作教学用书。张钟俊编写教材的功力之深厚、影响之深远，由此可见非同一般。

自 1962 年张钟俊将主要研究方向逐渐调整为控制理论后，他广泛吸收国际学术界相关领域的先进技术，并很快成为国内这一学科的带头人。1973 年，他加入潜航惯性导航研究课题组，并亲自编写了《矩阵方法和现代控制理论》讲义，从而可以更好地向课题组成员讲解现代控制理论。在他的指导与协助下，团队应用卡尔曼滤波技术，解决了惯性导航系统的反馈信号处理问题，完美地实现了大幅度提高导航精度的目标。

1978 年，为了更好适应科学技术、教育事业的发展之需，稳步推进高等学校教材的改革工作，国务院下发 (1978) 23 号文件，批准试行教育部起草的《关于高等学校教材编审出版工作若干问题的暂行规定》。根据这一规定，当时主要负责国家国防工业造船工程的六机部，下发了高等学校造船专业教材编审出版计划的通知，并由中国船舶工业总公司负责船舶类专业规划教材的编审和出版的组织工作。上海交通大学承担了主审 13 本教材的任务，张钟俊负责其中《现代控制理论基础》的主审工作。

1983 年春末夏初，张钟俊与南开大学的王翼教授共同编写了《控制理论在管理科学中的应用》④一书，并于次年交付湖南科学技术出版社出版。作者将这本教材定位为"向从事管理工作的读者介绍现代控制理论的基本原

---

① (苏) H. Λ. 米里尼柯夫：《电力网运行情况计算》，王祖佑、戴景宸译，张钟俊、陈以鸿校订，燃料工业出版社，1954。

② (苏) Г. И. 阿塔别阔夫：《高压电力网的继电保护装置》，李惠亭、王祖泽、张钟俊译，电力工业出版社，1956。

③ 张钟俊编《电力系统电磁暂态过程》，中国工业出版社，1961。

④ 张钟俊、王翼：《控制理论在管理科学中的应用》，湖南科学技术出版社，1984。

理和方法,同时介绍控制理论在管理中应用的若干实例"[①],并指出,现代控制理论距当时已有二十多年的发展历史,其中为人所熟知的,包括 L. S. 庞特里亚金[②]的最优控制理论、R. 贝尔曼[③]的动态规划,以及 R. E. 卡尔曼的滤波与系统的能控性[④]和能观性[⑤]等。除了在空间科学和过程控制方面的应用,现代控制理论在管理科学领域的应用尝试亦逾十年,国外各种成功案例屡见不鲜。这让张钟俊深刻意识到,国内学科的起步与发展可以借鉴这些既有应用经验中的管理理论和方法,但万万不可照搬。因此,他在书中郑重写道:控制理论的应用"必须从我国的实际情况出发,逐步发展符合我国实际情况的管理科学",从而更好地"促进我国管理现代化,使之适应四化建设发展的需要"。[⑥]

在清晰而明确的学科发展思路和扎实而全面的知识储备支持下,张钟俊将全书分为四大章节,系统地分析了控制理论在管理科学中的应用。从"引言"部分开始,由浅入深地概括、总结了现代控制理论与管理科学的关系、动态管理决策的特征、管理系统与电子计算机和管理科学的普遍性与特殊性等理论研究及国家管理科学现状;其后的"动态规划及其管理应用""变分法和最大值原理的管理应用""线性管理系统"三大章节中,

---

① 张钟俊、王翼:《控制理论在管理科学中的应用》,湖南科学技术出版社,1984。

② Lev Semionovich Pontryagin, 1908—1988,苏联数学家、科学家,研究领域涉及拓扑学、代数、控制论等,以最优控制理论和极值原理著称。

③ Richard Bellman, 1920—1984,美国数学家、美国艺术与科学研究院院士和美国工程科学院院士、动态规划的创始人。

④ 能控性,即动态系统的能控性和能观性,是揭示动态系统不变的本质特征的两个重要的基本结构特性,两者是相对的概念。能控性,控制作用对被控系统的状态和输出进行控制的可能性。若有限的时间间隔内,可以用幅值没有限制的输入作用,使已偏离系统平衡状态的某个初始状态回复到平衡状态,则称这个初始状态具有能控性。两个概念都首先由 R. E. 卡尔曼提出,并很快成为现代控制理论中的基础性概念,在解决线性系统的极点配置、最优控制等问题时具有重要作用。

⑤ 能观性,即能直接测量输入输出的量测值,确定反映系统内部动态特性的状态的可能性。现代控制理论中,系统大多采用反馈控制的形式,反馈信息由系统的状态变量组合而成,但并非所有的系统状态变量在物理上都可测得。对于确定的微分方程或差分方程状态空间方程模型,控制信号可视为已知,任意时刻的状态都由初始状态决定,所以可通过对输出的测量来获取全部状态变量信息,即线性系统的能观性。

⑥ 张钟俊、王翼:《控制理论在管理科学中的应用》,湖南科学技术出版社,1984,第 4 - 5 页。

通过理论推导、配以文字说明和简要的数学知识附录等途径或形式,详细地分析了线性二次型的最优管理问题、带有风险的动态规划问题、应用变分法求解最优管理应用问题、最大值原理及其最优管理应用、线性控制系统中的极点配置与状态观测器、线性多变量调节器的基本理论和设计方法等相关内容,这些理论、知识在管理科学中都有着十分广泛的应用。

这本教材虽然是一本只有 194 页的 32 开小册子,但其引用的 29 份参考文献中,中文文献只有 6 篇,1970 年之前的文献也只有 5 篇,其余均为国际最新学术研究成果或有关国家的在用教材。张钟俊和王翼教授这样紧跟学术前沿的敏锐性和把握知识点的准确性,使得这本作为教材的著述频繁地为学术研究成果引用,最近的被引记录更是在教材出版发行后的第 24 个年头——2008 年,其长远影响不得不令人叹服。

从 1978 年到 1985 年,张钟俊先后参加了教育部组织的两轮高等学校教材改革中的教材编审和出版工作,这些教材陆续被各类学校用于专业人才培养和教学工作中。在总结前两轮教材改革工作的基础上,教育部于 1985 年底制定了 1986—1990 年的"七五"(第三轮)教材编审的出版规划。其中,电子工业部负责的工科电子类教材指定由自动控制教材编审委员会征稿、推荐出版。其时的教材出版流程与当今有所不同,当时的教材原稿通常来源于已经在教学实践中使用且取得了较好授课效果的讲义,由编著者申请提交至编审委员会,经委员会对同一学科的各版本讲义进行一系列严格评审后,选出的最优版本才能获得出版机会,并成为全国统编教材。张钟俊任中国电子工业部高等学校计算机与自动控制教材第二届编审委员会主任委员兼自动控制编审小组组长时,负责了《经济控制论——控制理论在经济管理中的应用》[①]一书的统筹工作。在他具体而细致的指导下,当时供职于上海交通大学和复旦大学的周斯富、司春林和黄培清三位副教授分工合作,共同完成了整本书的编写工作,于

---

① 张钟俊、周斯富、司春林、黄培清:《经济控制论——控制理论在经济管理中的应用》,西安电子科技大学出版社,1991。

1991 年在西安电子科技大学出版社出版。全书主要从经济控制论的产生与发展、经济系统模型的特点与应用,以及实际管理应用中的案例设计与分析等方面,对控制理论在经济管理中的相关理论和实践等问题进行了研究与讨论。书中同时附有现代控制理论、经济学知识、部分计算机程序的介绍内容,对有不同知识背景的学生而言,具有更强的学习性和更多的选择性。

社会影响

晚年的张钟俊虽然无法再亲力亲为地动手编撰教材,但是他在指点晚辈、辅助教学、指导学生等方面的工作却从未停止过。他充分利用自己在学术界的影响力和多年的教育经验,继续发挥余热。

张钟俊先后担任过中国系统工程学会"系统工程教育与普及丛书"编委会主编(1982 年)、上海市经济委员会所设"微机应用知识培训大纲、教材评审委员会"的主任及教材主编(1985 年)、中国电子工业部高等学校计算机与自动控制教材编审委员会主任委员兼自动控制编审小组组长(1985 年)、《软科学及其应用丛书》编委(1987 年)、《工业控制丛书》编委会名誉主任(1994 年)等

参加上海市宏观经济模型及计算机应用论证会

职务,司职系统工程、微机应用、自动控制等学科或专业的科普读物、高等院校教材的主编工作,并肩任上海交通大学自动控制优秀青年教师基金会名誉主任(1990年)、计算机科学技术研究院名誉院长(1994年)、先进制造技术研究院名誉院长(1995年)等职,还受聘为西安交通大学、同济大学、东北大学、西北工业大学、重庆大学、华侨大学、华东工学院等近40所高等院校的名誉教授、顾问教授等。

回眸过去,从麻省理工学院毕业回国后,张钟俊在高等院校工作了近60年,可以说,他将自己毕生奉献给了我国的科学技术和教育事业。其一生功勋卓著,得到了党和国家的充分肯定,更得到了社会各界的广泛认同。1988年,中国科学院授予张钟俊"从事教育工作五十年荣誉奖";1990年7月5日,上海交通大学为他执教50周年(自1940年到交通大学工作算起)举行庆祝大会,表彰其在培养学科建设接班人方面所做出的杰出贡献。包括张煦、何国森、蒋慰孙、万百五、陈铁年、邵惠鹤等学者在内的各界400余人出席了庆祝大会。会上,时任中国科学院上海分院院长的王志勤,时任上海交通大学校长、上海市科学技术协会主席的翁史烈,时任上海市科协党委组副书记、副主席的林志宽,时任上海交通大学自动控制系主任、上海市微型电脑

1995年10月在长沙参加中国智能机器人研讨会

应用协会副理事长的朱仲英,上海市电子信息系统推广应用办公室原主任陈祥录和邮电部邮电科学研究院原院长楼海日等人分别致祝词;时任国务委员、国家科委主任的宋健,时任中国科学院院长的周光召,时任中国科学院副院长、中国自动化学会理事长的胡启恒,时任国家自然科学基金会常务副主任的胡兆森,时任中国自动化学会副理事长、中国科学院沈阳自动化研究所所长的蒋新松,美国北伊利诺伊大学教授鲍诚志,日本大阪大学机械工程系主任木村英纪教授等近百人,以及中国自动化学会、中国科学院系统科学研究所、《控制理论与应用》编辑委员会、中国电工技术高校工业自动化专业教育委员会等五十余家单位纷纷发来贺电。在大会上的答词中,张钟俊谦逊地表示,这 50 年来,他只是做了一个教师和科学工作者应该做的事,大会更像是对自己的鼓励和鞭策,而他也将会继续学习、继续工作,为了祖国的社会主义现代化建设拼搏。众多科学工作者借此齐聚一堂的机会,展开了控制领域的学术交流。贺信、大会祝词和 20 余篇学术论文也都随后整理成册,《张钟俊教授执教五十周年纪念册(1940—1990)》①于当年 10 月正式出版。

人才培养

1943 年,为了满足社会发展对有独立研究能力的电工专才的需要,经与有关部门、机关商谈,交通大学正式成立"工科研究所电工学部",即当时学校内部及社会常称的"电信研究所",并于次年正式招生。为了积极筹划招生、培养工作,作为研究所主任的张钟俊亲自撰写《工科研究所电信部成立报告》②,其中涉及学部的筹备经过、研究工作草纲、合作办法纲要、经费支配等内容。

这份报告中最引人关注的是其学程亦即现在所谓的培养方案的设置。该学程参照了国外大学如麻省理工学院、哈佛大学等研究院课程,从当时国内电工界技术应用出发,拟定了"研究生二年学程"的课程内容。当时的"工

---

① 张钟俊:《张钟俊教授执教五十周年纪念册(1940—1990)》,上海交通大学出版社,1990。
② 交通大学校史撰写组:《交通大学校史资料选编(第二卷)1927—1949》,西安交通大学出版社,1986,第 389‐392 页。

科研究所电信学部"研究生教育有电信和电力两个学部。其中的电信学部有磁电学(即如今的电磁学)、电磁波及天线、电声学、电信网络、工程电子学、近代物理、无线电设计等七类课程,共 31 学分,另有专题研究 20 个学分,以及论文 9 个学分,合计 60 学分。电力学部也是 60 学分的总学分,其课程有绝缘学、振动学、电焰工程、电力网络、工程电子学、高等交流电机、电力设备设计等七大类,学分合计 31 个,专题研究和论文的学分亦各为 20 个、9 个。

20 世纪 40 年代交通大学工科研究所电信学部研究生二学年学程计划

学程	学分	修习学期数	总学分
磁电学	3	1	3
电磁波及天线	3	1	3
电声学	3	1	3
电信网络	3	2	6
工程电子学	3	2	6
近代物理	3	2	6
无线电设计	2	2	4
专题研究	5	4	20
论文	3	3	9
合计	/	/	60

20 世纪 40 年代交通大学工科研究所电力学部研究生二学年学程计划

学程	学分	修习学期数	总学分
绝缘学	3	1	3
振动学	3	1	3
电焰工程	3	1	3
电力网络	3	2	6
工程电子学	3	2	6
高等交流电机	3	2	6
电力设备设计	2	2	4

（续表）

学程	学分	修习学期数	总学分
专题研究	5	4	20
论文	3	3	9
合计	/	/	60

当时的研究生教育专业总学分远高于今天,其中旨在为研究生构建充分学术基础的讲授学程就占一半之多。张钟俊特别强调专业基础教育,要求自己的研究生,若需要补习大学本科的课程,每门课须达到80分才算及格。这些课程中,他除了亲自担任"电信网络"课程的主讲,还凭借自己在圈内的人脉和影响力,广请名师前来授课。例如,电磁场理论方面,他出面聘请了黄席棠、徐璋本、朱兰成等知名教授;数学方面,聘请了郑太初、郑曾同、张鸿等教授;无线电、通信等方面,则请来了更多的权威专家。[①] 除此之外,计划中须修习4学期、共20学分的"专题研究"课程显得尤为特别。这种类似 Seminar 的教学形式,是自19世纪以来,盛行于西方国家,尤其在美国大学研究生培养中普遍采取的方法之一。即导师给每个研究生分配一篇学术论文,学生自主研读后,在讲台上向导师和其余研究生进行报告和解读,并展开问答和共同讨论。[②] 这种教学模式之所以能够为张钟俊所采用,因为在电信研究所任职的教授大多都有欧美留学的经历。这种教学形式的引入,使得学生培养工作卓有成效。据万百五回忆,这样的课程设置和论文训练模式令其受益匪浅,尽管其毕业后首次任教时主讲的《工业企业电气化》专业课程采用的是苏联教材,内容比较深奥,但对他来说,研讨习惯的养成,让他处理这一问题游刃有余。

在严格而扎实的专业训练和培养的基础上,为了更好地向当时的合作工程机关输送人才,研究部一方面积极接受合作机关委托的专题分配研究

---

① 陈太一:《怀念钟俊老师和他创建的交通大学电信研究所》,载席裕庚主编《厚德博学 孜孜一生——纪念张钟俊先生诞辰100周年》,上海交通大学出版社,2015,第120-121页。

② 万百五:《中国控制学科的重要创始人和教育家张钟俊院士——纪念恩师张钟俊院士百年诞辰》,载席裕庚主编《厚德博学 孜孜一生——纪念张钟俊先生诞辰100周年》,上海交通大学出版社,2015,第126-132页。

工作,同时聘请专家学者担任个别研究生的学业导师。这种"电工机关与学术界密切合作"的培养模式在国内尚属首次,张钟俊在报告中草拟了具体的合作培养办法,包括:①每一合作机关认定或保送研究生四名,负担其薪金及来研究所单程旅费;②研究生之专题研究及论文,须由各合作机关指定,并经研究部之同意;③研究生于第一学年之暑假期间,由合作机关派遣至所属各部实习;④研究生于学程修毕后,由校方送回各机关服务,并报送成绩优异者由合作机关派遣送出国深造等。①

相较于同一时期的其他学校导师,张钟俊要求研究生在选择论文研究方向和题目时,更注重学术与应用技术上的探索性和实用性,如陈琎②的《静磁电子透镜之特性在理论上讨论》、魏凌云③的《无线电控制飞机之研究》、陈太一的《电子枪式磁力震荡管之分析》等。④ 仅仅这一时期,张钟俊领导下的电信研究所就为我国培养了数位两院院士,如周炯槃(1943 年毕业)、陈德仁(1945 毕业)、童志鹏(1946 年毕业)、陈太一(1946 年研究生毕业)、夏培肃(1947 年研究生毕业)、汪耕(1949 年毕业)等。⑤

抗日战争胜利后,重庆交大的师生分批回到上海,恢复建立上海交通大学,电信研究所也随之迁至上海,张钟俊先后担任上海交通大学电信研究所主任、无线电工程系和自动控制系主任。

新中国成立后,发展高等教育事业的重要性重新体现。张钟俊听从组织的安排,陆续担任过学校和院系一系列重要职务。作为学校的老教师和院系负责人代表,张钟俊还应邀出席学校层面的各个决策工作会议,为学校的发展建设,尤其是人才培养工作献计献策。不过,无论是否身处领导岗

---

① 交通大学校史撰写组:《交通大学校史资料选编(1927—1949)》第 2 卷,西安交通大学出版社,1986,第 389 - 392 页。

② 陈琎,1919—2011,自动控制及系统工程专家,主要研究多目标、群(多人)、多层决策理论和方法,编著有《决策分析》。湖北省自动化学会和省系统工程学会的创建人、理事长。曾任中国自动化学会第三、四、五届常务理事,中国系统工程学会第一、二、三届副理事长,国际程序委员会第三、四、五届委员和第六届共同主席。

③ 魏凌云,毕业后奉派赴美,后留美国任教。

④ 王宗光:《上海交通大学史》第 4 卷《战争环境下坚持办学》,上海交通大学出版社,2016,第172 页。

⑤ 霍有光:《为世界之光——交大校史蠡测》,中国文史出版社,2014,第 62 页。

位,张钟俊始终站在教学和科研的第一线。

1959年春,中央人民政府教育部颁布《高等学校暂行规程(1950)》,明确提出高等教育应"适应国家建设的需要,进行教学工作,培养通晓基本理论并能实际运用的专门人才。……普及科学和技术的知识,传播文学和艺术的成果"的任务。根据文件要求和指导精神,学校委任张钟俊等23位专家成立了校第一届学术委员会。委员会的主要职责是:"对学校教育事业的规划、科学研究和研究生培养等重大问题提出建议;审查、鉴定研究成果;评议研究生毕业论文和毕业设计;参与提升教授、副教授的审议;组织校内学术讨论会、报告会,组织参加国内、国际学术交流活动;指导学报、图书馆和情报资料工作。"①学校委托委员会对学生的学习生活和教师的科研水平等进行全面把关,并在严谨的学术氛围下,促进相互交流,提高自身能力,实现师生的共同发展。

与学术委员会相对应的校务委员会,主要负责学校的日常运行管理。具体内容包括:决定和讨论学校的规章制度、审议学校与外界所签文件的内容、表决和批准学校的预算和决算、授权校长采取的法律行动、批准校长所签署的协定和协约,以及在法令规定的某些特殊情况下,委托校长行使某些职权,如批准借款、投资,接受馈赠、遗产及不动产等具体事宜。上海交大早在20世纪初就成立了校务委员会,张钟俊分别于1961年、1963年和1978年任校务委员会常委会委员,并出席委员大会。

在1961年底召开的校务委员扩大会议上,张钟俊根据自己的切身体会,对学校科学研究工作给予了肯定。他说,这几年搞科研形成了较好的学术研究风气,学校也根据各个课题组的需求添置了很多先进的仪器设备,建设了一些具有高水平研究条件的实验室,这些变化在一定程度上都激励着大家在科研岗位上继续奋斗。讨论到基础课的建设时,单基乾提出"同学反映基础课容易忘掉"②;归绍升认为"基础课忘得太多,会给教学造成不少困

① 上海交通大学校史编纂委员会编《上海交通大学纪事(1896—2005)》上卷,上海交通大学出版社,2006,第507页。

② 王宗光:《上海交通大学史》第6卷《转型为国防工业大学》,上海交通大学出版社,2016,第25页。

难";张钟俊和程福秀等教授补充道,过去对基础课的重视不够,认为学校提出的想要"基础课能有立竿见影"的效果不甚合理;他们强调指出,单纯地从科研角度出发,无原则地要求"基础课的内容要多、要高",也不符合实际。这些问题的出现,都提醒着决策者们应该结合实际情况,重新制定培养计划。会上,张钟俊和各位教师代表还就这些问题给出了一些解决办法的提议,共同协商教学改革方案。

1978 年,学校将原本的电力电机系和电子计算机系合并,组成电工及计算机科学系。新成立的院系从原本的二系扩充至下设电力工程、自动控制、计算机科学技术三个专业,张钟俊被任命为首位系主任。此后的几年时间里,他又分别出任了计算机科学系主任、计算机应用研究所所长和系统工程跨系委员会主任等职。

在研究生培养方面,张钟俊全力主持的控制理论与控制工程学科于1978 年开始招收硕士,并在 1981 年获得博士、硕士的学位授予权,成为首批具有学位授予资格的学科和专业点,张钟俊也成为当时上海高校自动化专业中仅有的两位博士生导师之一(另一位是华东理工大学信息科学与工程学院自动化的蒋慰孙教授)。几年后,上海交大的控制理论专业再次成为首批获准建立博士后科研流动站的学科专业点之一。

博士生导师小组成员

在学生培养方面,张钟俊结合自己多年积累的教育实践经验,培养了大批优秀人才。他的研究生培养目标与特点可以用三个字概括——"实"

"严""新"。① "实",即扎实的基础,他要求专业研究生必须具备厚实的数学基础、缜密的抽象思维能力和全面的分析能力,认为这些是他们以后独立从事研究工作不可或缺的基本条件;"严",指的是严密的推理,指导学生时,他要求研究论文必须经过再三推敲,仔细审查其中逻辑的严密性,慎重对待和处理论文中所出现的如"显然可得"等容易忽视的地方与问题;"新",是指论文选题的新颖性,他鼓励学生要敢于接触那些前沿的课题内容,因此他所指导的学生论文,大都以国内外的学术前沿问题为研究对象。1978年跟随由邓旭初率领的代表团访美一行,让张钟俊深刻地意识到国内科学技术远远落后于国际水平。回国后,他立即给博士生制定了用英语写论文的规矩,以便于日后多参加国际学术交流会议。事实证明,这样的严格要求,确实能激发学生们紧追国际科技前沿,从而为他们以后走向独立研究岗位、带动国内整体科研水平的提升起到了重要的作用。

数据记录显示,1981—1997年间,张钟俊共培养了13位硕士和35位博士,多位博士后科研人员出站。其中,博士毕业人数,1984年、1986年、1989

与首批博士生合影(左起:钱振英、王志中、张钟俊、周斯富、华兆麟)

---

① 郑茂:《张钟俊——中国系统工程创始人》,载王宗光主编《老交大名师》,上海交通大学出版社,2008,第199-200页。

年、1993 年各 1 位,1985 年、1987 年、1991 年、1997 年各 2 位,1994 年、1995 年各 3 位,1990 年 4 位,1992 年 5 位,1996 年 8 位,论文研究的方向涉及非线性系统、广义系统、预测控制、机器人、鲁棒性分析和设计等前沿领域(名单和论文题目见附录)。自 1986 年起,张钟俊陆续出版了 5 本论文集,包括 4 本中文和 1 本英文集。[①] 据韩正之回忆,张钟俊整理论文集的初衷在于,希望优秀学生的论文可以被更多人看到,从而尽早在各自研究领域内有所建树。事实证明,这样的做法在学术上确实提拔了不少有潜力的年轻学子。

1989 年,张钟俊以其博士培养工作为对象,以《培养高质量博士,推动学科建设》为题,申报当年全国教学成果奖,荣获国家教委颁发的国家级优秀教学成果奖。鉴于在培养科学技术接班人方面所取得的突出成就,他主持的控制理论与控制学科博士点

与博士研究生讨论问题

也被评为全国重点学科博士点。1993 年,张钟俊亲自领导的"建立一支优秀的教师队伍提高办学水平和效益"项目,也获得了上海市高等教育局授予的优秀教学成果奖一等奖。

桃李满园

张钟俊从教五十余年,为我国培养了大批优秀人才,他们奋斗在祖国建设的各条战线上,承担着民族复兴、国家富强的重任,为我国科学技术的进步、创新型人才培养默默的奉献,为我国新时期的科教兴国做出了杰出的贡

---

① 张钟俊:《张钟俊教授论文集(第一、二、三、四卷)》,上海交通大学出版社,1986,1988,1993,1997。

献。在他们的回忆里,张钟俊在学术方面严于律己,并同样以高标准指导他们以优异的成绩完成学业;据他们追忆,生活中的张先生慈祥温和,对学生倍加关爱,关心他们的生活和事业发展,即使毕业多年,张先生对每个学生所取得的学术成就和生活情况了如指掌。

提及自己在1949年前培养的硕士研究生,张钟俊常常引以为豪地说及两个"标志",第一个"标志"是其始者——交通大学电信研究所的第一届毕业研究生如陈珽(1946年)等;第二个"标志"则为其所带的最后一届毕业生如万百五(1949年)等。这些毕业生后来都取得了异常突出的成就。如分别毕业于1946年、1947年的通信系统工程领域专家、教育家的陈太一和被誉为"中国计算机之母"的夏培肃,即分别于1997年、1991年当选为中国工程院院士、中国科学院院士(学部委员)。

陈珽是我国自动控制及系统工程专家,时隔多年,他依旧对完成硕士论文《电磁透镜射线方程式的推导及其解法》时,张钟俊对他的严格要求记忆犹新。为了证明论文中提出的理论与当时电子光学这一新兴学科既有研究的区别,他听从张钟俊的意见,从离校较远的中央大学图书馆借阅相关书籍进行考证。在老师的指导下,陈珽顺利完成论文,还获得了朱物华"诊断谨严,允称佳作"的八字好评。[①]

陈太一是国内早期从事信息论研究和通信技术领域应用工作的专家之一,历任中国人民解放军通信工程学院副教授、西安军事电信工程学院教授、通信兵科学技术部总工程师、中国电子学会理事和中国通信学会常务理事等,也是国际电气电子工程师学会(IEEE)高级会员。在他看来,研究生在读期间,张钟俊的严格要求,为他在工程方面打下了扎实的基础,在后来的科研工作中受益匪浅。毕业后对研究方向有所犹豫时,也多亏了张钟俊对他的不断鼓励与支持,才使得他能在电信、信息方面取得后来的成就。[②] 回

---

① 陈珽:《怀念张钟俊老师》,载席裕庚主编《厚德博学 孜孜一生——纪念张钟俊先生诞辰100周年》,上海交通大学出版社,2015,第118-119页。

② 陈太一:《怀念钟俊老师和他创建的交通大学电信研究所》,载席裕庚主编《厚德博学 孜孜一生——纪念张钟俊先生诞辰100周年》,上海交通大学出版社,2015,第120-121页。

顾张钟俊在自动化科学技术、系统工程等多个领域取得的开创性、奠基性成就时，陈太一、夏培肃和陈珹都曾表示，老师的创新思想，值得他们学习，并传递下去。

万百五是我国大系统理论与应用的重要创始人之一，自动化和系统工程领域的专家。从本科起，他就在交通大学电机系电信组学习，获得学士学位后，考入电信研究所张钟俊门下。他不仅是张钟俊在新中国成立前指导的最后一名研究生，也是张钟俊第一次讲授《伺服机构》时的听课学生，还是第一个以自动控制为硕士论文主题①的研究生。据他回忆，张钟俊主讲的《高等电工数学》和《伺服机构》两门课程，其内容在当时来说都是非常前沿的成果，如拉氏变换、复变函数等。这两门课程积累了厚厚的几本笔记，万百五一直保留在身边，还不时翻阅查看。毕业后，他选择留在电机系电信组任职。得益于那两门课程和培养计划中专题讨论和科研训练的培养模式，他顺利在 1955 年初，按照教育部新专业——"工业企业电气化"专业——设置的教学计划、大纲和苏联教材，开设了一门新课——《自动调节理论》(即《自动控制理论》)，并成为全国最早按照苏联教材讲授这门课的教师之一。②1958 年，万百五响应国家号召，随校西迁西安，筹建并主持西安交通大学自动控制专业。但当时西北的信息还较为闭塞，和张钟俊保持联系是他时刻学习和获得学术信息的重要途径。张钟俊也不时寄去前沿科技书籍和报刊，其中包括当时无法在西安找寻、在上海都发售不多的《离散时间系统滤波的数学方法》等。③

在张钟俊的授课生涯中，他曾经主讲过《高等电工数学》《电力传输》《交流电路》《运算微积》等课程。听过其课程的学生都反映，张钟俊上课从不照本宣科，更不拘泥于手边的教材，而是结合教学内容、进度等安排，积极吸收

---

① 张钟俊选定《大功率市电稳压器设计和研制》的题目，在他的指导下，万百五最终研究生毕业论文为《伺服控制电机械减生稳压器设计》。

② 万百五：《中国控制学科的重要创始人和教育家张钟俊院士——纪念恩师张钟俊院士百年诞辰》，载席裕庚主编《厚德博学　孜孜一生——纪念张钟俊先生诞辰 100 周年》，上海交通大学出版社，2015，第 126－132 页。

③ 中国科学院数学研究所概率组：《离散时间系统滤波的数学方法》，国防工业出版社，1975。

国际科技前沿成果，与课程教学有机融合，引导并促进学生就相关问题展开探索。万百五清楚地记得，有一次教学活动，在教授了关于系统的衰减实频率特性和相位频率特性的数学关系的内容后，因为其中所涉及的内容是海外科技研究的最新成果，张钟俊对同学们说："这里的证明还有一点问题，请你们笔记本上留下空当，下次补上。"而张先生这样第一时间向弟子们讲述专业领域最新、最前沿的理论和方法的例子不胜枚举，[①]以身作则地要求、鼓励他们勇于主动研究新的科学理论和技术。

上海交通大学电力系统及其自动化专业82届同学毕业留念82.6.

与本科毕业生集体合影

江泽民在交通大学电机系读书时，也曾选修过张钟俊的《运算微积分》课程，尽管时间已经过去多年，但他依旧清晰地记得，张钟俊在上课时，很好地把工科与数学内容有机地结合起来，并始终感激张教授在弥补自己当年学科短板上所提供的帮助。他对张钟俊的治学态度也留下深刻印象。江泽

---

① 郑茂：《张钟俊——中国系统工程创始人》，载王宗光主编《老交大名师》，上海交通大学出版社，2008，第191-200页。

民说："张老师平时对学生关心爱护,说话和气,但在治学方面是很严谨的,特别是考试的纪律非常严格,这种宽严相济的教学方法,让学生们终身受益。"①纵然毕业多年,国家事务上日理万机,江泽民依旧长期保持着每年寄送新春贺卡的习惯,并适机拜访老师。虽然江泽民当年因公务未能出席上海交通大学为张钟俊举行的执教50周年庆祝大会,但获悉学校将这次大会资料编印成纪念册后,他立即欣然为这本纪念册题写书名,并在一封寄给张钟俊的亲笔祝贺信中写道:"您执教五十年,桃李遍天下。我相信,这本纪念册对促进我国电力控制自动技术的发展大有益处。"

张钟俊倾心于人才培养,源于国家发展、民族振兴;他既重视育才,更是爱才、重才。他对人才的关爱,不仅仅体现在他对门下直系弟子的言传身教上,对身边的后辈们,他也都一视同仁,予以有效的指导或引导。

1956年从交通大学电机系毕业的蒋新松(1931—1997),被誉为"中国机器人事业的奠基人",1994年当选中国工程院院士。经历过童年困苦的他,读书时因患肺结核,不得不放弃了留学苏联的计划。在中国科学院自动化研究所工作时,结实了当时在东北考察、接洽电信研究所工作移交事宜的张钟俊。在张钟俊的支持与鼓励下,蒋新松挺过了"反右"运动时期所遭受的不公正待遇,并凭借其后十多年不懈努力和坚持奋斗而取得成就。"文革"结束后,蒋新松被指定为中国科学院自然科学规划的自动化学科规划主要

张钟俊与蒋新松(1990年)

① 徐忠友:《江泽民和他老师的故事》,《红广角》2012年第8期,第16-19页。

执笔人和办公室主任。1980 年,蒋新松被任命为中国科学院沈阳自动化所所长。从普通科研人员到领导岗位的突然转变,让长期只和自然打交道、没有行政经验的蒋新松一时无所适从,他第一时间想到的是向张钟俊求助。除了传授个人的行政经验外,张钟俊还接受了中国科学院技术科学部的委托,与其他学部委员一同对研究所进行评估,对研究所发展方向给予很高评价的同时,也给出了很多管理方面的指导意见,这些对蒋新松的领导工作和研究所的稳步发展具有不可估量的作用。在研究所期间,蒋新松创办了中国自动化学会的两本刊物——《信息与控制》和《机器人》杂志,亲自担任主编,并聘请张钟俊为中国科学院沈阳自动化研究所学术委员会名誉主任、《信息与控制》编辑委员会名誉主编。1988 年,由于其国际科研领域的杰出贡献,蒋新松成为 IEEE 协会的首位中国籍的大会主席(general chairman),并主持了当年在北京召开的 IEEE 年度学术会议。除此之外,他还担任过中国自动化学会、中国机器人协会、国际自动控制联合会(IFAC)生产组织专业委员会委员,以及中国人工智能协会副理事长等职务。蒋新松不但在自动化领域有所成就,在我国机器人领域的成就与贡献,也是无人能及。在他的带领下,仅仅二十年时间里,中国机器人技术取得了突破性的进展,并基本与国际先进水平保持同步发展。提及自己事业上的一个个成就,蒋新松始终认为,都与张钟俊对他的个人指导与帮助是分不开的。蒋新松在《悼念我的老师张钟俊院士》①中反复强调:"老师对事业的执着的追求,治学的严谨,将是我永恒的榜样。"

2015 年 4 月 11 日,在张钟俊院士 100 周年诞辰的系列纪念活动上,本科从交通大学自动控制专业毕业的蔡自兴,深情地回顾了与张钟俊先生的深厚师生情谊。据他回忆,他与张先生相识于 1986 年的一个全国计算机应用学术会议,而其后的 10 年中,张先生全方位地支持和提携他在智能控制研究领域的科研、教学工作。在其学术成长路上,张钟俊不断地鼓励和支持他进行科研工作、撰写科普著作,不仅为他的《机器人王国考察记》做了序,还

---

① 蒋新松:《悼念我的老师张钟俊院士》,载席裕庚主编《厚德博学 孜孜一生——纪念张钟俊先生诞辰 100 周年》,上海交通大学出版社,2015,第 124 - 125 页。

帮他联系出版社；获悉他正在开展《智能控制》全国统编教材的编撰工作，为保证该教材内容前沿、全面，张先生将首届智能控制国际研讨会论文集的相关论文复印件送给他，供其教材编撰参考。教材公开出版后，张先生在《控制理论与应用》杂志上发表书评，[①]对该教材给予了积极的评价。[②] 在张钟俊的指导下，他们合作完成的数篇论文，在国内外都有较大影响力；1992 年，蔡自兴牵头建立了中国人工智能协会（China Association of Artificial Intelligence）的智能机器人分会，张先生还亲笔题词，祝贺学会的成立，鼓励并期望越来越多的年轻学子投入智能科学的学习、研究和应用中，进一步推动中国智能控制科学的发展建设。回忆过往时，蔡自兴强调，自己学术研究上的成就，与张先生的无私帮助、指导密不可分。

张钟俊敢于放手启用年轻人，因此也吸引了一批优秀的精英人才汇聚上海交通大学自动控制系，如刚从德国留学归来的席裕庚和交大毕业去德国进修的许晓鸣，以及刚从博士后流动站出站不久被破格升为教授的韩正之。他们三人的学术能力和各自的科研特点深受张钟俊的肯定与重用，张先生形象地称三人为"自动控制系的三驾马车"：席裕庚负责项目的牵头工作，韩正之负责理论分析，许晓鸣负责工程的应用。他们不仅协助张钟俊晚年的研究生培养工作，也将上海交通大学自动控制系发展得更为壮大。

---

① 张钟俊：《初步的尝试　有益的成果——评蔡自兴编著〈智能控制〉教材》，《控制理论与应用》1993 年第 3 期，第 287‑315 页。

② 蔡自兴：《德才双馨的良师益友——纪念张钟俊院士诞生 100 周年》，载席裕庚主编《厚德博学　孜孜一生——纪念张钟俊先生诞辰 100 周年》，上海交通大学出版社，2015，第 145‑148 页。

附录一　张钟俊年表

年代	年龄	事　件	相关事宜
1915	0	9月23日,出生于嘉善县魏塘镇。	祖籍魏塘,祖父张兆熊,在魏塘从商,略通文墨。父亲张受均(字恺敷),1913年北京大学政治系毕业,先后于嘉兴师范学校、嘉兴浙江省立第二中学、杭州浙江省立第一中学任英语、历史、地理等教师。母亲孙星英,魏塘镇人,主持家务。
1919	4	开始跟母亲学习认字和算术加减法。	能代母亲算伙食账,会用手指做出两位数的加法和乘法。
1920	5	入魏塘镇秉义小学(现县实验小学)。	秉义小学前身为清道光九年开办的程氏义塾。时为六年制,初小四年,高小二年,张钟俊跳了一级,五年毕业。
1925	10	秋,入嘉兴浙江省立第二中学上初中。	属于浙江省第二中学,第一中学在杭州。父亲张受均在此任教,与父亲同住。
1928	13	秋,入浙江大学工学院附属高工。	只读了半年,次年春转上海南洋中学。在杭州认识季文美,成为同班同学和终生好友。
1929	14	春,考入上海南洋中学上高中。	三年制,张钟俊跳了一级,直接插入高二下半学期上课,一年半毕业。与季文美、张煦等为同学。

年代	年龄	事　件	相　关　事　宜
1930	15	秋，考入交通大学电机工程系。	同时考上清华和浙大，张选择读交大，当时认为交大毕业成绩优秀者可得到交通部选派留洋。时交大电机工程系分电机、电信两门。张入电机门，与季文美、张煦、张思候、曹鹤荪、方文均、朱兰成、钱学森、张光斗、丁观海等同级。
1934	19	7月，交通大学毕业，获电机工程学士学位。 9月，赴美国麻省理工学院电工系留学。	第一年为自费留学，第二年考取中华文化教育基金会奖学金，转为公费留学。 同年赴欧美留学的有朱兰成、徐正方等。其中，朱兰成跟张钟俊一起入学麻省理工学院，于1935年获硕士学位，1938年获博士学位，后一直留在麻省理工学院任教，1952年成为麻省理工学院终身教授、国际电磁波研究权威人物、美国科学院院士，对筹办中国台湾新竹电子研究所和交通大学电机系有重要贡献。同级校友中钱学森、张光斗1934年庚款公费留美，张煦1935年庚款公费留美，曹鹤荪、季文美1935年留学意大利，学航空专业。
1935	20	2月，获麻省理工学院全额奖学金资助。 7月，获麻省理工学院工学硕士学位。同时获得中华文化教育基金会留学资助，留美继续攻读博士学位。	选修维纳的《傅里叶分析》，首次与控制论创始人维纳相识。
1937	22	12月，获麻省理工学院科学博士学位。	博士学位论文《单相电机的短路分析》(*Short Circuit Analysis of Single Phase Machine*)，以复变函数为工具研究网络综合理论，主要解决了两个问题：矩阵在网络综合中的应用(matrix)、正定二次式(definite positive quadrations)，部分内容在麻省理工学院学报及《清华理科报道》上用英文发表。导师吉耶曼(Guillemin)为国际电信网络权威。

年代	年龄	事 件	相 关 事 宜
1938	23	1至7月,麻省理工学院电机系博士后副研究员。9月回国,任武汉大学电机系教授(任期一年)。	为该系首位博士后副研究员。月薪200美元。时武汉大学迁至四川乐山。回国前曾接收到武汉大学、广西大学、清华大学、浙江大学四校聘书,因抗战时局,选择到乐山武汉大学。
1939	24	9月,任中央大学电机系教授,代理系主任(任期一年)。	时中央大学迁至重庆沙坪坝,原系主任及教务长为陈章。
1940	25	9月,到重庆交通大学电机系任教授、系主任。	3月,加入中国电机工程学会,介绍人为陈章。
1941	26	系主任职务被免。	由原西南联大电机系主任倪俊教授接任。
1942	27	春,在重庆交大与杨媞姝结婚。	杨媞姝,1920年出生,江苏南京人,重庆复旦大学1943年统计学专业毕业。先后任震旦大学与上海财经学院讲师、副教授。1953年加入九三学社。
1943	28	夏,创建交通大学(渝)电信研究所,任所主任。大女儿张文渊出生。	准备开始招收工学硕士研究生。张文渊1966年毕业于上海交通大学电机系电力自动化专业,任交通部交通科学研究院副研究员。1985年9月至1987年9月受交通部委派赴美国德州大学访问,1995年调入上海交通大学自动化系,任研究员。
1944	29	交通大学电信研究所正式招生,开始带研究生。与助教阮善先合译《电力传输原理》。	研究所招收研究生10名,学制2年,从1944年开始招生,至1949年止,共招收工科硕士研究生36名。父亲张受均于嘉善老家去世,享年55岁。
1945	30	10月至1946年3月,兼任台湾省工矿业处监理委员及台湾电力公司机电处处长。	抗战胜利后,张被短期派往台湾省接收接管台湾电力系统及工矿业系统。
1946	31	继续任上海交通大学电信研究所教授、所长。6月,兼任上海市公用事业局技术室专门委员、技术室主任、总工(任期1946.1—1950.7,局长为赵曾珏)。	1月,交通大学回迁上海,电信研究所也随迁。主要工作有:代赵审查教育部交审的论文;主编《动力工程》季刊(赵是发行人);主编《电世界》(赵为社长);代赵写《解决上海电荒的计划》《组织上海联合电力公司广义》等文,提出建立上海联合电力公司的计划。新中国成立后继续留任上海市公用局,职称改为"技正"。

年代	年龄	事　件	相　关　事　宜
1947	32	电信研究所迁入新建的徐汇校区哲生馆三楼。	交大(沪)电信学部改名电信研究所。
1948	33	出版《电讯网络》(又称《网络综合》(英文版))。二女儿张文汇出生。	国际上首部阐述网络综合理论的专著,采用复频率概念来表征两端口和四端口网络的阻抗函数,提出了实证函数与网络的物理可实现性之间的关系。开始讲授"伺服机件"课程,是国内讲授"自动控制理论"的开端。张文汇于1966年高中毕业后,在国内未能上大学,后曾到复旦大学听课,学习计算机软件设计。1980年到美国休斯敦大学留学(自费),获计算机专业博士学位。后任新奥尔良大学计算机系教授、系主任。
1949	34	上海解放,留任公用事业局技正,兼任交通大学教授。	12月,加入中苏友好协会交大支会。
1950	35	交通大学电信研究所停办,次年最后一届研究生结业。任上海统一输配电工作组组长,与苏联专家一起完成上海市统一电力网设计工作。	交大电信研究所合并到中科院长春电机研究所。张钟俊赴长春讲授"伺服机件原理"一个学期。1950年2月6日,上海几大发电厂遭国民党空军猛烈轰炸,80%以上电力供应中断。张钟俊主要负责指导发电厂紧急抢修和恢复发电,以及统一电力网调度、负荷平衡、通江电缆等工作。完成上海110 V和220 V电网并网工程。
1951	36	在大同大学兼任"电信网络"课程,每周4学时。	这一时期主要从事"电力网稳定问题故障电流计算法"的研究。
1952	37	12月至1962年12月,任交通大学电力系教授。秋,讲授"短路电流"课程。儿子张文澜出生。	夏,国家进行大规模的高校院系调整,并号召全面学习苏联,进行教学改革。张钟俊参加专业俄文班学习,担任助教,在全校教师俄文专业阅读考试中成绩优异,名列最高六名之一,得到加薪10%的奖励。秋,开始采用苏联教材进行教学。将苏联高教部审定的教材《电力系统短路》(乌里杨诺夫著)边教学边翻译,后由燃料工业出版社出版。张文澜于1979年自费留学美国德州大学,获电子工程硕士,留美工作,任公司高级工程师。

年代	年龄	事　件	相　关　事　宜
1953	38	开始讲授《电力系统稳定》。加入九三学社。任输配电教研室主任。	边讲授边翻译苏联部定教材《电力系统稳定》(日丹诺夫著)，后由龙门书局出版。介绍人朱物华。电机类各系下设的专业教研室。
1954	39	任迁校委员会委员。5月，拟由张钟俊、单基乾前往中央燃料工业部电业管理总设计局建立技术合作事宜。	交大拟部分迁校至西安。
1955	40	三女儿张文淑出生。	张文淑于1980年自费留学美国，先是到洛杉矶语言学院学英语，毕业后考入休斯敦大学学习计算机专业，毕业后留美国工作，在一家医疗中心做数据处理工作。
1956	41	3—4月，作为国家科委电力组成员，赴北京参加国务院制订十二年科学技术发展规划工作，执笔编写电力工业十二年发展规划，绘制我国电气化蓝图。回校后被选为赴苏联进修预备学员，脱产学习俄语一年(1956.8—1957.7)。秋，被评为交通大学二级教授。	其间，周恩来总理亲自在怀仁堂宴请参加规划制订的科技人员。在到张钟俊一桌敬酒时，总理亲自对他说："你是学电的，你要为我国的电气化做出贡献。"学校专门请俄国教师(一位老太太)到校教授俄语。张作为赴苏进修预备人员，曾到苏联西伯利亚等地考察电力传输技术，后因故未能赴苏学习(在1957年整风运动及1958年批判资产阶级个人主义思想运动中被批判，被认为检查欠认真，向党翘尾巴，被取消资格)。1956年交通大学一级、二级教授名单中，一级6人、二级25人。
1957	42	在"反右"运动中受到批评，但未被划为"右派"。	张钟俊由于参加十二年科学规划和准备到苏联进修，脱产学习俄语，没有参与"鸣放"，未被划为"右派"。
1958	43	1月，九三、民盟交大支部整风小组，电机小组组长。3月，交通大学(西安)学术委员会委员。参加"三峡水利枢纽工程技术研究会"，任电力组组长。11月，被派往西安交通大学电机系，讲授一门《电力系统稳定》课程。	当时国家决定建设三峡枢纽工程，组成专家组召开研讨会，研究技术上的可行性。1956年中央决定交通大学大部西迁西安，当时张钟俊作为被选赴苏联进修人员，正在学俄语，没有随迁。被取消赴苏进修资格后，被派往西安。

年代	年龄	事　件	相　关　事　宜
1960	45	2月,回上海交通大学任电机系教授。 4月,上海交通大学第一届学术委员会委员,教研室主任。	
1961	46	5月,校务委员会常委会,学习领导小组成员。	
1962	47	组织筹建四系(自动化系)。 10月,国家科委电力组系统分组组员。	当时张已经是国内电力系统方面的学术权威,但校党委决定成立新的自动化系,而自动化是从电工发展起来的一个分支,张表示服从安排,开始筹建自动化系并担任首任系主任。
1963	48	1月至1975年12月,任上海交通大学自动控制系教授、系主任。 2月,四系主任,校务委员会委员。	属于保密系,经过严格审查,张被认为无历史问题,可胜任。
1964	49	主持研究"远航仪",采用卡尔曼(Kalman)滤波技术,获得成功。 1月,任中国国防部第七研究所自动控制顾问。	"远航仪"是国内最早应用现代控制理论的成功范例。
1965	50	7月,任中国自动化学会第二届理事会理事、常务理事,《自动化学报》第二届编委。	
1966	51	"文革"开始,因"特嫌"受到隔离审查和批判,持续达两年。	
1967	52	下放到上海钢铁十厂接受再教育。	

年代	年龄	事　件	相　关　事　宜
1969	54	回校工作。	母亲孙星英去世，享年83岁。
1973	58	主持潜艇惯性导航研究课题。 8月10日，组织仪式欢迎顾毓琇到访，作为主席组织顾毓琇的报告会。	该课题属于国防项目。 顾毓琇新中国成立后首次访问大陆，8月8日首站到上海。10日，做"非线性控制系统分析"的报告，这是顾毓琇50年代以来的主要研究方向。 上海交大、复旦、上海电子制造业等相关机构人员参加。
1974	59	关注计算机科学。	
1975	60	6月，开始组建上海交通大学九系（电工及计算机科学系），任教授、系主任。	
1976	61	筹建九系。	十年"文革"结束，但高考仍未恢复。
1977	62	上海交通大学计算机科学系主任、计算机应用研究所所长。 广州会议上，提出我国应推广应用系统工程的主张。 12月，被中共上海市委员会、上海市革命委员会评为"上海市先进科技工作者"。 12月，上海市第七届人民代表大会代表。	成为我国首批倡导系统工程方法的科学家之一。
1978	63	2月，任电子计算机系主任兼电子电力研究所所长。 5月，上海交通大学第八届校务委员会委员。 6月，主审《现代控制理论基础》。 秋，开始担任硕士研究生导师。 9—11月，随交通大学访美代表团访问美国。 10月5日，访问费城，受顾毓琇等接待。 11月，任中国自动化学会第二届理事会常务理事。	六机部下达高等学校造船专业教材编审出版计划通知，上海交大承担主审13本。 研究生制度恢复。 改革开放后首次出访美国，访美代表团团长为邓旭初（交通大学董事会主席）。会见王安，了解国际上微型计算机的发展和应用前景，购回4台小型计算机，并大力提倡推广应用。

年代	年龄	事　件	相　关　事　宜
1979	64	1月,任上海交通大学电工及计算机科学系教授、系主任。 5月,顾毓琇到交通大学做系列讲课,张钟俊主持; 5月,任中国电子学会学术委员会委员。 6月,任中华人民共和国国家科学技术委员会自动化学科组副组长。 11月,与另20名专家学者共同倡议并筹备中国系统工程学会。任《自动化学报》第三届编委。	是新中国成立以来顾毓琇第二次到交通大学做演讲,分5月15—17日,22—24日,28—31日三段演讲,每段三次课,共九次课。 中国系统工程学会由钱学森、关肇直、许国志、刘豹、李国平、宋健、张钟俊、陈璸、薛葆鼎、吴文俊、刘源张、汪浩、卢庆骏、沈元、吴几康、严筱钧、常本英、陈芳允、谢光选、潘大连、沈光铭等21名专家、学者共同倡议并筹备。
1980	65	5月,任中国自动化学会第三届理事会常务理事,副理事长。 7月,任中国科学院自动化研究所学术委员会名誉主任,中国科学院沈阳自动化研究所学术委员会名誉主任。 8月,当选中国科学院技术科学部学部委员。 9月,随交通大学代表团出访美国,9月7日,在宾夕法尼亚大学与华登学院院长签署合作协议。 11月,任中国系统工程学会第一届副理事长。	改革开放后第二次访美,与多校建立合作关系,为邀请美方专家来华讲学,以及派中方人员到美国做访问学者做准备。 中国系统工程学会成立大会暨第一届学术年会在北京召开,会议通过了《中国系统工程学会章程》,选举产生由117名理事组成的第一届理事会和常务理事35名。
1981	66	1月,到美国檀香山参加国际电机工程学术会议。 4月,任上海交通大学系统工程跨系委员会主任。 5月,任中国系统工程学会教育与普及工作委员会主任委员。 6月,国务院学位委员会(工学)学科评议组成员,自动化分组副组长。 9月,任中国科学院自动化研究所学术委员会委员兼名誉主任。 11月,被批准为博士生导师,开始招收博士研究生。	留学归国后首次到国外参加学术会议。 委员会成立大会暨第一次工作会议在杭州召开,会议决定筹建"系统工程普及丛书"编委会,编印"全国系统工程教育与普及工作资料选编"。 为改革开放后,自动控制专业首批博士生导师。

年代	年龄	事　件	相　关　事　宜
1982	67	4月,中国系统工程学会"系统工程普及丛书"编委会主编。 6月,招收3名博士生。 7月,任中国电子工业部高等学校计算机与自动控制教材编审委员会委员。 任中国系统工程学会副理事长、《自动化学报》第四届编委、《控制理论与应用》杂志委员会委员。	
1983	68	开始展开《新疆维吾尔自治区长期发展规划》咨询课题。 6月,领导创建上海市微型电脑应用学会,任理事长。 9月,任湖南省系统工程学会《系统工程》编委会主任委员。 10月,《中国大百科全书·自动控制与系统工程卷》顾问。	为我国第一个采用系统工程方法建立的大型地区性社会经济发展模型。此项研究成果1986年获上海市科技进步三等奖。其经验又在牡丹江、常熟,以及我国钢铁工业规划等做推广咨询。
1984	69	4月,任上海交通大学电子电工学院顾问。 首先提出"工业大系统"等主张。	上海交通大学以电机工程系和电子工程系为基础,将电类各专业合并筹建电子电工学院。"工业大系统"的理论基础是大系统理论,实现的技术手段是多级分布式计算机管理控制系统。
1985	70	1月,到美国、瑞士、英国参加国际学术会议。 7月,任中国系统工程学会第二届理事会常务理事。 9月,中国系统工程学会教育与普及委员会第二届委员会主任委员。 10月,任中国电子工业部高等学校计算机与自动控制教材编审委员会主任委员兼自动控制编审小组组长。 11月,中国自动化学会第四届理事会荣誉理事。 11月,中国电子学会第二届理事会"对在过去五十年为中国电子实业做出的贡献表示祝贺"。 12月,到中国香港讲学。	在美国佛罗里达大学与现代控制理论奠基人R. Kalman教授研讨现代控制理论发展情况。

年代	年龄	事　件	相　关　事　宜
1986	71	上海交通大学自动控制学科博士后流动站负责人。 4 月,中国自动化学会《信息与控制》编辑委员会名誉主编。 5 月,中国自动化学会系统工程专业委员会委员。 9 月,中国自动化学会《自动化学报》顾问。 10 月,国家自然科学基金委员会自动化学科评审组成员。 11 月,中船总公司第七〇四研究所"减摇鳍微机控制器技术"评议委员会主任。	
1987	72	5 月,任"软科学及其应用丛书"编委。 7 月,任国家自然科学基金会第二届学科评审组成员。 8 月,赴中国香港讲学。 10 月,第二届国家自然科学奖信息科学部评审组成员、国家自然科学奖励委员会主任。 10 月,第二届上海市微型电脑应用协会理事、常务理事、理事长。 参加德国慕尼黑 IFAC 第十届世界大会。	
1988	73	北京 IEEE 的 SMC 会议上获美国 IEEE 协会赠送会旗。 5 月,中国计算机学会中国微计算机专业学会顾问。 7 月,主持第一届国际系统科学与系统工程会议(ICSSE'88)。 10 月,受中科院表彰。	杂志隶属于中国计算机用户协会上海协会、上海计算机技术服务公司。 会议由中国系统工程学会与国际应用系统分析研究所(IIASA)共同发起,中国系统工程学会主办。 出席会议的有来自苏、日、德、英、法、意、比、丹麦、瑞士、伊朗、加、澳、葡、马来西亚、波、捷、中国、中国香港等 23 个国家和地区的 288 名代表(其中中宾 178 名,外宾 86 名,外宾陪伴 24 人)。 授予"献身科学事业五十年……特予表彰"。

年代	年龄	事　件	相　关　事　宜
1989	74	主持的博士点获首届全国普通高等院校优秀教育成果奖。 5月，上海市科协高级顾问委员会委员。 项目"广义系统反馈控制设计新方法"获国家教委二等奖。	项目名称为"培养高质量博士，推动学科建设"。
1990	75	7月30日—8月27日，到苏联访问。 8月，中国系统工程学会教育与普及第三届委员会主任委员。 10月，赴美国讲学。 12月，国家教育委员会表彰其"从事高校科技工作四十年"。	
1991	76	1月，赴美国讲学。 11月，任上海市微型电脑应用协会理事、常务理事、理事长。 4月，中国自动化学会系统工程专业委员会委员。	
1992	77	赴新加坡讲学。 4月，中国科学院沈阳自动化研究所学术委员会名誉委员。 10月，出席中国系统工程学会第七届学术年会并讲话。	
1993	78	联合发起第一届全球华人智能控制与智能自动化大会。 6月，国家教委授予"分散系统和非线性系统设计的新理论和新方法"二等奖。 项目"建立一支优秀的教师队伍提高办学水平效益"获上海市优秀教学成果一等奖。	第一届全球华人智能控制与智能自动化大会在清华大学召开，由国际控制界知名学者谈自忠、夏天长、何毓琦，以及一批国外青年学者，国内控制界知名学者宋健、杨嘉墀、张钟俊、李衍达、戴汝为、高为炳等院士联合发起。

年代	年龄	事　件	相 关 事 宜
1994	79	4月,中国自动化学会第十届青年学术年会CYA'94顾问委员会副主席,并题词。 9月,"工业控制丛书"编委会名誉主任。 上海交通大学计算机科学技术研究院名誉院长。	中国自动化学会过程控制委员会设立"张钟俊院士优秀论文奖"。
1995	80	1月,上海交通大学先进制造技术研究院名誉院长。 11月初,到北京参加院士增选大会;11月底至12月初,到南京东南大学、南京航空航天大学做学术报告,患重感冒,住进上海华东医院。 12月29日,于华东医院逝世。	

附录二　张钟俊发表的文章目录

中文论文

时间	篇　名	作者	期　刊
1948	卷头语	张钟俊	《动力工程季刊》第 1 期
	直接发电方法的检讨	张钟俊	《动力工程季刊》第 2 期
	从工业用电展望美国电力前途	张钟俊	《电世界》第 3 期
	蒸汽动力厂厂址之选择	张钟俊　沈善圭	《动力工程季刊》第 3 期
	燃料与燃烧	张钟俊　谢宜培	《电世界》第 8 期
1957	电力系统中有功功率和无功功率的经济分布	张钟俊　夏道止	《上海交通大学学报》第 1 期
1958	想要"专深"必须"红透"	张钟俊	《交大校刊》第 68 期
	决心改造思想把知识交给人民	张钟俊	《交大校刊(合订本)》第 57 期
1959	电力系统中有功功率经济分布问题	张钟俊　夏道止	《上海交通大学学报》第 2 期
1977	现代控制理论综述	张钟俊	《上海交大科技报道》
1978	陀螺角速度漂移数学模型识别	张钟俊　杨翠莲	《上海交通大学学报》第 1 期
	自动控制发展概况	张钟俊　沈锦泉	《信息与控制》第 2 期
	自动控制理论及其发展概况	张钟俊　沈锦泉	《冶金自动化》第 3 期
1979	系统工程学综述	张钟俊　侯先荣	《上海交通大学学报》第 3 期

时间	篇　　名	作者	期　　刊
	对系统工程学的一些看法	张钟俊　侯先荣	《全国控制理论及其应用学术交流会论文集》
	系统工程概述	张钟俊	《国外电子技术》第 8 期
1980	经济数学模型	张钟俊　侯先荣	《系统工程与科学管理》第 3 期
1981	线性计量经济系统的状态空间实现	张钟俊　张启人	《长沙铁道学院学报》第 1 期《信息与控制》第 4 期
	社会-经济系统数学模型	张钟俊　张启人	《信息与控制》第 2 期
	经济系统的数学模型	张钟俊　侯先荣	《自动化学报》第 2 期
	宏观经济系统的计算机仿真	张钟俊　张启人	《系统工程理论与实践》第 3 期
	动态经济模型的可控性和可观性	张钟俊　张启人	《信息与控制》第 6 期
	系统工程的方法论	张钟俊	《科学家谈系统工程》
	现代控制理论在宏观经济学中的应用	张钟俊	《系统工程论文集》
1982	论管理科学	张钟俊　张启人	《管理现代化》第 1 期
	把普及与提高结合起来——祝贺《计算技术与自动化》创刊	张钟俊	《计算技术与自动化》第 1 期
	奇异值分解法对多变量线性系统测辨的应用	袁天鑫　张志涌　张钟俊	《上海交通大学学报》第 3 期
	中国自动化技术发展概况及展望	张钟俊	《电气自动化》第 4 期
	多变量计量经济系统的最优控制理论	张钟俊　张启人	《信息与控制》第 5 期
	微型电脑与自动化	张钟俊	《微型电脑》第一卷第 4 期《全国第一届微型电脑应用学术会议论文集》
	大系统分散控制过程中的信息结构	张启人　张钟俊	《计算技术与自动化》第 1 期

时间	篇　名	作者	期　刊
	美国社会-经济系统的两大建模学派	张乃光　张钟俊	《国外自动化》第四卷第6期
	宏观经济系统的建模和最优控制	张钟俊　张启人	《系统控制论中国数量经济研究会陕西分会论文集》
	动态投入-产出分析的若干有关论题	张钟俊　张启人	《经济控制论中国数量经济研究会陕西分会论文集》
1983	综合即创造	张钟俊	《系统工程》第1期
	国家经济的分数控制和多目标决策——方法论的评介	张钟俊　张启人	《系统工程》第1期
	设计最低阶多线性函数观测器的新方法	张钟俊　陈联淦	《自动化学报》第1期
	Rosenbrock最小实现算法的改进与发展	张钟俊　华兆麟　吴修敬　黄午阳	《应用科学学报》第1期
	动态投入-产出模型和能源预测	张钟俊　张启人	《铁道科学与工程学报》第1期
	社会-经济大系统的多级递阶结构及其分解	张钟俊　张启人	《系统工程理论与实践》第2期
	论能源-经济系统	张钟俊　张启人　林国悌	《信息与控制》第2期
	多项式输入无稳态输出误差时的最优简化模型	张钟俊　白尔维　杨培庆	《应用科学学报》第2期
1984	正弦函数输入时高阶模型的最优简化	张钟俊　白尔维	《控制理论与应用》第1期
	系统工程为国民经济服务的几点看法	张钟俊　吴健中　王浣尘	《系统工程》第1期
	一种实用工业能源模型的研究——能源需求预测分析与仿真模型	张钟俊　黄怡平	《系统工程》第1期
	控制系统计算机辅助设计技术综述	吴智铭　张钟俊	《自动化学报》第2期
	自动化和机器人	张钟俊　王浣尘	《电气传动》第3期

时间	篇　名	作者	期　刊
	经济系统的控制模式与自治控制的极点配置	张钟俊　周斯富	《经济数学》第 1 期
	自适应计量经济预测模型与卡尔曼过滤法在能源需求预测中的应用	张钟俊　周斯富	《系统工程》第 3 期
	自动化学科发展到大系统时代的国外现状点滴和对我国的展望	张钟俊　王浣尘吴健中	《国外自动化》第 5 期
	对我国大系统研究的展望	王浣尘　吴健中张钟俊	《国外自动化》第 5 期
	一种快速建模的方法	王志中　张钟俊	《应用科学学报》第 4 期
	在"新"字和"跳"字上做文章	张钟俊　王浣尘吴健中	《现代化杂志》第 5 期
	中国第二届微型电脑应用学术论文摘要选：如何形成微型电脑产业，必须在对策上做到五个战略转变	张钟俊	《电气自动化》第 6 期
	研究新技术革命的目标的三条总体对策	张钟俊　王浣尘吴健中	《经济学文摘》第 8 期
	新技术革命的战略对策探讨	王浣尘　吴健中张钟俊	《发展研究》第 4 期
	计算机在现代化管理中的应用	杨世胜　张钟俊	《上海管理科学》第 6 期
	电子计算机与管理现代化	杨世胜　张钟俊	《中央电大经济》第 7 期《中国制冷学会热泵回收装置与余热制冷交流会论文集》
	工业大系统与微型电脑	朱仲英　席裕庚张钟俊	《最优化报》12 月
	自动化与社会	张钟俊	《上海交大》
1985	用非线性最小二乘法提高测辨精度	王志中　张钟俊	《信息与控制》第 1 期

时间	篇　　名	作　者	期　　刊
	应用环变量简化宏观经济系统问题的求解方法	张钟俊　周斯富	《系统工程》第 1 期
	经济信息系统中的最优观测策略	张钟俊　周斯富	《湖南科技大学学报》第 1 期
	离散时滞大系统的无条件稳定性	张钟俊　钱振英	《控制理论与应用》第 2 期
	商品市场价格的最优调整	张钟俊　周斯富	《系统工程》第 2 期
	中国宏观经济政策模型及政策偏好趋势分析	张钟俊　周斯富　司春林	《数量经济技术经济研究》第 4 期
	一类新型计算机控制算法：预测控制算法	席裕庚　张钟俊	《控制理论与应用》第 3 期
	肾功能 PSP 试验的系统测辨方法	徐俊荣　王志中　张钟俊	《生物物理学报》第 2 期
	非均匀采样系统的建模方法	王志中　张钟俊	《控制理论与应用》第 4 期
	多变量系统非均匀采样时的建模方法	王志中　张钟俊	《上海交通大学学报》第 4 期
	一个地区的生产计划管理模型	张钟俊　司春林　周斯富	《系统工程》第 4 期
	在"新"字和"跳"字上做文章	张钟俊　王浣尘　吴健中	《情报资料》第 31 期转载
	关于机械工业自动化的几点建议	张钟俊	《中国技术政策（机械工业）国家科委蓝皮书》第 3 卷
	微型电脑的感觉器官——传感器	方志诚　张钟俊	《最优化报》1 月
1986	多变量线性循环系统的递推辨识方法	葛自良　尹国辉　张钟俊　吴修敬	《控制理论与应用》第 3 期
	多输入多输出随机线性离散系统的在线测辨	袁天鑫　李东风　张钟俊	《上海交通大学学报》第 2 期
	计划决策支持系统中的多目标模糊决策方法	杨剑波　陈　陈　张钟俊	《发展战略与系统工程——第五届系统工程学会年会论文集》

时间	篇　名	作者	期　刊
	大规模多目标线性规划的交互式逐步折中分解方法	杨剑波　陈　陈　张钟俊	《系统工程》第 4 期
	自然、社会及人脑中的非线性	姚　勇　张钟俊	《自然杂志》第 11 期
	非线性动态系统研究的新进展	张钟俊　姚　勇	《中国电子学会电路与系统分会第六届年会论文集》
	一类非线性闭环系统中的混沌与镇定	姚　勇　张钟俊	《中国宇航学会全国第三届空间及运动体控制技术学术会议论文集》
	在微型计算机上实现丹兹格-瓦尔夫分解算法	杨剑波　陈　陈　张钟俊	《全国计算机应用学术讨论会论文集》
	机器人技术的发展	蔡自兴　张钟俊	《机器人》第 3 期
	线性观与非线性观——开拓中的非线性系统学	张钟俊	《中国电子学会电路与系统专业委员会第六届年会论文集》
	一类生态系统中的整体分叉图和"魔鬼阶梯"结构	张钟俊　姚　勇	《湖南科技大学学报》第 3 期
1987	机器人及其控制	蔡自兴　张钟俊	《机器人》第 1 期
	在微型计算机上实现 Dantzig-Wolfe 分解算法的运算技巧	杨剑波　陈　陈　张钟俊	《计算机工程与应用》第 2 期
	多目标优化的交互式逐步折中法(ISTM)	杨剑波　陈　陈　张钟俊	《系统工程学报》第 2 期
	机器人技术的发展	蔡自兴　张钟俊	《机器人》第 3 期
	线性多变量系统辨识的一种新算法	张钟俊　吴修敬　葛自良　庄颂新	《控制与决策》第 4 期
	非线性系统学	张钟俊　姚　勇	《信息与控制》第 5 期
	决策支持系统的理论和应用	张钟俊　杨剑波	《系统工程》第 6 期
	广义系统的最优调节器设计方法	王跃云　施颂椒　张钟俊	《上海交通大学学报》第 6 期
	一类智能补偿型自校正控制器	陈建平　吴　滨　张钟俊	《中国自动化学会首届过程控制科学报告会论文集》

时间	篇　名	作者	期　刊
	低敏感性最优调节器的设计方法	张钟俊　李静如	《Advances in Modelling and Simulation》中文本，第7卷
	多目标交互式分解法及其在工业大系统中的应用	张钟俊　杨剑波 陈　陈	《第三届上海市微型电脑应用学术会议论文集》
	机器人操作机的最优控制和机器人发展趋向	张钟俊　蔡自兴	《机器人》创刊号
	机器人学及其应用	张钟俊	《机器人》第2期
	机器人化——自动化的新趋向	蔡自兴　张钟俊	《机器人》第2期
	广义系统的补偿器设计方法	施颂椒　王跃云 张钟俊	《控制理论与应用》第5卷第1期
	多目标优化的交互式逐步折中法(ISTN)	杨剑波　陈　陈 张钟俊	《系统工程学报》第2期
1988	预测控制系统的鲁棒性分析	许晓鸣　席裕庚 张钟俊	《控制理论与应用》第2期《信息与控制》第3期
	大系统的分散预测控制	许晓鸣　席裕庚 张钟俊	《信息与控制》第2期
	大规模多目标优化的交互式目标协调法(ISTNM)	杨剑波　华兆麟 张钟俊	《控制与决策》第2期
	试论机器人的开发与应用问题	蔡自兴　张钟俊	《机器人》第3期
	对Josephson结分叉和混沌现象的仿真研究	姚　勇　张钟俊	《控制理论与应用》第4期
	一门新兴的边缘学科——现代时间序列分析	张钟俊	《信息与控制》第4期
	广义系统的反馈控制与极点配置方法	王跃云　金钟骥 张钟俊	《自动化学报》第4期
	一类用于处理不确定信息的控制器——模糊自校正控制器	钮　旋　钮晓铭 张钟俊	《中国自动化学会第二届过程控制科学报告会论文集》
	机器人操作手路径跟踪系统的鲁棒滑模控制器设计	钮晓铭　钮　旋 张钟俊	《中国仪器仪表学会第二届过程控制学术讨论会论文集》

时间	篇　名	作者	期　刊
1989	预测控制的研究现状和多层智能预测控制	席裕庚　许晓鸣　张钟俊	《控制理论与应用》第 2 期
	基于广义预测控制之智能控制研究	陈建平　张钟俊	《信息与控制》第 2 期
	《过程辨识》书评	张钟俊	《自动化学报》第 4 期
	智能控制与智能控制系统	张钟俊　蔡自兴	《信息与控制》第 5 期
	系统鲁棒性的 H∞ 优化方法	胡庭姝　施颂椒　张钟俊	《1989 年控制理论及其应用年会论文集(上)》
	鲁棒设计：闭环系统矩阵的 Frobenius 范数的最小化	胡庭姝　施颂椒　张钟俊	《控制与决策》第 6 期
	一个通用的有向图故障诊断算法	钱大群　张钟俊	《1989 年控制理论及其应用年会论文集(上)》《信息与控制》第 6 期
	智能控制的理论与实践	蔡自兴　张钟俊	《中南大学学报(自然科学版)》第 6 期
	一种广义系统补偿器的设计方法	王跃云　施颂椒　张钟俊	《控制理论与应用》第 C1 期
	专家系统规则启发式划分和并行推理	蔡自兴　张钟俊	《中南矿冶学院学报》第 1—6 期
	特征结构配置的最小动态补偿	韩正之　张钟俊	《1989 年控制理论及其应用年会论文集(下)》
	一类非线性动态系统的故障检测策略及其应用	潘丹杰　韩正之　张钟俊　周东华	《全国第四届空间及运动体控制技术学术会议论文集》
	分散鲁棒 H∞ 最优调节器	王礼全　施颂椒　张钟俊	《上海市自动化学会 1989 年年会论文集》
	分散控制的稳定：参数化法	王礼全　施颂椒　张钟俊	《中国计算机学会 1989 年第一届全国控制与决策系统学术会议论文集》
	机器人可达工作空间数值计算的一种新方法	席裕庚　应智远　张钟俊	《中国自动化学会第二届全国机器人学术会议论文集》

时间	篇　名	作者	期　刊
	具有误差准则的机器人弹性手臂模型简化的一种算法	包晓明　曹柱中 张钟俊	《中国自动化学会第二届全国机器人学术会议论文集》
	存在不确定性干扰时间接自适应控制系统的 BIBO 稳定性	张钟俊	《全国决策与控制会议论文集》
	一种机械臂非线性鲁棒控制方法	张钟俊	《全国第二届机器人学术会议论文集》
1990	交互式多目标模糊决策及其应用	杨剑波　徐冬玲 张钟俊	《系统工程学报》第 1 期
	一类非线性系统的输出反馈镇定	潘丹杰　韩正之 张钟俊	《控制与决策》第 2 期 《1989 年控制理论及其应用年会论文集(下)》
	一种同时估计状态及参数的非线性过滤器	周东华　席裕庚 张钟俊	《信息与控制》第 2 期
	多目标交互式分解法及其应用	杨剑波　徐冬玲 张钟俊	《上海交通大学学报》第 2 期
	分布式问题求解综述	金　雁　张钟俊 刘　伟	《控制与决策》第 3 期
	电压型逆变器 PWM 模式的研究动向	陈国呈　范懋基 张钟俊	《信息与控制》第 3 期
	非线性系统的能观性和状态观测器	韩正之　潘丹杰 张钟俊	《控制理论与应用》第 4 期
	非线性系统带次优渐消因子的扩展卡尔曼滤波	周东华　席裕庚 张钟俊	《控制与决策》第 5 期
	状态反馈系统的 H_∞ 低敏感性设计	胡庭姝　施颂椒 张钟俊	《1990 年控制理论及其应用年会论文集》第 1 卷
	一种非线性自适应故障检测滤波器	周东华　席裕庚 张钟俊	《1990 年控制理论及其应用年会论文集》第 4 卷
	非线性时变随机系统状态及参数的实时联合估计	周东华　席裕庚 张钟俊	《信息与控制》第 6 期
	鲁棒自适应控制		《全国控制与决策会议录》

时间	篇　名	作者	期　刊
	专家系统及其在飞船控制中的应用		《全国载人飞船制导与控制技术会议论文集》
	故障检测与诊断技术	周东华　席裕庚 张钟俊	《控制理论与应用》第 1 期
	多变量系统的 H_∞ 设计方法	胡庭姝　施颂椒 张钟俊	《控制理论与应用》第 1 期
1991	结构不确定性线性多变量系统鲁棒控制	王礼全　施颂椒 张钟俊	《控制理论与应用》第 2 期
	通过传递函数的状态空间实现求 H_∞-范数	张钟俊　施颂椒 胡庭姝	《自动化学报》第 2 期
	非线性系统基于 I/O 扩展线性化的预测控制算法	孙　浩　席裕庚 施颂椒　张钟俊	《控制理论与应用》第 3 期
	一类非线性系统参数突变故障的检测与诊断	周东华　席裕庚 张钟俊	《控制理论与应用》第 3 期
	(A,B)不变子空间的结构研究及应用	韩正之　冯天虬 张钟俊	《上海交通大学学报》第 3 期
	(A,B)不变子空间的分解	韩正之　张钟俊	《高校应用数学学报》A 辑
	不确定性线性状态空间系统的结构奇异值综合	王礼全　施颂椒 张钟俊	《第三届全国控制与决策系统学术会议论文集》
	基于合同网的作业车间分布式调度策略	刘　伟　金　雁 张钟俊	《第三届全国控制与决策系统学术会议论文集》
	状态反馈系统的 H_∞ 低敏感性的设计	胡庭姝　施颂椒 张钟俊	《控制理论与应用》第 4 期转载
	空间站的混合自适应控制	鲍平安　张钟俊	《宇航学报》第 3 期
	一类非线性系统输出偏差的伪分离估计算法	周东华　孙优贤 席裕庚　张钟俊	《1991 年控制理论及其应用年会论文集(下)》
	轮式移动机器人的一种实时避障方法	韩献光　席裕庚 陆　鼎　张钟俊	《1991 年控制理论及其应用年会论文集(下)》
	分散鲁棒 H_∞ 最优调节器	王礼全　施颂椒 张钟俊	《1991 年控制理论及其应用年会论文集(上)》

时间	篇　名	作者	期　刊
	一类关于鲁棒性和敏感性的泛函的优化	胡庭姝　施颂椒　张钟俊	《自动化学报》第 5 期
	非线性系统的广义线性化预测控制	孙　浩　席裕庚　施颂椒　张钟俊	《上海交通大学学报》第 6 期
	基于知识的计算机辅助工艺过程设计	刘　伟　金　雁　张钟俊	《上海交通大学学报》第 6 期
	一种带多重次优渐消因子的扩展卡尔曼滤波器	周东华　席裕庚　张钟俊	《自动化学报》第 6 期
	柔性结构的鲁棒自适应控制	鲍平安　张钟俊	《航天控制》第 4 期
	新型水下作业机研究	李桐君　张钟俊	《中国机械工程学会第三届全国机器人学术讨论会论文集》
	结构不确定性系统的性能与鲁棒综合	王礼全　施颂椒　张钟俊	《中国自动化学会第三届全国学术年会论文集》
	一种面向对象的生产系统调度模型	刘　伟　金　雁　张钟俊	《中国自动化学会第四届过程控制科学报告会论文集》
	不确定性多变量系统的鲁棒性与性能	王礼全　施颂椒　张钟俊	《中国自动化学会第四届过程控制科学报告会论文集》
	工艺过程设计的分层规划策略	刘　伟　金　雁　张钟俊	《中国自动化学会第三届全国学术年会论文集》
	按欧式范数逼近的交互型多目标决策方法	华兆麟　黄午阳　张钟俊	《中国自动化学会第五届华东地区学术交流会论文集》
	非线性系统扩展线性化预测控制	孙　浩　席裕庚　施颂椒　张钟俊	《上海交通大学学报》第 25 卷第 6 期
1992	工业机器人故障的实时检测与诊断	周东华　孙优贤　席裕庚　张钟俊	《机器人》第 1 期
	多变量广义系统 H_∞ 最优敏感性控制器设计	徐冬玲　施颂椒　杨剑波　张钟俊	《数学物理学报》第 1 期
	从 ACC 看控制理论中几个前沿课题的新动向	张钟俊　韩正之	《上海交通大学学报》第 2 期

时间	篇　名	作者		期　刊
	书评	张钟俊		《系统工程理论与实践》第2期
	一类非线性系统输出偏差的伪分离估计算法	周东华　孙优贤 席裕庚　张钟俊		《信息与控制》第3期
	一类非线性系统输出输入偏差的伪分离估计算法	周东华　孙优贤 席裕庚　张钟俊		《控制与决策》第3期
	分散控制的稳定化——参数化法	王礼全　施颂椒 张钟俊		《上海交通大学学报》第3期
	自适应理论在船舶操纵中的应用	刘思行　张炎华 张钟俊		《上海交通大学学报》第3期
	Kharitonov 定理与鲁棒稳定性	楼吉汉　王跃云 张钟俊		《上海交通大学学报》第3期
	基于接触力分解的多机器人递阶协调控制	朱文宏　席裕庚 张钟俊		《1992年中国控制与决策学术年会论文集》
	非线性系统的反馈镇定和右互质分解	潘丹杰　韩正之 张钟俊		《自动化学报》第4期
	具有 H∞ 误差边界的 Kalman 滤波器	刘　频　张钟俊		《控制理论与应用》第4期
	非线性系统用状态检测器的有界镇定	韩正之　潘丹杰 张钟俊		《系统科学与数学》第3期
	智能控制简介	张钟俊　蔡自兴		《电气自动化》第3期
	非线性系统的一种新标准型（Ⅰ）——观察器型	韩正之　郑毓蕃 张钟俊		《数学物理学报》第3期
	带前通广义分散控制系统正则化的充要条件	刘万泉　席裕庚 张钟俊		《1992年控制理论及其应用年会论文集(上)》
	Volterra 系统的 H∞ 控制理论	刘　频　张钟俊		《1992年控制理论及其应用年会论文集(上)》
	时域鲁棒稳定性分析	胡庭姝　施颂椒 张钟俊		《1992年控制理论及其应用年会论文集(上)》
	可以分散反馈线性化系统的结构特征	韩正之　高　峰 张钟俊		《1992年控制理论及其应用年会论文集(下)》

时间	篇　名	作　者	期　刊
	刚性多机械手搬物系统的递阶协调控制	朱文宏　席裕庚 张钟俊	《1992年控制理论及其应用年会论文集(下)》
	经济控制论的发展：回顾与展望	张钟俊	《上海交通大学学报》第5期
	自主车技术	韩献光　席裕庚 张钟俊	《自动化学报》第5期
	自适应鲁棒控制研究的某些进展		《第五届空间与运动物体控制技术学术会议论文集》
	非线性控制系统的几乎干扰解耦	高　峰　韩正之 张钟俊	《上海交通大学学报》第2期
1993	一类动态补偿器的设计	刘万泉　席裕庚 张钟俊	《控制与决策》第1期
	MIMO非线性系统基于I/O扩展解耦线性化的预测控制算法	孙　浩　席裕庚 张钟俊	《上海交通大学学报》第1期
	新型自校正自适应原理研究及在船舶操纵中的应用	刘思行　张炎华 张钟俊　周兆英	《控制理论与应用》第2期
	智能机器人系统建模的新方法	田　华　席裕庚 张钟俊　蒋慰孙	《模式识别与人工智能》第1—4期
	机械手的高精度轨迹跟踪控制研究	朱文宏　陈辉堂 张钟俊	《机器人》第2期
	一类非线性系统参数偏差型故障的实时检测与诊断	周东华　孙优贤 席裕庚　张钟俊	《自动化学报》第2期
	多机械手协调抓物的鲁棒分解控制	朱文宏　席裕庚 张钟俊	《1993年中国控制与决策学术年会论文集》
	过程控制中非线性最优控制算法的神经网络实现	杨煜普　许晓鸣 张钟俊	《1993年中国控制与决策学术年会论文集》
	非线性系统的I/O扩展线性化	孙　浩　席裕庚 张钟俊	《控制理论与应用》第3期
	初步的尝试　有益的成果——评蔡自兴编著《智能控制》教材	张钟俊	《控制理论与应用》第3期

时间	篇　名	作者	期　刊
	野外自主车姿态分析	韩献光　席裕庚 张钟俊	《机器人》第 3 期
	自校正自适应控制器在非稳定时变系统中的应用	刘思行　席裕庚 张钟俊	《上海交通大学学报》第 4 期
	奇异摄动分散系统的反馈控制	刘万泉　席裕庚 张钟俊	《自动化学报》第 4 期
	非线性系统全局镇定的一个注记	陈彭年　韩正之 张钟俊	《1993 年中国控制与决策学术年会论文集》
	非线性系统的耗散问题及扰动抑制控制	仝松林　韩正之 张钟俊	《1993 年中国控制与决策学术年会论文集》
	一种由 Sigmoid 函数调整的自适应鲁棒控制器	徐炎华　施颂椒 张钟俊	《1993 年中国控制与决策学术年会论文集》
	一种基于黑板的离散事件系统监督器综合方法	蒋智平　吴智铭 张钟俊	《1993 年中国控制与决策学术年会论文集》
	关于智能控制系统的新探讨	田　华　席裕庚 张钟俊	《1993 年中国控制与决策学术年会论文集》
	带前通的分散系统补偿谱与闭环谱相交问题	刘万泉　席裕庚 张钟俊	《自动化学报》第 5 期
	非线性系统的分散镇定	韩正之　高　峰 张钟俊	《自动化学报》第 5 期
	离散事件系统的监督控制理论	蒋智平　吴智铭 张钟俊	《上海交通大学学报》第 6 期
	自动控制的机遇与挑战	蔡自兴　张钟俊	《第一届全球华人智能控制与智能自动化大会论文集》
	机器人智能控制的新方法	田　华　席裕庚 张钟俊	《中国自动化学会第九届全国模式识别与人工智能会议论文集》
	变结构控制系统	赖晓阳　施颂椒 张钟俊	《中国自动化学会第六届过程控制学术报告会论文集》

左侧竖排：中国控制先驱——张钟俊传

时间	篇　名	作者	期　刊
	机器人结构、计算结构与系统	田　华　席裕庚 张钟俊	《中国自动化学会第四届学术年会论文集》
	人工智能在常规控制系统中的应用与智能控制系统	田　华　席裕庚 张钟俊	《中国自动化学会第四届学术年会论文集》
	基于 f-NN 的模糊规划抽取及置信度估计	杨煜普　许晓鸣 张钟俊	《中国自动化学会第六届过程控制学术报告会论文集》
	神经网络 Fuzzy 控制技术新进展	杨煜普　许晓鸣 张钟俊	《中国自动化学会第六届过程控制学术报告会论文集》
	一种自适应鲁棒控制提高闭环系统精度的算法	徐炎华　施颂椒 张钟俊	《第一届全球华人智能控制与智能自动化大会论文集》
	有约束预测控制的时间分解方法	杨　健　席裕庚 张钟俊	《中国自动化学会第六届过程控制学术报告会论文集》
	人工智能应用于船舶操纵原理研究	刘思行　周兆英 张钟俊	《第一届全球华人智能控制与智能自动化大会论文集》
	PID 控制系统的鲁棒性研究	丛　山　施颂椒 张钟俊	《中国自动化学会第六届过程控制学术报告会论文集》
	人工神经网络及其在控制中的应用与探讨	丁　玲　席裕庚 张钟俊	《中国自动化学会中国神经网络 1993 年学术大会论文集》
	间歇反应过程的智能控制系统浅析	田　华　席裕庚 张钟俊	《中国自动化学会第六届过程控制学术报告会论文集》
	一种采用经验数据训练的 ANN 控制器	杨煜普　许晓鸣 张钟俊	《中国自动化学会第六届过程控制学术报告会论文集》
	基于人工神经网络的连续模糊控制	杨煜普　许晓鸣 张钟俊	《第一届全球华人智能控制与智能自动化大会论文集》
1994	基于模糊神经网络的控制规则获取及置信度估计问题	杨煜普　许晓鸣 张钟俊	《模式识别与人工智能》第 1 期
	时域鲁棒设计的新方法：$\sigma[P]$ 和 $\sigma[V]$、$\sigma[V^{-1}]$ 的极小化	胡庭姝　施颂椒 张钟俊	《自动化学报》第 2 期
	控制系统的排列与模型匹配问题	刘　频　郑毓蕃 张钟俊	《自动化学报》第 2 期

时间	篇　名	作者	期　刊
	试论 1-型智能控制系统	田　华　席裕庚　张钟俊	《信息与控制》第 2 期
	互联非线性系统的渐近镇定	陈彭年　韩正之　张钟俊	《1994 年中国控制与决策学术年会论文集》
	大系统 DI 降维法与系统的能控能观性	陈陆平　席裕庚　张钟俊	《1994 年中国控制与决策学术年会论文集》
	改进遗传算法及在优化控制中的应用	杨　健　恽为民　席裕庚　张钟俊	《1994 年中国控制与决策学术年会论文集》
	间接法和直接法用于智能控制系统	田　华　席裕庚　张钟俊	《1994 年中国控制与决策学术年会论文集》
	智能机器人系统建模的新理论——环递阶模型理论	田　华　席裕庚　张钟俊　蒋慰孙	《机器人》第 3 期
	非线性控制系统的特性（Ⅰ）	韩正之　刘建华　郑　毅　张钟俊	《控制与决策》第 4 期
	模型降阶的加权集结法	陈陆平　席裕庚　张钟俊	《1994 年中国控制会议论文集》
	一类非线性系统动出反馈镇定	陈彭年　韩正之　张钟俊	《1994 年中国控制会议论文集》
	基于参数修正的鲁棒自适应极点配置	陈卫田　施颂椒　张钟俊	《1994 年中国控制会议论文集》
	解释学习在机器人过程控制中的应用	田　华　席裕庚　张钟俊　蒋慰孙	《上海交通大学学报(博士后专辑)》
	二轮驱动小车的反馈跟踪控制设计	郑　毅　韩正之　张钟俊	《上海交通大学学报(博士后专辑)》
	一类非线性系统的模型预测控制算法	孙　浩　席裕庚　张钟俊	《上海交通大学学报(博士后专辑)》
	智能控制的理论和方法	黄苏南　邵惠鹤　张钟俊	《控制理论与应用》第 4 期
	智能机器人系统的形式化建模	田　华　席裕庚　张钟俊	《控制理论与应用》第 4 期

时间	篇　名	作　者	期　刊
	非线性控制系统的特性（Ⅱ）	韩正之　刘建华 郑　毅　张钟俊	《控制与决策》第 5 期
	略论混沌理论与非线性经济学	朱新坚　邵惠鹤 张钟俊	《系统工程理论方法应用》第 3 期
	基于 Petri 网的离散事件系统控制理论	王丽亚　吴智铭 张钟俊	《上海交通大学学报》第 5 期
	非线性控制系统的特性（Ⅲ）	韩正之　刘建华 郑　毅　张钟俊	《控制与决策》第 6 期
	一种新的软测量方法及其工业应用	罗荣富　邵惠鹤 张钟俊	《上海交通大学学报》第 A1 期
	从常规控制系统到智能控制系统	田　华　席裕庚 张钟俊	《中国自动化学会第二届全国智能控制专家讨论会论文集》
	状态饱和系统的启发式优化控制	何　星　许晓鸣 张钟俊	《中国自动化学会第十届青年学术年会论文集》
	一类非线性系统动态输出反馈镇定	陈彭年　韩正之 张钟俊	《中国自动化学会中国控制年会论文集》
	一类输入约束系统的启发式优化控制算法	何　星　许晓鸣 张钟俊	《中国自动化学会第二届全国智能控制专家讨论会论文集》
	控制系统中的学习问题	张钟俊	《中国自动化学会第七届过程控制科学报告会论文集》
1995	非线性控制和优化系统中的混沌运动	田玉楚　符雪桐 吕勇哉　席裕庚 张钟俊	《控制与决策》第 1 期
	建立智能控制系统的结构模型	田　华　席裕庚 张钟俊	《系统仿真学报》第 1 期
	间歇反应过程的智能控制系统	田　华　席裕庚 张钟俊	《系统工程与电子技术》第 4 期
	一类 SISO 系统的结构奇异值 μ 综合	丛　山　施颂椒 张钟俊	《控制理论与应用》第 2 期
	跟踪参考输出的自适应极点配置算法	陈卫田　施颂椒 张钟俊	《1995 年中国控制与决策学术年会论文集》

时间	篇　名	作　者	期　刊
	一类基于实时启发式搜索的优化控制算法	何　星　许晓鸣张钟俊	《1995 年中国控制与决策学术年会论文集》
	考虑特征结构的极点配置并行方法	陈陆平　席裕庚张钟俊	《1995 年中国控制与决策学术年会论文集》
	分布式智能控制及其系统	梁　泉　许晓鸣张钟俊	《1995 年中国控制与决策学术年会论文集》
	分布式人工智能研究的进展	梁　泉　许晓鸣张钟俊	《1995 年中国控制与决策学术年会论文集》
	CMAC 神经网络算法的研究	刘　慧　许晓鸣张钟俊	《1995 年中国控制与决策学术年会论文集》
	结构(f,Gi)不变分布的一个充要条件	韩正之　高　峰张钟俊	《自动化学报》第 3 期
	基于结构奇异值的鲁棒 PID 控制器设计	施颂椒　丛　山张钟俊	《上海交通大学学报》第 3 期
	基于决策效用判断的阈值问题研究	全　林　成盛超赵俊和　张钟俊	《系统工程理论方法应用》第 2 期
	复杂工业过程控制结构的综合	李　慷　席裕庚张钟俊	《控制与决策》第 4 期
	走向智能控制系统	田　华　吴启迪张钟俊	《1995 年中国智能自动化学术会议暨智能自动化专业委员会成立大会论文集(上册)》
	基于小脑神经网络的学习控制	刘　慧　许晓鸣张钟俊	《1995 年中国智能自动化学术会议暨智能自动化专业委员会成立大会论文集(下册)》
	多智能体系统智能体协作层的设计与实现	梁　泉　许晓鸣张钟俊	《1995 年中国智能自动化学术会议暨智能自动化专业委员会成立大会论文集(下册)》
	流程工业综合自动化的理论研究与实施	熊　刚　许晓鸣张钟俊	《计算机集成制造系统-CIMS》第 3 期
	跨时随机效用中的优势关系	全　林　成盛超赵俊和　张钟俊	《上海交通大学学报》第 4 期

（续表）

时间	篇 名	作 者		期 刊
	非线性控制系统镇定的若干进展	陈彭年　韩正之张钟俊		《控制理论与应用》第 4 期
	复杂系统与宏观信息熵方法	田玉楚　符雪桐孙优贤　吕勇哉席裕庚　张钟俊		《系统工程理论与实践》第 8 期
	预测控制滚动优化的时间分解方法	杨　健　席裕庚张钟俊		《自动化学报》第 5 期
	抑制滤波发散的新方法及应用	张炎华　程嘉斌张钟俊		《1995 年中国控制会议论文集(上)》
	基于 CMAC 的在线学习控制	刘　慧　许晓鸣张钟俊		《1995 年中国控制会议论文集(上)》
	一种新型的多智能体系统开发环境结构	梁　泉　许晓鸣张钟俊		《1995 年中国控制会议论文集(下)》
	抽彩关联时的决策效用	全　林　成盛超赵俊和　张钟俊		《上海交通大学学报》第 5 期
	机器人动作规划的新方法	田　华　席裕庚张钟俊		《宇航学报》第 4 期
	CIM/CIP 体系结构的研究及其发展趋势探讨	熊　刚　许晓鸣张钟俊		《系统工程理论方法应用》第 4 期
	概率神经网络的实时训练			《中国控制与决策学术年会论文集》
1996	特征结构配置的并行方法	陈陆平　席裕庚张钟俊		《控制与决策》第 1 期
	两段不对称非线性系统的自适应控制新算法	陈卫田　施颂椒张钟俊		《上海交通大学学报》第 1 期
	非线性系统中混沌运动的研究进展	田玉楚　张钟俊		《上海交通大学学报》第 1 期
	一种基于人工神经网络的非线性滤波	刘建华　张伟江韩正之　张钟俊		《信息与控制》第 1 期
	控制理论中的并行算法及其在柔性结构控制中的应用	陈陆平　席裕庚张钟俊		《上海交通大学学报》第 2 期

时间	篇　名	作者	期　刊
	模糊控制的现状与发展	陈建勤　席裕庚 张钟俊	《上海交通大学学报》第 2 期
	混沌理论及其在经济周期理论中的应用	全　林　赵俊和 张钟俊	《上海交通大学学报》第 2 期
	基于阶梯化脉冲响应模型的鲁棒预测控制器	吴国华　席裕庚 张钟俊	《上海交通大学学报》第 2 期
	基于声霸卡的声频监控系统设计	铁锦程　许晓鸣 张钟俊	《计算机应用研究》第 2 期
	工业监控中应用多媒体声频技术的研究	铁锦程　许晓鸣 张钟俊	《工业控制计算机》第 2 期
	一种新的间接自适应极点配置算法	陈卫田　施颂椒 张钟俊	《信息与控制》第 2 期
	离散化对非线性控制系统动力学行为的影响	朱新坚　邵惠鹤 张钟俊	《信息与控制》第 2 期
	非线性系统的有界增益分解	骆万文　韩正之 张钟俊	《控制理论与应用》第 2 期
	非线性互质分解理论的现状及发展	骆万文　韩正之 施颂椒　张钟俊	《上海交通大学学报》第 4 期
	新生产方式用于流程工业综合自动化(CIPS)的探讨	熊　刚　许晓鸣 张钟俊	《上海交通大学学报》第 4 期
	经济周期理论模型研究	全　林　许晓鸣 张钟俊	《上海交通大学学报》第 4 期
	一种简单的确定 ARMA 模型结构的方法	陈建勤　席裕庚 张钟俊	《上海交通大学学报》第 4 期
	状态空间指定圆域特征值配置的分式线性变换方法	施颂椒　丛　山 张钟俊	《上海交通大学学报》第 4 期
	线性大系统多时标分解的并行算法	陈陆平　席裕庚 张钟俊	《上海交通大学学报》第 4 期
	结构稳定性在非线性系统鲁棒性分析中的应用	朱新坚　邵惠鹤 张钟俊	《上海交通大学学报》第 4 期

时间	篇　名	作者	期　刊
	多智能体系统智能体协作层的设计与实现	梁　泉　许晓鸣 何　星　张钟俊	《上海交通大学学报》第 4 期
	鲁棒间接自适应极点配置算法	陈卫田　施颂椒 张钟俊	《上海交通大学学报》第 4 期
	基于简化模型预测控制的鲁棒性分析	吴国华　席裕庚 张钟俊	《上海交通大学学报》第 4 期
	线性系统状态估计器的鲁棒设计方法	程加斌　张炎华 张钟俊	《上海交通大学学报》第 4 期
	系统变量关联测度及在工业过程控制结构选择中的应用	李　慷　席裕庚 张钟俊	《上海交通大学学报》第 4 期
	基于启发式搜索的一类离散非线性系统优化控制算法	何　星　许晓鸣 梁　泉　张钟俊	《上海交通大学学报》第 4 期
	稳定性监控自学习 FNN 控制器	杨煜普　许晓鸣 陈芝久　张钟俊	《上海交通大学学报》第 4 期
	小脑神经网络反馈学习控制系统	刘　慧　许晓鸣 张钟俊	《上海交通大学学报》第 4 期
	两级倒立摆的鲁棒 H∞ 状态反馈控制	翁正新　张钟俊 王广雄	《上海交通大学学报》第 4 期
	神经网络的遗传设计及其在甲醛生产建模及优化中的应用	王　强　邵惠鹤 张钟俊	《上海交通大学学报》第 4 期
	不可测变量的预推断控制	罗荣富　邵惠鹤 张钟俊	《上海交通大学学报》第 4 期
	多媒体声频监控系统开发	铁锦程　许晓鸣 程加斌　张钟俊	《上海交通大学学报》第 4 期
	走向智能控制系统	田　华　吴启迪 张钟俊	《微计算机信息杂志》第 2 期
	非线性单位反馈系统的有界增益镇定	骆万文　韩正之 张钟俊　施颂椒	《1996 中国控制与决策学术年会论文集》
	非线性系统的鲁棒右互质分解	骆万文　韩正之 施颂椒　张钟俊	《1996 中国控制与决策学术年会论文集》

时间	篇　名	作者	期　刊
	一种改进的多重训练双向联想记忆算法	铁锦程　许晓鸣 刘　慧　张钟俊	《1996 中国控制与决策学术年会论文集》
	CIPS 的理论研究、工程实现的发展战略	熊　刚　许晓鸣 张钟俊	《1996 中国控制与决策学术年会论文集》
	CIMS 中面向对象(O-O)技术的应用	铁锦程　许晓鸣 刘　慧　张钟俊	《1996 中国控制与决策学术年会论文集》
	PLJ1700 型电缆成缆机二级控制系统的构造	熊　刚　许晓鸣 张钟俊　邱宗明 郭彦珍	《1996 中国控制与决策学术年会论文集》
	大型 Lyapunov 方程的并行求解	陈陆平　席裕庚 张钟俊	《自动化学报》第 3 期
	非线性系统的干扰抑制控制	仝松林　韩正之 张钟俊	《西北大学学报(自然科学版)》第 3 期
	CIMS-EDI/MHS 模型与系统研究	王　杰　白英彩 张钟俊	《小型微型计算机系统》第 7 期
	间接自适应极点配置控制算法的跟踪能力研究	陈卫田　施颂椒 张钟俊	《自动化学报》第 4 期
	一种简单的渐近稳定自适应控制器	吴国华　席裕庚 张钟俊　顾兴源	《控制与决策》第 4 期
	多智能体系统协作及控制机理和基本问题分析	梁　泉　许晓鸣 张钟俊	《控制与决策》第 5 期
	预测时域选择的简易判据	吴国华　席裕庚 张钟俊	《控制与决策》第 5 期
	以人为中心的 CIMS	熊　刚　许晓鸣 张钟俊　喻宗斌 王浣尘	《系统工程理论方法应用》第 3 期
	流程工业综合自动化中的理论与技术问题	熊　刚　许晓鸣 张钟俊　邵惠鹤	《信息与控制》第 5 期
	基于神经网络的非线性自适应控制	陈卫田　施颂椒 张钟俊	《控制理论与应用》第 5 期

时间	篇　名	作　者		期　刊
	线性控制系统时标分离的子空间方法	陈陆平 张钟俊	席裕庚 钱令希	《控制理论与应用》第 5 期
	状态空间重构技术在控制中的一个应用	朱新坚 张钟俊	邵惠鹤	《控制与决策》第 6 期
	具有有界扰动的时变非线性系统的鲁棒控制	陈卫田 张钟俊	施颂椒	《上海交通大学学报》第 11 期
	不确定系统的动态输出反馈镇定	陈彭年 张钟俊	韩正之	《上海交通大学学报》第 11 期
	LM2917 在电缆缆速测量中的应用	熊　刚 张钟俊	许晓鸣	《组合机床与自动化加工技术》第 11 期
	话缆生产线智能测控系统的设计与优化	熊　刚 张钟俊 郭彦珍	许晓鸣 邱宗明	《机械与电子》第 6 期
	话缆生产线收缆系统模糊控制算法	熊　刚 张钟俊 郭彦珍	许晓鸣 邱宗明	《自动化仪表》第 12 期
	非线性动态系统中的混沌运动分析	田玉楚 张钟俊	许大中	《仪器仪表学报》第 6 期
	用于蒸馏分离节能的智能控制系统	熊　刚 黄国荣 何　星	许晓鸣 张钟俊 方兴其	《化工自动化及仪表》第 A6 期
	AI 和 CIPS 在化工过程中的应用	熊　刚 张钟俊	许晓鸣 张智波	《计算机与应用化学》第 4 期
	Hopf 分叉理论及其在经济周期理论中的应用	全　林 张钟俊	许晓鸣	《系统工程理论方法应用》第 4 期
	非线性系统 PNN 滤波预置扰动故障检测方法	刘建华 张伟江	韩正之 张钟俊	《上海交通大学学报》第 7 期
	已知非最小相位系统的跟踪问题研究	陈卫田 张钟俊	施颂椒	《控制理论与应用》第 6 期
1997	某导弹自动驾驶仪的 H_∞ 控制	翁正新 王广雄	张钟俊	《控制与决策》第 2 期

时间	篇　名	作者	期　刊
	基于遗传算法的 μ 综合方法	赖晓阳　施颂椒 张钟俊	《控制与决策》第 6 期
	仿射非线性系统的动态输出反馈镇定	陈彭年　韩正之 张钟俊	《自动化学报》第 3 期
	小脑模型神经网络改进算法的研究	刘　慧　许晓鸣 张钟俊	《自动化学报》第 4 期
	模糊规则的学习及其在非线性系统建模中的应用	陈建勤　席裕庚 张钟俊	《自动化学报》第 4 期
	CIPS 体系结构的探讨	熊　刚　李兆杰 许晓鸣　张钟俊	《上海交通大学学报》第 3 期
	一阶非线性延迟控制系统的动力学行为分析	朱新坚　邵惠鹤 张钟俊	《上海交通大学学报》第 3 期
	一类非线性系统 Hopf 分叉的控制	朱新坚　邵惠鹤 张钟俊	《上海交通大学学报》第 6 期
	频率/电压转换原理及应用	熊　刚　董　斌 许晓鸣　张钟俊	《自动化仪表》第 8 期
	CIMS/CIPS 中的现场总线	熊　刚　许晓鸣 张钟俊	《工业仪表与自动化装置》第 1 期
	空间系统的状态反馈控制器的 μ 综合方法	赖晓阳　施颂椒 张钟俊	《系统工程理论方法应用》第 4 期
	开环稳定的 H∞ 控制器设计方法	翁正新　施颂椒 张钟俊　王广雄	《控制理论与应用》第 6 期
1998	复合摄动系统的 H∞ 鲁棒性能设计	翁正新　施颂椒 张钟俊　王广雄	《控制理论与应用》第 2 期
	用模糊模型在线辨识非线性系统	陈建勤　席裕庚 张钟俊	《自动化学报》第 1 期
	一类不确定非线性系统的适应输出反馈控制	陈卫田　施颂椒 张钟俊	《数学物理学报》第 2 期
	不确定非线性系统的鲁棒自适应控制	陈卫田　施颂椒 张钟俊	《上海交通大学学报》第 6 期

时间	篇　　名	作　者	期　　刊
	一种采用三角化脉冲响应模型的鲁棒自适应预测控制器	吴国华　席裕庚 张钟俊	《控制理论与应用》 第 2 期

英文论文

时间	篇　　名	作　者	期　　刊
1983	The Yokoyama Form of Affine Nonlinear Systems	Z. Z. Han, Z. J. Zhang	Control and Advanced Technology Vol. 9, No. 2, Mita, Press, Tokyo, Japan
1985	Stability Analysis of Large-Scale Systems with Multiple Delays	Z. J. Zhang, Z. Y. Qian	《数学物理学报 (英文版)》第 3 期
1990	Stabilization of a Class of Nonlinear Systems by Output Feedback	D. J. Pan, Z. Z. Han, Z. J. Zhang	Proceeding of 11th IFAC World Congress
1991	A New Observer from for a Class of Nonlinear Systems and Its Transformation	Z. Z. Han, D. J. Pan, Y. F. Zheng, Z. J. Zhang	International Symposium on Mathematical Theory of Systems, Control, Networks and Signal Processing
	Knowledge-based Fault-tolerant Control of Nonlinear Dynamic Systems	D. H. Zhou, Y. G. Xi, Z. J. Zhang	1st IFAC Symposium on Design Methods of Control System
1992	Disturbance Decoupling and Linearization of Nonlinear Decentralized Systems	F. Gao, Z. Z. Han, Z. J. Zhang	IFAC/IFORS/IMACS Symposium on Theory and Applications of Large Scale Systems
	A Variable Structure Robot Control Algorithm with an Observer	W. H. Zhu, H. T. Chen, Z. J. Zhang	IEEE Transactions on Robotics and Automation
	Distributed Job-shop Scheduling Based on Multiagent Planning Approach	W. Liu, Z. J. Zhang	Proceeding of International Conference on Automation, Robotics and Computer Vision
1993	Robust Design for System with Observes	T. S. Hu, S. J. Shi, Z. J. Zhang	Proceeding of 12th IFAC World Congress

时间	篇　　名	作者	期　　刊
	A Generalization of μ-Method	S. Cong, S. J. Shi, Z. J. Zhang	Proceeding of 2nd Asian/Pacific International Symposium on Instrumentation, Measure and Automatic Control
	Continuously Tuned Adaptive Robust Controller	Y. H. Xu, S. J. Shi, Z. J. Zhang	Transaction of Nanjing University of Aesonautics and Astronauctics
	Intelligent Tuned Adaptive Robust Controller	Y. H. Xu, S. J. Shi, Z. J. Zhang	2nd Asian/Pacific International Symposium on Instrumentation, Measure and Automatic Control
	Model Predictive Control for MIMO Nonlinear Systems Based on I/O Extended Decoupling Linearization	H. Sun, Y. G. Xi, Z. J. Zhang	2nd Asian/Pacific International Symposium on Instrumentation, Measure and Automatic Control
	Singular Perturbed Decentralized Control of Linear Systems with Direct Control Feedthrough	W. Q. Liu, Y. G. Xi, Z. J. Zhang	12th IFAC World Congress
	Bounded-input-Bounded-output Stabilization of Nonlinear Systems Using State Detectors	D. J. Pan, Z. Z. Han, Z. J. Zhang	Systems and Control Letters, Vol. 21
	Stabilization for Nonlinear Interconnected System	Z. Z. Han, F. Gao, Z. J. Zhang	Applied Mathematics and Computer Science, Vol. 3, No. 4, Polish Academy of Science
	Model Predictive Control of Affine Nonlinear Systems	Y. G. Xi, H. Sun, Z. J. Zhang	IEEE conference on Computer, Communication Control and Power Engineering
	Extension of Friedland' Separate-bias Estimation to Randomly Time-varying Bias of Nonlinear Systems	D. H. Zhou, Y. X. Sun, Y. G. Xi, Z. J. Zhang	IEEE Transactions on Automation Control, Vol. 38, No. 0
1994	Stability Analysis of Large-scale Systems with Delays	S. N. Huang, H. H. Shao, Z. J. Zhang	Systems and Control Letters

时间	篇　名	作者	期　刊
	Real-time Detection and Diagnostics of 'Parameter Bias' Faults for a Class of Nonlinear Systems	D. H. Zhou, Y. G. Xi, Z. J. Zhang	Chinese Journal of Automation
	A New Method for Selection of Variables in Industrial Process Control Systems	K. Li, Y. G. Xi, Z. J. Zhang	Proceeding of the Asian Control Conference
	Selection of Manipulated Variables for Industrial Process Control	K. Li, Y. G. Xi, Z. J. Zhang	Proceeding of the Asian Control Conference
1995	Fuzzy-neural-net-based Inferential Control for High-purity Distillation Column	R. F. Luo, H. H. Shao, Z. J. Zhang	Control Engineering Practice
	Parallel Algorithm on Two-time-Scale Modeling of Flexible Structures	L. P. Chen, Y. G. Xi, Z. J. Zhang	Education, Practice and Promotion of Computation Methods in Engineering Using Small Computers
	Parallel Multi-time-scale Decomposition Algorithm for Large-Scale Linear Systems	Y. G. Xi, L. P. Chen, Z. J. Zhang	Large Scale Systems
	Segmented Optimization Strategy for Predicative Control	J. Yang, S. H. Shao, Y. G. Xi, Z. J. Zhang	《Journal of China Textile University(English Edition)》第 1 期
	Intelligent Control Systems Epistemology, Methodology and States-of-arts	H. Tian, Q. D. Wu, Z. J. Zhang	《1995 年中国控制会议论文集（下）》

附录三 张钟俊 1981 年以后指导的研究生及其论文题目

硕士论文

年份	论 文 题 目	学生	导 师		
1981	获得 luenberger 标准形最小实现的一种方法,"下阶梯形"最小实现的一种算法	华兆麟	张钟俊	陈铁年	
	互联系统的李雅普诺夫稳定性	薛科夫	张钟俊	陈铁年	
	一种传递矩阵的最小实现法	陈晓东	张钟俊	陈铁年	
	极点配置输出补偿器的设计	钱振英	张钟俊	陈铁年	
	最低阶多线性泛函观测器的设计	陈联淦	张钟俊	陈铁年	
	SC 网络的研究	惠志奎	张钟俊	王蔼	林争辉
	一种具有最小有源灵敏度的单放大器 RC 网络的设计方法	毕 琦	张钟俊	王蔼	林争辉
	使用单纯逼近和分段线性化分析解非线性电阻网络	李世煜	张钟俊	王蔼	林争辉
	修改的共轭斜量法在电子电路优化设计中的应用	吴开泰	张钟俊	王蔼	林争辉
	非线性网络瞬态分析的 BDF 算法程序	秦建业	张钟俊	王蔼	林争辉
	应用标准基昇十(SBO)分析方法分析、计算线性网络的大改变量响应灵敏度	李葆芳	张钟俊	王蔼	林争辉
	颈动脉窦压力感受器血压控制系统的模拟电路及计算机辅助分析	檀东铎	张钟俊	王蔼	林争辉
	状态变量型 R 有源滤波器的研究	夏克兢	张钟俊	王蔼	林争辉

年份	论 文 题 目	学生	导 师		
1984	数据残缺与均匀采样时的建模方法及其应用	王志中	张钟俊		
1985	潮汐河流的水质动态模型的研究	华兆麟	张钟俊		
	具有时滞的一类大系统的稳定性和分散镇定问题研究	钱振英	张钟俊		
1986	失稳的应用理论与方法	姚　勇	张钟俊		
1987	广义动态系统的反馈控制	王跃云	张钟俊		
	工业大系统的预测控制	许晓鸣	张钟俊		
1989	最优敏感性及鲁棒性控制器设计方法	徐冬玲	张钟俊		
1990	多变量系统的 H∞ 控制和鲁棒设计的时域方法	胡庭姝	张钟俊		
	非线性控制系统的观察与镇定	潘丹杰	张钟俊		
	离散事件系统理论在柔性制造系统中的应用	张　梅	吴智铭	张钟俊	
	一类非线性系统故障检测与诊断的滤波器方法	周东华	张钟俊	席裕庚	
1991	弹性机械臂建模与控制若干问题研究	包晓明	张钟俊		
	自适应理论研究及在船舶操纵中的应用	刘思行	张钟俊	张炎华	
1992	结构不确定性线性多变量系统鲁棒控制	王礼全	张钟俊		
	自主车局部路径规划及运动控制若干问题研究	韩献光	张钟俊	席裕庚	
	非线性系统的分散控制	高　峰	张钟俊	韩正之	
	分布式合作调度策略的研究	刘　伟	张钟俊	许晓鸣	
	广义系统与奇异摄动系统的分散控制	刘万泉	张钟俊	席裕庚	
1993	基于学习的机器人把持柔性材料时的定位控制研究	荣莉莉	张钟俊		
1994	线性系统鲁棒性控制器的 μ 综合	丛　山	张钟俊	施颂椒	
	非线性系统反馈镇定	陈彭年	张钟俊	韩正之	
	非线性系统预测控制优化方法和策略的研究	杨　健	张钟俊	席裕庚	
1995	现代非线性力学在系统分析和控制中的若干应用	朱新坚	邵惠鹤	张钟俊	
	非线性系统的多模型自适应控制	徐炎华	张钟俊	施颂椒	
	非线性概率滤波及故障检测的研究	刘建华	张钟俊	张伟江	

年份	论 文 题 目	学生	导 师	
1996	非线性控制系统的干扰抑制问题及其应用	仝松林	张钟俊	
	几类不确定非线性系统的自适应与鲁棒控制问题研究	陈卫田	施颂椒	张钟俊
	多智能体分散式协调控制的研究	梁 泉	张钟俊	许晓鸣
	CIPS 体系结构、智能工具及其应用	熊 刚	许晓鸣	张钟俊
	启发式优化控制方法的研究及应用	何 星	张钟俊	许晓鸣
	基于结构奇异值的时域鲁棒分析与综合	赖晓阳	施颂椒	张钟俊
	无模型自适应控制理论与应用	程树行	张钟俊	邵惠鹤
	非线性控制系统的镇定与互质分解	骆万文	韩正之 张钟俊	施颂椒
1997	基于智能代理网络的 CSCW 框架研究	王 杰	张钟俊	白英彩
	网络管理信息模型、组织模型及网络管理专家系统研究	杨 锐	张钟俊	白英彩

附录四 张钟俊学生及家属纪念文章节选

中国自动化技术的开拓者——张钟俊

重点学科的带路人,学科建设的先行者

以学术前沿为引领,结合工程实践发展控制理论

我的爸爸张钟俊院士

中国自动化技术的开拓者——张钟俊

韩正之

1990 年 7 月,上海交通大学和上海科学技术协会隆重举行"张钟俊教授执教 50 周年学术研讨会"。张钟俊教授 50 年来的科研与教育生涯是一本优秀的教材,其中虽无惊天动地的事迹,却无时无刻不闪烁着他崇高的理想和不断进取的精神。

一个年轻的教授

1915 年 9 月,张钟俊出生在浙江嘉善的一个普通的教员家庭,11 岁那年,他离开家乡赴浙江嘉兴求学,不久到上海就读于南洋中学。青少年时代,张钟俊就表现非凡,他博学强记,思维敏捷,兴趣相当广泛。他辗转各地,进过许多学校,成绩一直名列前茅,而且一次又一次得到跳级的荣誉。

1930 年 9 月,才过 15 岁的张钟俊以杰出的成绩考入国立交通大学电机工程学院。交通大学严格的基础教育为张钟俊的成长奠定了扎实的基础。1934 年 7 月,张钟俊在交通大学毕业,获得了电机工程学士学位,并以其出色的学绩取得中美文化教育基金会的奖学金,进入美国麻省理工学院电工系攻读研究生。

美国麻省理工学院堪称世界工程科学的骄傲,在那里云集着一批优秀的科学家。学院一贯以培养创造性人才为宗旨,对学生的教育强调开拓而不是知识的堆积。那里优越的设备条件、丰富的图书资料汇成了知识的海洋。张钟俊如鱼得水,如饥似渴地学习、废寝忘食地钻研。他的天赋和勤奋,使他很快地在美国麻省理工学院崭露头角。两个学期之后,他获得了硕士学位;又经过 5 个学期,他获得了科学博士学位。

美国麻省理工学院对于攻读科学博士学位的研究生要求几近苛刻。研究生除了要攻读本专业课程之外,还必须在理学院选择一门专业作为副科;

不但要求掌握该副科专业大学本科核心课程知识,而且要求选读该专业的两门研究生课程。电工是张钟俊的主科,副科他选择了数学专业。在数学系进修期间,张钟俊结识了控制论的创始人——R. 维纳教授。维纳给他讲授傅里叶分析,这是维纳极有造诣的一门课程。维纳深入浅出的讲解、他的渊博知识以及非凡的综合能力,给张钟俊留下很深的印象。他暗暗将维纳作为自己的楷模,因而除了听课他还经常独自去向维纳求教,讨论的内容已经远远超出了傅里叶分析。

美国麻省理工学院是当时美国少数几个有权授予科学博士学位的院校之一。为了自己的声誉,它要求博士学位论文不但内容要完整而且必须有独特的见解。在导师莱昂(Lyon)和斯特拉顿(Stratton)的指点下,张钟俊选择了单相电机的短路问题作为博士论文的研究课题。他研究了凸极电机短路的暂态过程。这是一个多年来悬而未决的难题,其中涉及求解一个含周期变化参数的常微分方程。渊博的知识使张钟俊联想到天体的运行,这也呈现一种周期变化的特征,而天文学家是利用傅里叶级数进行探讨的。他大胆地将这种方法推广到单相凸极电机的短路动态方程上,经过周密的论证和巧妙的推理,他终于获得了成功,第一次在理论上获得了这类电机的一个模式常数。这个常数在另一个硕士研究生的实验中得到证实。张钟俊的博士论文《单相电机短路分析》在 1937 年 12 月进行答辩,与会者对文章给出极高的评价,认为其中提出的方法不只是对电机学,就是对数学研究也是一个创新。

由于学业上的出类拔萃,毕业后张钟俊被推荐到美国有名气的大学里担任助理教授。然而种族偏见剥夺了他这次机会,面对这种不公正的待遇,张钟俊义愤填膺,他下定决心:学成之后一定要为炎黄子孙争这口气。后来,学校继续留他做博士后副研究员。自 1861 年美国麻省理工学院创办以来,张钟俊是该校电工系第 28 位科学博士,也是第一位博士后副研究员。他协助吉耶曼(Guillemin)教授研究网络综合理论。在网络综合领域,吉耶曼是公认的创始人之一。当时这门理论还处于启蒙阶段。从 1937 年 12 月到 1938 年 10 月,张钟俊不但熟悉了网络综合的背景,而且开始能够独立地从事这个领域的研究工作。

1938年，日寇的铁蹄踏进中国的华东。9月，张钟俊接到家书，信中说杭州沦陷，全家内迁避祸江西。国破家危，年轻的张钟俊热血沸腾。10月，他经中国香港回到上海。

张钟俊学成在海外，名声早已流传到中华。他刚刚踏上国土，西南联大、浙江大学、广西大学和武汉大学就竞相聘请他担任教授。美商上海电力公司也以高薪相聘。回想起海外华人所受的侮辱，再看眼前民众的疾苦，张钟俊断然拒绝了外商的聘请，他要与国人同甘共苦。当年11月他毅然离沪进川，担任武汉大学（当时已迁至四川省乐山县）电机系教授，时年24岁。

不久，日寇飞机在乐山投下燃烧弹，劫后的乐山遍地断砖残瓦，校舍也不能幸免。张钟俊即去重庆，转任国立中央大学电机系教授。一年后，适逢交通大学校友在重庆小龙坎筹建交通大学分校。母校情笃，张钟俊积极参与此事。当1940年交通大学小龙坎分校正式成立时，张钟俊被聘为教授，任电机系主任。

1942年2月，鉴于上海的交通大学名称已不存在（改为南洋大学），原交通大学分校在现有基础上扩充并在重庆九龙坡另建新校舍，成立重庆交通大学。学校新设置电信研究所，聘张钟俊担任电信研究所主任。1944年秋，电信研究所正式招收研究生，课程设置参照美国的哈佛大学和麻省理工学院。张钟俊亲自讲授高等电工数学、电信网络等课程，还指导学生从事网络综合理论的研究。到1948年，张钟俊在网络综合领域里已经很有造诣，他将这一时期的研究成果写成《网络综合》一书。这是国际上第一本阐述网络综合理论的专著，书中采用了复频率概念来表征两端口和四端口网络的阻抗函数，它们分别是复变量的标量和矩阵的有理函数。这个概念与经典控制理论及以后的现代控制理论中的传递函数和传递函数矩阵是一致的。书中还提出了正实函数与网络的物理可实现性间的关系。

在电信研究所的后期，张钟俊开始研究自动控制理论。他在电信研究所讲授伺服原理。后于1950年到长春中国科学院机电研究所再次讲授这门课程，从此开创了我国控制理论和控制技术的研究历史。

一个爱国的学者

1945 年秋,日寇投降了。重庆交通大学和南洋大学汇合,返回上海徐家汇。两校汇合后继续设置电信研究所,仍然由张钟俊担任该所主任。入冬后,张钟俊便举家搬迁上海。

到上海之后,张钟俊应聘兼任了上海市公用事业管理局的技术室主任(按照现在称呼为总工程师)。当时,该局经管上海全部的公用事业,包括电力和电信、电车和公共汽车、煤气和自来水,以及市轮渡、地下铁路(筹建)等8 个方面。其中固然有张钟俊熟悉的领域,但也有他生疏的方面。作为技术室主任他必须掌握科学管理的方法和具备科学管理的能力。当时大部分的公用事业都由外商经营,同他们打交道他必须懂得契约和合同法规及关于社会关系的各种知识,就是这段经历为张钟俊日后在中国开创系统工程研究准备了条件。

1948 年末,国民党政府摇摇欲坠。局长率先出走了。正在那时,张钟俊收到了美国麻省理工学院校长斯特拉顿的信,邀请他赴美担任该校电工系教授。但张钟俊决意留下来,和广大人民一起迎接上海的解放。

上海解放了,军管会请张钟俊留任公用事业局,协助搞好公用事业的接管工作。原先各租界的电网是独立的,各电厂的输出电压和频率也不尽相同,为了能够对全市的供电进行统一管理,张钟俊领导并具体指挥了电网合并工作,改造了部分发电机组,统一了电压和频率。接着他又建议抽调干部组织电力调度培训班,培养电力管理人才。张钟俊还主持了上海黄浦区第一条过江电缆的设计和安装,改变了浦东地区缺电的局面。

1950 年初,震惊中外的"二六"轰炸使杨树浦发电厂遭到严重破坏。为了预防再次空袭,其他电厂也在准备转移设备。这就使上海的电力供应显得非常紧张。针对这种情况,张钟俊提出了一系列措施缓和电力供需矛盾,协助人民政府战胜困难。为了错开供电高峰负荷,他建议实行轮流休息天制度和三班制;为了保证工业用电,他建议禁止使用电炉等耗电量大的家用电器和临时提高民用电价等,其中的一些措施很快在全国推广。

根据高教部关于合并研究所的决定,上海交通大学的电信研究所于

1950 年停止招生,次年最后一届研究生结业。1950 年夏,张钟俊赴长春接洽电信研究所的转交事宜。他在长春中国科学院机电研究所讲授伺服原理,这是解放以后首次开设的自动控制课程。

电信研究所结束后,张钟俊转入了电力系的发电专业。他科研的重点也随之转入了电力系统。为了集中精力搞好新的教学工作,张钟俊辞去了上海市公用事业管理局的职务。在他精心培养下,一批又一批的新中国电力建设的专门人才脱颖而出,活跃在祖国的四面八方。

1956 年,高教部指派张钟俊出席国务院召开的"十二年科学规划"会议。出席会议的有来自全国各地的 300 多位专家。会议分成几个专业组,张钟俊是电力组成员,并在会议的最后阶段执笔编写了电力系统这部分的长期规划。会议之后,张钟俊被委任为国家科委电力组成员。

同年,张钟俊根据电厂的实验情况研究用线性规划等运筹学工具来讨论电力系统优化的可能性。他和他的助手首次提出了在各发电厂燃料消耗增益相等时的负荷经济分布的条件,首次给出了选择补偿器位置及其配置容量的计算方法,在国内的同行中引起很大的反响。1957 年,他们又提出了在众多的约束条件下的电力经济分布方程。他的有关论文中的优化设计的思想和方法与以后提出的系统工程中的最优化原则是吻合的,这在当时国内工程界是相当罕见的。

1958 年起,上海交通大学开始设置军事性质的专业。为了保证和提高这些专业的教育质量,张钟俊调任无线电系和自动控制系主任。

根据张钟俊在自动控制领域的造诣和声望,以后,他又被委任为国家科委自动化专业组副组长。

1966 年以后,中国出现了长时间的折腾,正常的科学研究被压抑了,而正在此时世界科学技术正以前所未有的速度发展着。现代控制理论迅猛发展,控制技术步入了一个新的阶段。张钟俊依然坚持学习这些最新发展的理论,时刻关注着它们的新成就。

1973 年,为了解决潜艇的惯性导航,张钟俊和部分同事组织了讨论班。他主讲现代控制理论,同时编著了《矩阵方法和现代控制理论》一书,该书成为我国最早阐述现代控制理论的著作。同年,他又撰写了《现代控制理论综述》，向国内同行介绍现代控制理论的发展状况。经过两年的努力，导航问题获得完美的解决。他们将主要结论写成论文《陀螺角速度漂移数学模型的辨识》。文章应用卡尔曼滤波技术对惯性导航系统的反馈信息进行处理，从而大幅度提高了控制精度。这项研究后来获得全国科学大会奖和上海市重大科技成果奖。

一个献身事业的科学家

1976年10月，"四人帮"垮台了。科学界像沐浴在春光中，充满了勃勃的生机。春风吹进了张钟俊的心扉，尽管这时候他已两鬓挂霜了，但仍感到浑身充满了春天的活力。

为了夺回失去的时光，张钟俊积极展开了三个方面的工作。他一方面积极投身于国际学术交往中，利用自己的学识和地位为中国的自动化事业扩大影响，争得荣誉；一方面坚持在校内带领同事和学生学习新知识，研究新课题，承担理论和实际的攻关项目；一方面不辞辛劳地奔波在祖国各地，讲课，做报告，传授新知识，介绍新动向，或者推广科研成果，为经济建设服务。

1978年秋，张钟俊参加了上海交通大学访美代表团，并负责电子、电工和自动控制等领域的交流和调研。在短短的45天的访问中，张钟俊敏锐地注意到微电脑的开发和应用是一项关键性的突破。从航天事业到污染治理，从工业控制到音乐作曲，从政府机构到家庭和个人都广泛地使用了微电脑。他每到一地总提出要参观计算机机房，询问机器的性能，了解它们的用途。在张钟俊的提议下，代表团带回了王安计算机和INTEL开发系统。张钟俊认识到，要把我国的生产水平和管理水平搞上去，必须大力推广应用微电脑，普及微电脑的应用知识。回国后，他即组织微电脑开发的研究，筹建计算机应用的学术组织。

在美国访问期间，张钟俊还发现系统的思想正在广泛地渗透到自然科学和社会科学的各个领域，特别是系统工程作为一门科学管理的方法论有着重要的应用价值。他发现作为自动控制与工程技术的结晶，机器人的研制正在美国崛起，前途无量。回国后，他立即着手进行这些课题的研究。

1980 年,张钟俊再次访美,并应邀在密歇根大学和佛罗里达大学做短期讲学。在佛罗里达大学,张钟俊和现代控制理论的创始人 R. E. 卡尔曼相遇了。卡尔曼倾听了张钟俊题为"系统工程在中国"的演讲,对他在系统工程方面的见解表示赞赏。共同的事业将两位科学家联系在一起。应张钟俊的邀请,翌年,卡尔曼来我国讲学。

在这次访问中,张钟俊参观了美国最大的咨询机构——兰德公司,听取了公司人员的介绍。张钟俊再次体会到系统工程方法在预测和决策中的重要地位,他联想到祖国正在进行现代化建设,深感大有必要推广系统工程理论。这项工作将对现代化建设的科学管理和科学规划带来裨益。在他的提议下,上海交通大学在系统工程研究所的基础上于 1981 年又成立了系统工程跨系委员会。

1978 年以后,张钟俊不顾自己年事已高,出席自动化领域的各种国际会议十多次,美国、法国、英国、瑞士、德国和中国香港等许多地方都留下了他的足迹。鉴于他的名望和成就,他多次被邀请担任会议的主持人或者讨论会的召集人。

"文革"以后,张钟俊历任上海交通大学的计算机系主任、电工和计算机科学系主任。在国家号召领导班子年轻化的时候,他主动退居二线。

1978 年恢复研究生制度以后,张钟俊即担任硕士研究生导师。1981 年设置博士学位的时候,他被批准为博士生导师。1986 年国家建立博士后流动站,他又被委任为博士后导师。他的科研领域相当广泛,并且与国家的重点科研项目紧密结合,涉及最优控制、系统辨识、自适应控制、预测控制、电力系统、大系统、经济控制、H∞设计技术、计算机辅助设计、智能控制、机器人学、非线性控制等很多方面。其中大部分在当时都是控制学科的前沿课题。从 1982 年以来他和他的学生们的研究成果获得国家教委科技进步奖二等奖 3 次。

在指导研究生的同时,张钟俊还带领同事们做了大量的实际课题。其中比较突出的是地区发展规划的咨询。

张钟俊具体负责了上海交通大学接受的"新疆维吾尔自治区长期发展规划"的咨询课题。1983 年 11 月底,年近古稀的张钟俊率领首批考察组进疆考察。1984年,张钟俊等对50万个关于解放后新疆维吾尔自治区经济发展状况的统计数据作了整理和分析,从中萃取了5万个数据作建立数学模型的依据,并决定了以定量为主、以定性为辅的建模方针。在大家的努力下,建立了描述宏观经济的系统动力学模型、反映各生产部门间相互依赖关系的投入产出模型和用状态空间描述的动态经济控制模型,并完成了一个附属的特尔菲型专家咨询系统。根据模型,课题组在计算机上模拟获得了新疆地区在1990年至2000年能够达到的各项经济指标,提供了实现这些指标的具体方案,描绘了21世纪新疆的远景,还指出了潜在的问题。

"新疆宏观社会经济模型"是我国第一个采用系统工程思想建立起来的大型地区性的社会经济模型。这项研究获得了上海市科技成果奖。这项研究采用的方法为规划的科学化提供了一个范例。以后他还负责完成了牡丹江、常熟等市的远景规划和我国钢铁工业发展规划等的咨询任务。

1985年,张钟俊已入古稀之年,他辞去了校内所有的行政职务,然而从那时起他显得更忙碌了。他一年四季奔波在祖国各地,担任了华侨大学、西安交通大学、北方交通大学、重庆大学、合肥工业大学等23所高等院校的顾问教授或者名誉教授和湖南科技大学等两所院校的名誉校长,他在那里讲课和指导科学研究。他担任了厦门经济特区、常熟和嘉兴等市的高级科技顾问,为经济和技术发展出谋划策。他担任了国家自然科学基金会信息科学部评审组成员和奖励委员会委员。他还曾担任国务院学位委员会自动化小组的召集人、中国自动化学会和中国系统工程学会的副理事长,以及中国微电脑应用学会名誉理事长和上海微电脑应用学会的理事长。

一个学科发展的带头人

1988年8月,全美电子电工工程协会的SMC专业委员会在中国举行国际学术会议。闭幕式上举行了隆重的赠旗仪式。会议主席将一面协会的会旗赠送给张钟俊教授,表彰他在中国开创了自动化的教育和研究。

与世界上许多杰出的科学家一样,在20世纪60年代初期张钟俊便以极大的热忱关注着卡尔曼和庞得里亚金在控制理论方面的新进展。在1962年卡尔曼和布西提出新的滤波设计的时候,他就认识到一门新的理论已经脱颖而出了。1964 年,张钟俊将卡尔曼滤波技术应用到"远航仪"的接收信号的处理中,成为我国第一批将现代控制理论应用于实际工程的科学家。1973 年他在主持核潜艇的惯性导航这个研究课题中,又应用了现代的系统测辨技术建立了陀螺角速度漂移的数学模型,而且再次应用了卡尔曼滤波设计了信号反馈装置,大幅度提高了潜艇定位的精度。

如果说第二次世界大战促成了经典控制理论的诞生,而空间技术和计算机发展导致了现代控制理论的话,那么当前的世界问题,例如能源问题、环保问题、人口问题和经济问题等,又对控制理论提出了新的课题。张钟俊注意到了这样的事实。现在需要讨论的系统结构更加复杂:一方面这种系统的运行过程常常夹杂着人的思维活动,系统的行为变得更加不确定起来;另一方面需要讨论的系统规模更加庞大。它常常是由一些小系统按照递阶或者完全分散的形式耦合生成,经典的信息结构被打乱了。这些新特点使得传统的控制手段变成几乎是一筹莫展。根据 20 世纪 70 年代以来需要解决的问题的新特点和理论的新进展,张钟俊支持"控制理论进入第三个发展阶段"的看法,认为现在已经是大系统理论时代,这个观点一直指导着他的研究方向。

张钟俊在自动控制领域中的贡献众所归望。1981 年他当选为中国科学院技术科学部学部委员。

近年来,张钟俊又带领同事们和同学们进行了大量的研究,他们总选取领域的前沿课题作为自己的研究对象,在研究中讲究实际与理论并重。例如,预测控制是 20 世纪 70 年代才提出的一种实用的控制技术,张钟俊及其同事们在这项技术刚诞生之际就予以非常重视,他们进行了许多理论上的探索,提出了预测控制中控制和校正分离的新框架,提出了双重预测和分散信息的预测控制方法,并正着手应用到化工工业控制中,在普遍注重算法设计的预测控制领域中,他们的工作称得上是佼佼者。此外在广义系统、H∞设计技术等领域,他们都取得了重要进展。

也许是早年在上海市公用事业局工作的那段经历,张钟俊一直关注着管理科学的发展。60 年代前后,系统工程逐步形成了一门独立的学科,它以全局的观点出发,综合应用现代科学技术和先进的管理技术,追求整体最优规划、实施方案和具体运行。60 年代后期系统工程方法应用到经济学和管理学等许多领域，表现出强大的力量。1977 年，祖国正从长期的动乱走向安定团结，满目疮痍亟待治理，停滞多年的经济亟待奋起，规划问题随之而来。这一年，张钟俊在广州召开的一次全国性学术会议上，提出了在我国推广应用系统工程的主张，成为我国首批倡导系统工程方法的科学家之一。在这次会议上，张钟俊结合国际上成功应用的范例，深入浅出地介绍了系统工程的观点、内容和方法，与会者颇有振聋发聩之感。

20 世纪 80 年代前后，张钟俊和其他学者一起，将大系统理论和系统工程方法结合在一起分析宏观经济问题，提出了新一代的经济控制论。

经济控制论的发展可以有这样一些里程碑：20 世纪 60 年代奥斯卡·兰格用经典控制方法详细讨论了凯恩斯理论，将可靠性理论引入了经济领域，用控制理论方法研究了经济现象的稳定性；70 年代邹至庄在经济问题中引进了最优控制方法，曼内斯库则引进了状态空间方法和对国民经济大系统的结构作了逐层剖析；到了 80 年代，张钟俊和他的同事们将最新的控制理论用于经济现象的分析，他们在经济控制问题中引进了能控性和能观性，提出了经济系统建模的原则和步骤，提出了经济系统最小实现模型，提出了动态投入产出分析法，阐述了经济系统仿真的意义和特点。这些论著后由中国数量经济研究会陕西分会在 1981 年整理出版。这些论文开拓了我国经济控制的现代理论阶段，对于建立我国的社会经济模型具有一定的启示和指导作用。

1984 年以来，张钟俊和他的同事们应用系统工程思想完成了新疆等地发展规划的咨询。张钟俊的这些理论和实践在我国系统工程发展史上无疑是一座丰碑。

有人说计算技术和自动控制是一对孪生兄弟，兴许这是确切的，许多控制理论学者都非常重视计算机科学的进展。张钟俊也持有这种观点，并进一步认为计算机科学的突破是现代控制新理论诞生的助产婆。

1984 年，张钟俊又提出了以大系统理论为指导，以微电脑应用为突破手段，形成分级分布式计算机控制和信息管理的工业大系统理论，这个理论又简称为"一大一微"。他以杰出的才能和渊博的知识勾画了工业大系统的研究框架。他分析了这类系统信息结构分散的特性,论述了微电脑应用在控制中的基本作用,提出了计算机通信、计算机协调等新的研究课题。

10 年来,有张钟俊参与的在国际和国内第一流杂志或者重要的国际会议上发表的论文已过百篇,这些文章的内容几乎覆盖了自动化的整个领域。张钟俊担任过《电气自动化》《信息与控制》《系统工程》和《微型电脑应用》的主任编辑,《自动化学报》《控制理论与应用》和《系统工程理论与实践》的编委。在我国的自动化发展过程中,张钟俊既是一位开拓者,又是一位始终战斗在最前沿的学术带头人。

(本文曾经张钟俊先生亲自审阅改定,原载《自然杂志》第 14 卷第 3 期,1991,第 220 – 225 页)

重点学科的带路人,学科建设的先行者

——记张钟俊先生对上海交通大学控制学科的杰出贡献

席裕庚

张钟俊先生从 1940 年加入交通大学重庆分校起,到 1995 年去世,在交通大学工作了整整 55 年。作为我国自动控制学科的创始人之一,张钟俊先生不仅对我国自动控制、系统工程、经济控制论等学科的普及与发展做出了杰出贡献,而且以科学家、教育家的眼光,以学科建设为龙头,引领着他所在的上海交通大学自动控制学科的发展。张先生以学科建设促发展的成功实践和丰富经验,不仅为上海交通大学控制学科的重点地位奠定了坚实基础,而且是我们继续创建国际一流控制学科的宝贵财富。

引领全局,学科建设的先行者

张钟俊先生在长期的教育实践中,积累了丰富的办学经验,他深知要办好一个系,一个专业,必须要有一个引领全局的抓手,这个抓手就是学科建设,而学科建设的本质,就是要在人才、科研、教学、学术环境诸方面以国际一流的高标准找出差距,采取措施,推动发展。

在 20 世纪 70—80 年代,随着教育战线拨乱反正,各项制度逐步健全完善,张先生为了为学科谋求良好的发展环境,积极开拓培养高水平人才的空间。1978 年恢复研究生招生时,他招收了首批研究生,1981 年上海交通大学自动控制学科成为首批获批的硕士点和博士点,1986 年又首批建立了博士后流动站。大批优秀青年的加入和对他们的培养,使上海交通大学自动控制系出现了一支充满朝气的新生学术队伍,为人才、科研、国内外交流上水平奠定了坚实的基础。

1987 年,国家教委对早期批设的博士点学科进行了首次重点学科评估,旨在通过评估总结博士点培养高层次人才、推动高水平科研的成绩与经验。

张先生作为评估专家,全面审阅了自动化一组各学科点的申报材料,按评估6个方面的要求对各申报材料逐项打分。这次评估在自动控制一级学科中共有8个二级学科点被评为重点学科,上海交通大学自动控制理论及应用、模式识别与智能控制两个二级学科点名列其中,成为在自动控制大学科中有两个二级学科同时入选重点学科的两所高校之一。

虽然在首次重点学科评估中取得了很好的成绩,但张先生通过在评估过程中对其他学校学科点的审阅,找出了上海交通大学控制学科的优势与不足。评估刚结束不久,张先生就以空前的紧迫感提出要制订上海交通大学自动控制理论及应用学科的学科发展规划。在他的领导下,自控系在1988年11月组织学术骨干和教师针对重点学科评估指标分析学科现状,讨论重点学科建设规划,并在征询国内外15名同行专家意见后,形成了《上海交通大学自动控制重点学科发展规划(1989—1993)》。这份规划全面分析了学科现状,指出了存在的优势和不足,提出了学科建设的目标和内容及具体措施,是国内高校控制学科和上海交通大学校内出现最早的学科建设规划。相比当时许多学校和学科还正在完成从以教学为主到教学科研并重的转变,张先生从学科建设出发来考虑系的全面发展,无疑是超前的、高起点的,而"学科建设"这一概念,也开始深深地映入了自控系学术骨干的思想中。随着学校对学科建设的日益重视,根据学校的部署,自控系在1990年又以上述规划为基础,制订了1991—1995年的"八五"学科发展规划,并在1991年学校自筹资金进行重点学科建设时,被列为学校的重中之重学科,获得了第一批70万元人民币的学科建设资金。

张先生提出以学科建设为龙头,就是要以学科发展中最关键的问题来引领系全面工作的开展。为了落实学科建设规划,推动自控系的教学科研跨越式发展,从1988年起张先生就努力筹划成立"控制与决策研究室"(后称"自动化研究所")作为学科建设的组织保证。他多次向系里提出书面建议,指出要以其他重点高校的自动化研究所为参照,成立这样的机构,其宗旨是培养高层次人才,出高水平成果。他说:"若无一个高水平的攻克科学堡垒的队伍和机构,很难想象能继续保持全国领先的学术地位。"1990年3月,上海交通大学自动化研究所成立,张先生先后任名誉所长、所长。该所主管学

张先生提出筹建自动化研究所的建议

科建设,特别是重大科研、博士生培养和重点实验基地建设。在此后很长一段时间内,自动化研究所在自控系历届党政班子的积极配合下,在学科建设的关键方面发挥了主导和骨干作用,成为上海交通大学自控系以学科建设促全面发展的主体力量。

学科建设是高校永恒的主题。随着学校乃至整个教育界对学科建设日益重视,国家对学科建设开始给予更有力的支持。1994 年初 211 工程一期启动时,张先生敏锐地感到这是克服以往学科建设中资金、空间瓶颈的大好时机。在他的领导下,自控系提出了以建设"一个中心(复杂系统控制研究中心)、两个基地(流程工业自动化实验基地、制造业自动化和机器人实验基地)"为核心的复杂系统控制理论及应用学科建设项目。在立项过程中,张先生与学科骨干反复讨论学科发展方向与建设内容,多次修改立项申请书。遗憾的是,张先生未能等到该项目立项就不幸过世,但该项目最终成为上海交通大学 211 一期建设立项的 6 个重点学科建设项目之一,投入建设资金 1 400 万元,并且在全系同仁的努力下,取得了丰硕的成果,迅速地提升了上海交通大学自动控制学科在国内的地位。这也是对张先生生前的愿望和努力的告慰吧。

张钟俊先生作为上海交通大学自动控制学科的带头人，不但引领着学科的发展，而且以其科学家、教育家的高瞻远瞩，始终以学科发展引领全局。作为学科建设的先行者，他对学科建设的深邃理解和丰富实践将是后人建设一流学科的宝贵财富。

立足创新，科学前沿的引领者

作为始终站在学术制高点上的科学大师，张钟俊先生深知学科的发展离不开高水平的科研，而高水平的科研必须紧密结合学科发展的前沿，必须解决经济建设和社会发展中的关键难题。作为上海交通大学控制学科的带头人，他高瞻远瞩，一方面把握和跟踪国际控制学科的发展动向和前沿课题，一方面密切关注国家在全面进行现代化建设中对高新技术的需求，以此引领着自控系开展高水平的科研。

1981 年设立博士点后，张先生根据国际学术和科技发展的动向，以深邃的洞察力引领和鼓励博士生探索新的学科前沿方向，在国内较早起步了经济控制论、大系统理论、预测控制、广义系统、多目标决策、H_∞ 控制、鲁棒控制、混沌、机器人等一系列新兴学科前沿课题的研究，取得了丰硕成果。在1985—1990 年的短短几年中，就指导博士生完成了"宏观经济系统最优控制的若干问题""具有时滞的一类大系统的稳定性和分散镇定问题的研究""互联系统的关联研究-合作稳定性与关联协同探讨""工业大系统的预测控制""广义动态系统的反馈控制""大系统的多目标优化和决策支持""H_∞ 最优敏感性及鲁棒性控制器设计方法""多变量系统 H_∞ 控制与鲁棒设计的时域方法""失稳的应用理论与方法""机器人动态控制方法研究"等多篇博士论文。这些论文大多数是国内在相关方向上的首篇博士论文，在同行评审和答辩过程中，其选题的新颖性和研究的系统性得到普遍好评，有力地提升了上海交通大学控制学科的学术地位。

为了开展前沿性的高水平科研，张先生高度重视并积极鼓励学科骨干申请国家级科研项目。1986 年国家自然科学基金委成立后，在张先生的指导下，上海交通大学自控系在 1987—1990 年期间，就成功申请了国家自然科学基金面上和青年项目13项,其中半数来自张先生的博士和博士后,特别是在1987年毕业留校的3位博士,都成功获得了国家基金委青年基金的资助,在当时传为美谈。这为上海交通大学控制学科始终积极申报国家自然科学基金并屡次在基金委自动化学科的评审中取得丰收打下了基础。在国家863高技术发展计划出台后,张先生又在1988年组织教师申请第一批863项目,开展了机器人协调控制、柔性机械臂建模与控制、FMS系统等方面的研究。

1990年自动化研究所成立后,张先生明确要求该所组织并承担各类国家级科研项目,主要包括国家自然科学基金、国家863高技术及国家级攻关项目,特别要争取和组织好其中的重点、重大项目。在张先生的领导下,自动化所酝酿以工业大系统为主题向基金委提出重大项目建议,为此,他邀请浙江大学、南京工学院、华东化工学院的学科带头人共同讨论华东四校联合问题,详细拟定了四校联合申报的国家自然科学基金重大项目"工业大系统过程控制"建议书。此后不久,四校又联合其他三校两所向国家科委申报重大基础研究项目"复杂工业过程的智能决策与控制",虽然这些项目最终未能作为重大项目正式立项,但四校仍在1993年成功申请了基金委重点项目"复杂工业过程的建模、控制与优化"。随着国家"八五"攻关计划的实施,自动化所又与浙江大学、华东化工学院、清华大学等合作,经反复论证及与机电部和国家计委沟通,将"典型工业过程自动控制系统优化软件"列入国家"八五"攻关项目书,并在1991年落实了第一批课题的若干专项合同,合计科

张先生组织华东四校(左)及四校与清华大学(右)申报重大基金和攻关项目

研经费 205 万元，这与"七五"期间自控系只承担国家攻关计划中两个四级子课题、经费只有 20 万元的情况相比，取得了跨越式的发展。

张先生赴常熟调研微机控制

张先生不但重视自动控制的基础理论研究，而且对控制新技术、新方法在经济建设和社会发展中的应用也给予高度关注。他在 20 世纪 80 年代初提出了"一大一微"思想（即大系统与微电脑），极力鼓励教师用新型微机技术推动工业大系统的控制与信息管理，并在自控系建立了工业大系统学科组。他奔波各地，亲自率队去太仓、南通等地洽谈计算机控制项目，并多次组织学科骨干到大中华橡胶厂、金山石化等企业，筹划并组织实施工业大系统的信息管理和控制一体化。针对我校控制学科缺乏工业应用背景、导致承担重大科研项目不足的问题，张先生在建议成立自动化研究所时，明确提出在所内设立新产品新技术研究室，负责研究开发控制新技术和新产品，承接重大横向开发性项目，为企业和社会服务。1990 年自动化研究所成立后，该室教师经反复努力，争取到桂林复印机厂复印机国产化技术的重大项目，总经费 400 余万元，不但使自控系的科研经费得到明显提升，而且通过与桂林市的进一步合作，为下一步该厂生产线自动化的方案设计打下了基础。期间张先生不顾年事已高，亲赴桂林考察与洽谈，有力地促进了项目的落实及实施。1993 年，张先生进一步通过学科格局的调整加强控制的工业应用，他从原有自动控制理论及应用博士点中抽调了一批精兵强将加强工业自动化二级学科的建设,并以争取工业自动化博士点为目标,建设以工业过程先进控制、生产线自动化、工业机器人等为主要方向、以高水平理论研究与高技术应用开发并重为特色的工业自动化学科,以此带动整个交大控制学科和自控系实现控制理论与应用的高水平协调发展。

赴桂林参观复印机生产流水线

身教言传,优秀人才的培育师

培养服务于社会的高水平优秀人才,是一流大学和一流学科的首要任务。早在 20 世纪 40 年代,张先生领导的交通大学电信研究所就招收了多名硕士研究生,并有 24 人顺利毕业,他们日后都成为新中国社会主义建设和科技教育界的栋梁。在 20 世纪 80 年代恢复招收研究生之后,张先生在上海交通大学自动控制系建立了硕士点、博士点和博士后流动站。在当时培养研究生在国内还是一个新课题时,他以丰富的经验和极大的热情引领高水平人才的培养,身教言传,坚持以"爱国心""事业心""责任心"教育学生,坚持高标准、严要求培养研究生,充分展现出其先进的教育理念和优秀的导师风范。

20 世纪 80 年代后期,虽然有不少研究生进入上海交通大学自动控制系学习,但出国热、公司热对研究生思想冲击很大,本学科先后有 5 名博士生退学出国或去合资企业工作。针对这一情况,张先生提出要以"爱国心""事业心""责任心"为核心,抓好研究生的思想教育和业务培养。他多次以大会报告或茶话会方式,与研究生亲切谈心,以自己解放前回国的亲身经历,进行爱国主义教育,同时又通过宣讲当前自动化学科的蓬勃发展,增强学生对事业的热爱和献身精神。在张先生的带领下,其他研究生导师也在与学生的频繁接触中,通过身教言传,激发学生努力学习与工作,全身心地投入到事业中去。

在研究生培养特别是博士生培养过程中,不管大环境如何影响,张先生始终坚持高标准严要求。他讲究"实""严""新"三个字。"实"是基础扎实,他要求博士生选读本校数学系的课程,提高抽象思维和分析的能力,要求博士生加强计算机操作能力,认为这些都是博士生独立从事科学研究的必要基础,必须扎实;"严"是指推理严格,他对学生论文都要经过再三推敲,仔细审查其中的逻辑性,对其中出现的"显然可得"这些容易忽视的地方特别注意其合理性;"新"是指选题要新,他要求博士生导师或副导师时刻注意国内外本领域的发展动向,确保选题的先进性,特别鼓励进行开拓性的研究。要求博士生论文与国家自然科学基金、863 计划、国家"七五""八五"攻关等重大科研项目挂钩,并注意结合高技术和工业实际背景开展研究。

为了严格研究生特别是博士生的培养管理,张先生亲自主持制订了自控系的博士生规范管理办法等文件,提出在入学考试、综合考试、开题及预审等主要环节中坚持导师为主,集体把关,严格要求。在综合考试前,要求博士生至少阅读课题相关领域内近年来发表的主要论文 50 篇以上,写出的综述报告应能达到在国内一级刊物发表的水平,以提高博士生的文献阅读和综合能力。在博士学位论文答辩前,一般要求博士生在国内外学术刊物和会议上发表 10 篇左右的论文,对于学位论文不够标准者,一律要求给予不同程度的延期,提出修改意见,直至增补完善达到要求。此外,针对当时研究生中要求提前毕业的趋势,制订了研究生提前毕业的严格学术要求,一方面鼓励确实学有余力的学生早日进入高一层的学习或工作,另一方面也杜绝了为早日获得学位敷衍了事匆匆完成论文的不良倾向。这些制度的制订,在我国恢复研究生教育的早期阶段,无疑是具有示范意义的。

要培养高水平的人才,研究生的课程体系必须适应科学技术的发展和开展前沿性科研的需要。为此,张先生在 20 世纪 90 年代初两次领导了硕士

张先生亲自修改的博士生规范化管理办法(左)及课程设置(右)

生课程设置的修改,增列了一批与当前高科技和重大科研密切相关的课程,如人工智能与智能控制、机器人控制、规划与决策、管理信息系统、CIMS 导论、预测控制与鲁棒控制等,使硕士生课程体系不断更新,日趋完善。据本学科毕业后出国的研究生反映,他们在硕士阶段学习课程打下的基础,完全能适应美国一流大学攻读博士的需要。1991 年,根据国家教委的要求,在张先生指导下,又重新制订了博士生培养方案,参照美国 MIT 培养研究生的方法,要求博士生必须具有扎实的数学基础,增加了专业必修课,严格了考核制度。在课程及培养方案的修订及建设过程中,张先生不但始终把握方向与原则,而且亲力亲为,逐字逐句地对相关方案或规定修改、批示。这些工作为提高本学科培养研究生的起点与质量提供了有力保证。

张先生虽然年已古稀,并且任命了一批年轻学术骨干担任博士生副导师以促使他们快速成长,但在指导博士生方面仍是全身心投入,以自己的行动教育年轻教师如何当好导师。通常,张先生隔一段时间就会把博士生和副导师请到家中,询问工作的进展,提出指导意见,在博士生完成会议或期刊论文的初稿时,特别是国际会议或期刊的论文时,张先生都会在家里与博士生和副导师一起,逐字逐句地进行修改,并且说明为什么要这样改,什么是正确的表达方式,有时候一改就是一下午,甚至休息时还请大家吃点心。这种大家围坐在桌边,张先生戴着老花眼镜逐字逐句边读边修改的场景,永远留在他的每个博士生的记忆中,也是张先生老骥伏枥风范的真实写照。正是在张先生这样细微的指导下,不但博士生很快学会了如何正确表达学术论文的逻辑、如何用英语写好学术论文,而且使年轻的副导师们也深受启发,学会了如何指导博士生。张先生的身教言传,对年轻一代学术带头人的学术成长和教育品格的养成提供了榜样。

张先生邀请博士生到家做客

张先生在培养高水平人才方面所做的贡献,不但为上海交通大学控制学科建立严格规范的高层次人才培养体系奠定了基础,而且有力地提升了上海交通大学控制学科的学术地位。从 1984 年至 1991 年,上海交通大学自动控制理论及应用学科已培养了 19 名博士、91 名硕士,不但是学校培养博士生、硕士生的"大户",而且在全国高校中也处于领先地位。而在此期间培养的博士生在走上工作岗位后,都不同程度地成为单位的学术骨干。到 1991 年止,已有 1 人破格晋升教授,5 人晋升为副教授,1 人获中国科协首届青年科技奖,1 人获霍英东教育基金奖,1 人被评为有突出贡献的中国博士学位获得者,3 人获德国洪堡基金资助,2 人被评为上海市新长征突击手和"五四"奖章获得者。以博士生为骨干完成的国家自然科学基金项目已获国家教委科技进步奖二等奖 3 次。他们的博士论文已有 1 篇获得上海市青年

指导研究生修改论文

科技论文二等奖,2 篇获得三等奖。此外,他们还在 *IEEE TAC*、《自动化学报》等国内外高水平学术刊物上发表了一大批论文。以张先生领衔、反映上海交通大学自动控制学科培养高层次人才的成果"培养高质量博士,推动学科建设"在 1989 年获得了国家级优秀教学成果奖。

扶持后辈,学科梯队的缔造者

在我国控制界,张钟俊先生作为老一辈的学科带头人,以极大的热情关注和支持中青年学者的成长。他通过平易近人的交谈,鼓励他们探索新的研究方向,通过合作发表论文和学术演讲,促成了一批学科新方向的带头人脱颖而出;在申请项目、评审鉴定、晋升职称、出版教材、出国访问等方面,总是以鼓励和积极的态度支持中青年学者,受惠者不计其数。在他所工作的上海交通大学自控系,他同样热心关注着中青年教师的成长,把中青年学术骨干推到学术第一线,大力扶持他们成长,使上海交通大学控制学科涌现了一批在国内外学术界有一定知名度的优秀中青年教师,形成了结构合理、可持续发展的学科梯队。

张先生对中青年教师的培养,首先是给他们压重担,他认为中青年教师必须通过一线学术工作的锻炼,开阔视野,才有可能成为优秀的学科带头人。在 20 世纪 80 年代初,教育战线拨乱反正,各项工作走上正轨,张先生满

张先生与博士生指导小组

怀信心,准备大展宏图,这时,他确定了 4 位中青年教师作为他的学术助手,分工负责若干新的学科发展方向,并经常与他们一起讨论相关科研、教学问题,使这些中青年教师增强了学科意识,成为这些新方向上的学术带头人。在建立博士点和博士后流动站以后,张先生更是把中青年教师参与博士生和博士后指导作为锻炼提高他们学术能力的机会,开始是一些中年学术骨干和刚从国外回来的博士担任了博士生副导师,随着博士生人数的增加,又给刚获得博士学位留校的青年教师提供了这样的机会。通过协助张先生指导博士生,这些中青年骨干教师的工作能力和科研成果得到了快速提升,有力地促进了他们的进一步发展。90 年代初自动化研究所成立后,张先生又把学科建设的重任交给中青年教师,由他们具体运作自动化所的各项工作。在这个过程中,张先生每隔几天就要与他们交流讨论工作,忙时甚至一天多次见面讨论。张先生的具体指导和身教言传,使这些中青年教师很快掌握了学科建设的先进理念和抓手,具体落实了学科发展规划、重大项目争取、研究生培养方案和课程设置修订、博士生管理等各项任务,迅速成长为新的学科带头人。

张先生以极大的热情、强烈的紧迫感和超前意识扶持中青年教师的成长。他支持优秀青年教师破格晋升,使自控系多次出现了校内乃至国内控制领域最年轻的教授、副教授;在全国博士生导师人数尚不多、控制严格的情况下,他主动提出并推荐中青年教师申报博士生导师,到 1993 年,上海交通大学自动控制理论及应用学科通过国务院学位委员会评审的博士生导师已经达到 7 人,其中 50 岁以下的中青年导师 3 人,是国内控制学科中比例最高的;他极力举荐中青年骨干教师到学校科研部门担任管理工作、在学会组织中担任要职、进入 863 专家组以及各类学术评审组织;他利用国内外各种学术活动的机会,向同行们介绍身边的中青年骨干教师,提高他们的学术知名度和影响力。特别难能可贵的是,张先生为了保持上海交通大学控制学科在学术机构和组织中的地位,还把自己担任的一系列重要学术职务,如工科电子类教材编委会主任委员、基金委自动化学科评审组成员、国务院学位

指导年轻教师实施学科建设

委员会控制学科评议组成员等,推荐本学科的中青年学科带头人担任。正是在张先生的大力扶持下,上海交通大学自控系涌现了一批在国内控制界有较高知名度的优秀中青年学术带头人,为学科的持续发展打下了坚实基础。

青年教师奖励基金会成立

在全系春节联欢会上

张先生爱才重才,坚持人尽其才,善于摆好学科各类教师培养发展的大格局,创造机会为人才的发展提供更宽广的空间。针对本学科在工业应用方面的不足,1991年上海交通大学自控系从外校引进了一位应用能力强、学术水平高的博士生导师,张先生对他热情欢迎,委以重任,并在当年学校首批学科建设经费投入时,把其中的大部分用于为他在上海交通大学开展工作创造条件。对于本系的中年学术骨干,张先生引导他们向学科主要研究方向靠拢,并形成更集

上海《文汇报》刊文报道张先生造就一支学术梯队

中明确的主攻方向,使每个方向上都有高水平的学术带头人和强有力的研究队伍。对于学科原来非主流方向的骨干教师,通过在自动化研究所中专设新产品新技术研究中心,引导他们转向为经济建设服务的主战场,并在大项目申请时亲赴现场洽谈合作,使这支队伍成为学科科研和社会服务的重要力量。在张先生的领导下,通过引进和培养,自控系逐步形成了一支高水平、有实力的工业应用研究队伍。对于青年教师,张先生也常常通过不同方式与他们交流,热情鼓励他们在教学科研中不断上进。为了稳定和支持青年教师,1990 年 9 月,张先生等捐献评审费、稿费、奖金加上系主任基金共6 000元为基数,设立了上海交通大学自动控制优秀青年教师奖励基金会,每年奖励优秀青年教师 2 名、优秀研究生助教 1 名。张先生和翁校长出任评奖委员会名誉主任。

在 20 世纪 90 年代初,上海交通大学自控系在张先生带领下,已形成了一支在校内乃至全国都有影响的老、中、青相结合的结构合理的学术梯队,为学科日后的发展奠定了坚实基础。上海《文汇报》在 1990 年 6 月 5 日头版以《张钟俊以开拓创新精神和严谨学风,言传身教带出一支学术梯队——上海交大自控系四个年龄段二十多位师生成为群体接班人》为题,报道了张先生提携后辈、规划打造上海交通大学控制学科梯队的杰出贡献。

放眼世界,国际交流的带路人

张钟俊先生是老一辈的"海归",20 世纪 30 年代在美国 MIT 学习工作的经历,使他深深认识到科学研究必须立足于国际化的大环境,必须学习和汲取发达国家的先进科学技术为我所用。70 年代的改革开放,打破了长期闭关自锁的桎梏,迎来了科学的春天,张先生虽已年过六十,但开放的春风使他兴奋不已,从 1978 年秋他参加上海交通大学首次访美代表团开始,他以饱满的热情和充沛的精力投于国际学术交往,利用多次短暂的出访时间,参观公司、访问学校、广交朋友,并利用自己的学识和地位为中国的自动化事业扩大影响。他不但带回了系统工程方法、微型电脑技术等新的学科发展方向,而且以此为开端,努力推进上海交通大学控制学科的国际化进程。

1978 年上海交通大学首次访美代表团

　　学科的国际化首先意味着学科的教学、科研都要融入国际的大环境,要向先进的教学理念、前沿的研究方向靠拢,要按照国际学术惯例开展双向的交流。从 20 世纪 80 年代起,张先生用这些理念指导自控系的学科建设和研究生培养,不断提高学科教学、科研的起点与水平。在制定学科发展方向和确定研究课题时,紧密跟踪当时国际科技和学术发展的前沿,启动了一系列当时在国内还尚未起步或刚起步的研究课题,并鼓励教师和博士生把研

1989 年参加 IFAC 人机系统会议

究成果撰写成国际学术论文发表,从 1987 年到 1994 年,上海交通大学自控系师生在国际刊物上发表论文 44 篇,在国际会议上发表论文 152 篇,有力地扩大了我国学者在这些前沿学术领域的国际影响力。在设置研究生课程体系时,张先生提出要参照美国 MIT、新加坡国立大学等国外名校的经验,并结合我国和上海市对经济社会发展的需要对原有课程体系进行改造。张先生本人从 1978 年以来,多次到美国、英国、日本、苏联、瑞士、德国、澳大利亚等国访问,联络校友,建立学术联系,参加了包括第 10、11、12 届国际自控联(IFAC)世界大会等在内的国际重要学术会议并在许多国外高校讲学,同时他还鼓励学科骨干出国参加国际学术会议和讲学,并在他们回国后组织学术讲座介绍与会的收获。虽然在当时出国参加学术会议的经费紧张、名额少,但在 1987—1991 年的 5 年中,自控系仍有 18 人次参加国际学术会议,6 人次出国讲学。上海交通大学自控系在一些重要的国际学术会议上频频亮相,例如 1990 年在苏联塔林举行的第 11 届 IFAC 世界大会,总共录用论文 525 篇,交大自控系的论文就有 5 篇,而且有张先生领衔的 4 名教师参加会议,这些都有力地提升了交大控制学科在国际学术界的知名度和影响力。

接待谈自忠教授首次来访

学科的国际化,不但要走出去,还要请进来,张先生利用自己的学术地位和国际人脉关系以及上海市特殊有利的地域优势,邀请了一大批国际学者来校访问,并聘请了一批国际知名学者担任学校或自动化研究所的兼职或顾问教授,邀请他们定期前来开办学术讲座。在国际学者来访时,不但邀请他们做学术报告,介绍在学科前沿领域的研究动向和成果,而且组织自控系对口研究方向上的师生与他们座谈,交流研究进展和存在问题,听取专家们的咨询意见。在 863 计划实施后不久,张先生在 1988 年 11 月邀请了机器人领域的国际著名专家谈自忠教授来访,组织了正在开展 863 机器人控制课题研究的 5 名青年教师和博士生与谈教授进行近距离交流,为课题的顺利进行提供了很好的指导性意见,谈教授也被上海交通大学聘为顾问教授。除了与国际学术界的交流外,张先生也非常重视与国际企业界的交流与合作,1992 年,自控系为配合正在承担的国家"八五"攻关"典型工业过程自动控制系统优化软件"项目的开展,与美国西雷公司合作成立了上海交通大学高级过程控制软件研究中心,张先生亲自为中心成立揭牌,并邀请公司负责人到家中做客。

与美国西雷公司成立联合研究中心

随着改革开放的深入和国际化的进展,上海交通大学自控系有越来越多的师生出国参加国际学术会议和进行学术访问,在校内也接待了越来越多的国外来访学者。上海交通大学自控系已把国际学术交流作为了解学科发展动向和前沿热点、推动学科教学和科研与时俱进的重要环节,形成了控制学科在国际化环境中开展学术研究的良好传统,上海交通大学控制学科的国际学术声誉也得到了很大提高,这无疑都来自张先生在学科国际化方面所做的示范和奠定的基础。

张钟俊先生离开我们、离开他终生奋斗的上海交通大学控制学科已有20年了。20年来,上海交通大学控制学科的同仁们继承了他的事业,以学科建设为龙头,推动教学、科研、人才培养、梯队建设、国际化不断上新的台阶,保持了上海交通大学控制学科的国内前沿地位,并正在为建设国际一流水平的控制学科努力奋斗。饮水思源,上海交通大学自动化系师生缅怀重点学科的带头人、学科建设的先行者张钟俊先生,张先生对交大控制学科所做的杰出贡献将永远铭记在我们心中,他在学科建设方面的成功实践和丰富经验将使我们永远受益。

（原载《厚德博学　孜孜一生——纪念张钟俊先生诞辰 100 周年》,上海交通大学出版社,2015,第 14‐26 页）

以学术前沿为引领，结合工程实践发展控制理论

——纪念张钟俊先生诞辰 100 周年(代序)

席裕庚　李少远

今年是我国自动控制学科的创始人之一、中国科学院院士张钟俊先生诞辰 100 周年。张先生虽已离开我们 20 年，但他对我国自动控制和系统工程等领域做出的巨大贡献，为推动我国控制理论与自动化技术的繁荣发展做出的辛勤努力，为培养高层次科技人才和建设高水平控制学科积累的丰富经验，为我们留下了美好的记忆和宝贵的财富。在纪念张先生诞辰 100 周年之际，我们在此简要回顾张先生的学术生涯与贡献，重温张先生以学术前沿为引领、结合工程实践发展控制理论的研究思路和丰富实践，以此缅怀这位老一辈学科带头人，并希望对今天控制学科的创新发展有所启迪。

早期学术生涯

张钟俊 1915 年 9 月 23 日出生于浙江嘉善的一个普通教员家庭。11 岁离家就读于上海南洋中学。1930 年 9 月以杰出成绩考入交通部所属国立交通大学，1934 年 7 月毕业获电机工程学学士学位，并以出色的学业获得中美文化教育基金会奖学金。9 月去美国麻省理工学院电工系攻读研究生课程。在用 1 年时间获得硕士学位后，在导师 Lyon 和 Stratton 指导下研究单相电机的短路问题，1937 年 12 月完成博士学业留校做博士后副研究员，协助网络综合理论的创始人 Guillemin 教授开展研究。

1938 年 10 月，日寇铁蹄践踏进中国华东地区，张钟俊毅然放弃了在美国继续做博士后的机会，回到了抗战中的祖国，于 11 月进川，先后任武汉大学、国立中央大学电机系教授。1940 年底，张钟俊积极参与筹建交通大学重庆分校，任电机系主任，而后在重庆交通大学任电信研究所主任。1945 年抗战胜利后，他随交通大学迁回上海。在电信研究所期间，张钟俊的研究主题是

网络综合理论,后期转向伺服理论。1948 年他用布朗(Brown)和康贝尔(Campbell)合编的《伺服机构原理》为教材,向研究生讲授控制理论,1950 年又应邀在中国科学院长春机电研究所再次讲授该课程,由此开始了控制理论在中国的教学和研究[1]。

控制学科前沿研究的带路人

张钟俊的一生,是在科学前沿不断开拓创新的一生。早在其从事博士课题研究时,他就创新性地把天文学家利用傅里叶级数研究天体周期运行的思路推广到单相凸极电机的短路动态方程上,用于求解含周期变化参数的常微分方程,首次在理论上获得了这类电机的一个模式常数。在答辩时被认为不但是对电机学,就是对数学也是一个创新。博士后期间,他又转向当时还处于启蒙阶段的网络综合领域,并在回国后指导电信研究所的学生将网络综合理论的研究推向深入。1948 年,张钟俊把这一时期的研究成果写成《网络综合》一书。这是国际上第一本阐述网络综合理论的专著,书中采用了复频率概念来表征两端口和四端口网络的阻抗函数,它们分别是复变量的标量和矩阵的有理函数,这和当时刚形成的经典控制理论中的传递函数概念和以后出现的传递矩阵的概念是一致的。书中还提出了正实函数与网络的物理可实现性间的关系。

20 世纪 40 年代后期,张钟俊敏锐地感到刚出现的自动控制理论对于工程系统的重要作用,开始把研究主题转向伺服理论,并在国内传授控制理论的课程。在新中国建立后的一段时间内,由于国家建设需要,他把主要精力投入到电力建设中并做出了重大贡献,但自动控制仍是张钟俊最主要的研究领域。1956 年,张钟俊及其助手完成了论文《电力系统中有功功率与无功功率的经济分布问题》[2],论文运用运筹学方法首次建立了在各发电厂燃料消耗增益相等时的负荷经济分布的条件,首次给出补偿位置的选择及其配置容量的计算方法,这是中国最早涉及最优控制的论文之一,文中提出的优化模型与以后最优控制的提法是吻合的。该文后由科学出版社发行单印本作为国际交流论文。

20 世纪 60 年代前后,控制理论经历了由经典理论到现代理论的飞跃。

和世界上许多杰出的科学家一样,张钟俊在 60 年代初便以极大的热情关注着卡尔曼和庞特里亚金对控制理论的新发展。1973 年,为了解决潜艇的惯性导航,张钟俊和部分同事组织了讨论班,他主讲现代控制理论,同时编著了《矩阵方法和现代控制理论》讲义,同年,他又撰写了《现代控制理论综述》,向国内同行介绍现代控制理论的发展状况。

作为始终站在学术制高点上的科学大师,张钟俊深知高水平的科研必须紧密结合学科发展的前沿。1981 年设立博士点后,他根据国际学术和科技发展的动向,以深邃的洞察力引领和鼓励博士生探索新的学科前沿方向,在国内较早起步了经济控制论、大系统理论、预测控制、广义系统、多目标决策、H_∞ 控制、鲁棒控制、混沌、机器人等一系列新兴学科前沿课题的研究,取得了丰硕成果。在 1985—1990 年的短短几年中,就指导博士生完成了"宏观经济系统最优控制的若干问题""具有时滞的一类大系统的稳定性和分散镇定问题的研究""互联系统的关联研究-合作稳定性与关联协同探讨""工业大系统的预测控制""广义动态系统的反馈控制""大系统的多目标优化和决策支持""H_∞ 最优敏感性及鲁棒性控制器设计方法""多变量系统 H_∞ 控制与鲁棒设计的时域方法""失稳的应用理论与方法""机器人动态控制方法研究"等多篇博士论文[3-4]。这些论文大多数是国内在相关方向上的首篇博士论文,在同行评审和答辩过程中,其选题的新颖性和研究的系统性得到普遍好评,不但推动了控制理论的发展,而且培养了一批具有学术创新能力的高水平科技人才。

先进控制理论的践行者

张钟俊在积极推动控制学科前沿研究的同时,还密切关注国家在现代化建设中对高新技术的需求,努力把先进的控制理论与解决经济建设和社会发展中的关键难题紧密结合。

早在 1964 年,他就在"远航仪"的研究中应用了当时刚出现的卡尔曼滤波技术,这是国内最早应用现代控制理论的成功范例之一。1973 年他在主持潜艇惯性导航研究课题时,再次应用卡尔曼滤波技术对惯性导航系统的反馈信号进行处理,大幅度提高了导航精度。根据该项研究成果总结的论文《陀螺角速度漂移数学模型的辨识》[5]获中国科学大会奖和上海市重大科技成果奖。此后,他主持的"系统辨识中实际问题的研究及应用"、"预测控制机理和大系统预测控制"和"广义系统反馈控制设计方法"三项研究又分别于1986年、1988年和1989年获国家教委科技进步奖二等奖。

1984年,根据控制理论和计算机技术的发展趋势,张钟俊提出了以大系统理论为指导、以微电脑应用为手段、形成分布式计算机控制和信息管理的"工业大系统"概念。工业大系统的技术基础是当时刚兴起的微机和网络技术,但目标指向从原来的单机单装置控制提升到整个工业大系统的控制与信息管理。为了开展这一研究,张钟俊除了加强对工业大系统递阶、分散控制理论的学术研究外,更是把它作为改造企业信息系统、提升优化企业生产和管理水平的重要举措。他奔波各地,亲自率队去太仓、南通等地洽谈计算机控制项目,并在上海交通大学自控系建立了工业大系统学科组,多次组织学科骨干到大中华橡胶厂、金山石化等企业,筹划并组织实施工业大系统的信息管理和控制一体化系统,为传统产业的信息化改造和管控一体化做出了重要贡献。

鉴于张钟俊在自动控制理论与应用方面的贡献,1979年他被聘为国家科委自动化组副组长,1981年当选为中国科学院技术科学部学部委员,并担任了国务院第二届学位评议组成员、自动化学科组副组长。1988年8月,美国电子电工工程师协会的系统,人类和控制专业委员会(IEEE-SMC)在中国举办年会,该专业委员会主席将IEEE的会旗赠给张钟俊,以表彰他对中国自动化教学和科研的贡献。

系统工程的倡导者和实践者

1977年,中国正从"文化大革命"走向安定和发展,百废待兴,急需制定各方面的发展规划。张钟俊在广州召开的一次学术会议大会发言中,结合国际上许多成功的范例,深入浅出地介绍了系统工程的观点、内容和方法,提出在中国的四个现代化建设中应该推广系统工程。张钟俊的这次发言是中国最早提出应用系统工程的提议之一[6]。

1978年,张钟俊作为上海交通大学代表团成员访问美国,访问期间他与美国的许多系统工程专家交换了意见并访问了国际著名的策略咨询机构——兰德公司。在兰德公司他看到了系统工程实施的全过程,领略了系统工程在规划和决策中的作用,感受到这种方法带来的巨大经济效益,这对他在国内倡导和促进系统工程方法的应用起着极大的推动作用,回国后他经常奔波各地做报告,注意收集应用系统工程成功的例子。1980年,张钟俊再度访美,他在佛罗里达大学做了题为"系统工程在中国"的演讲[7],引起了包括卡尔曼在内的一批科学家的兴趣。1980年11月,张钟俊当选为中国系统工程学会首届副理事长。

1982年底,张钟俊主持了新疆维吾尔自治区委托上海交通大学对该区长期发展规划的咨询课题。1983年1月,张钟俊率领首批考察组来到新疆,上午听取有关各方面的汇报,下午整理分析资料。为了对新疆的资源、生产、消费和潜力等有更具体的认识,他们又去各地实地考察。2月中旬,他们带了丰富的感性认识和第一手资料返回上海,对于自治区计划委员会提供的50万个数据,张钟俊等作了整理和分析,通过定性和定量相结合的方法,筛取5万个数据作为建立数学模型的依据,并提出了以定量为主、定性为辅的建模方针。经过半年的努力,他们建立了描写宏观经济的系统动力学模型、反映各生产部门间相互依赖关系的投入产出模型和用状态空间描述的动态经济控制模型这三个大型数学模型,同时完成了一个附属的特尔菲型专家咨询系统。张钟俊等应用这些模型获得了新疆地区90年代和20世纪末能够达到的各项经济指标。1984年9月,他再次率领课题组到达新疆,向自治区各级领导汇报研究成果,详细说明了各阶段可以实现的目标和应该注意的问题,提出了发展方向。《新疆宏观社会经济模型》是中国第一个采用系统工程方法建立的大型地区性社会经济模型。这项研究成果获得了上海市科技成果奖,得到了新疆维吾尔自治区和中央领导人的表彰。

1983年9月,张钟俊为《系统工程》杂志创刊写了题为《综合即创造》的代发刊词[8]。他指出:系统工程是一门研究怎样才能"人尽其才、物尽其用"的实用科学,体现出跨学科的一切特点,也体现了科学的"杂交优势"。综合的本质在于"软、硬"结合,外延与内涵结合,物力与智力结合,系统工程恰恰提供了有效地完成这些结合的强有力手段。系统工程是一门实用性很强的学科,必须注意理论联系实际。这是他对系统工程科学的理解,也是他实践系统工程方法的指导思想。

启示与展望

控制科学与工程是一门研究控制的理论、方法、技术及其工程应用的学科。它是 20 世纪最重要的科学理论和成就之一,它的各阶段的理论发展及技术进步都与生产和社会实践需求密切相关。张先生作为我国控制学科的创始人之一,既是学科前沿的带头人,又是先进理论的践行者。无论在哪个时期,张先生都坚持学术前沿与工程需求相结合,以此推动控制理论与应用的发展。他不仅为我们留下了丰富的学术成果和实践经验,而且他以学术前沿为引领、结合工程实践发展控制理论的研究思路和丰富实践是值得我们在建设创新社会中学习和借鉴的。

本期以专刊的形式,报道了自动控制理论和应用方面的若干最新成果,以此缅怀张先生对于我国自动控制学科发展做出的卓越贡献。祝愿我国的控制事业兴旺发达,为我国实现制造强国和建设创新型社会做出更多的贡献。

参考文献

[1] 韩正之:《中国自动化技术的开拓者》,《自然杂志》1992 年第 3 期,第 220‑225 页。

[2] 张钟俊、夏道止:《电力系统中有功功率经济分布问题》,《上海交通大学学报》1959 年第 2 期,第 97‑118 页。

[3] 张钟俊:《张钟俊教授论文集》(第 2—4 卷),上海交通大学出版社,1988—1997。

[4] 张钟俊:《张钟俊教授论文集(英文版)》,上海交通大学出版社,2005。

[5] 张钟俊、杨翠莲:《陀螺角速度漂移数学模型识别》,《上海交通大学学报》1978 年第 1 期,第 186‑212 页。

[6] 许国志、顾基发:《关于中国系统工程发展的若干侧面》,中美系统分析学术讨论会,西安,1984。

[7] CHANG T T, "Development of Systems Engineering in China"(*Symposium on Cybernet and Systems*, 1980).

[8] 张钟俊:《综合即创造(代发刊词)》,《系统工程》1983 年第 1 期,第 1‑2 页。

(原载《控制理论与应用》第 32 卷第 9 期,2015,第 1129‑1131 页)

我的爸爸张钟俊院士

张文渊

2015 年是一个特别值得纪念的年份——我的爸爸张钟俊院士诞辰 100 周年暨逝世 20 周年。4 月 11 日正值母校上海交通大学庆祝 119 周年校庆，在闵行校区举行了纪念活动。是日天气晴朗，扫去了一周的阴霾和雨水，太阳露出了笑脸。小弟夫妇和我一家包括女儿全家，和学校领导、同事、学生一起，共庆爸爸 100 周年的生日。上午向您的塑像献花时，我突然抬头，仿佛见到了爸爸您，您在天上对我们大家微笑，好似您没有走，只是去远方出差了。亲爱的爸爸，您永远活在我们心中，我们永远怀念您。

1995 年 11 月与爸爸合影

2001 年在闵行校区爸爸雕像前

对祖国赤子之心

我的爸爸张钟俊和解放前大多数中国知识分子一样，满怀科学救国、教育救国的赤子之心，面对国破家亡的危险，有强烈的忧患意识。1934 年 7 月，19 岁的他以优异成绩从交通大学机电系毕业后，获得中美文化教育基金会的奖学金赴美国留学，进入美国麻省理工学院电工系攻读研究生课程，1937 年 12 月顺利通过博士论文答辩，获得 MIT 科学博士学位，并作为美国麻省理工学院第一个博士后副研究员留校工作。但在 1938 年夏,当爸爸从祖父家信中得知家乡被日本侵略者占领,百姓陷入水深火热之中时,23 岁的他毅然决定放弃在美国的优越生活和工作,提前回国为抗战出力。同年 10 月,他经中国香港回到上海,婉拒了美商上海电力公司的高薪聘请,在 11 月离沪经广州转道进川,开始了执教生涯。张煦伯伯曾说:"钟俊是 1934 年交大毕业同级同学中第一个从国外回国的。"

1948 年末,美国麻省理工学院院长曾亲笔来信,邀请爸爸担任该校电工系教授,爸爸心想为祖国和人民服务,选择了留在母校交大,婉拒了对方的盛情邀请,留在上海迎接解放,迎接新中国的建立。

1966 年"文革"开始后,曾在海外待过的爸爸难逃冲击。1967 年底的一天,在经历了两天的抄家,家中所有照片、信件和文章都被带走后,爸爸也被专案组带走了。当时我正从上海交通大学毕业,马上要去大连造船厂报到,望着爸爸被带走的背影,眼泪不由自主地掉下,记得那时爸爸突然回过头,向我摆摆手,微笑着嘱咐我要"好好干"。当天,我乘船去了大连,但出乎意料的是,造船厂要把我退回学校,苦苦交涉无果,一个月后只好回到上海交通大学等待重新分配。那时,全家处于恐慌无助状态,爸爸被怀疑是美国特务,妈妈每天被叫去学校接受拷问,陪妈妈同去的小妹妹当时还是小学生,经常坐在妈妈旁边就睡着了。因为"文革",弟弟妹妹们都被剥夺了学习的机会。我的大妹妹文汇,1966 年高中毕业去了崇明农场"修理地球"九年;我的弟弟文澜是初中生,15 岁去了江西贫困的高安插队落户,直到 1976 年得了肝炎、咳喘病退回到上海,之后进了街道生产组做鞋帮;小妹妹文淑在集体所有制的木具厂做箍马桶的工人。虽然爸爸被冠以莫须有的罪名,被隔离审查,饱受折磨达一年之久,但他对祖国和人民的热爱始终不变,对党和政府的信心始终不变。隔离审查期间,爸爸无法和我们家人见面,他拜托在食堂偶遇的同学带话给我们,说他还好,并鼓励我们子女应该到祖国最需要的地方去经历风雨,开阔眼界,奉献青春,接受工人、贫下中农再教育。相信冬天会过去,春天一定会来到,要抱着对未来生活的乐观态度,还调侃说:"我正准备买排骨吃! 告诉家里放心。"

1976 年"四人帮"垮台,1978 年我国从"文革"动乱中走向安定和发展,百废待兴,拨乱反正,改革开放的大幕拉开,春天真的到来了。此时,爸爸已两鬓挂霜,却浑身充满春天的活力。为了夺回失去的时光,他把所有的时间和精力都用于他热爱的教育及科研上。他每天清晨5点就起床,开始准备一天的科研和教学工作,因为工作需要,爸爸经常出差,以至妈妈为此多次和他斗嘴。当家人和学生心疼他的身体劝他少操心、多休息时,他总是动情地说:"与其享清福,我还不如累死在岗位上。"终其一生,爸爸在学术上不断开拓创新,求真务实,即使到了晚年,他还经常去图书馆、新华书店寻觅了解国内外最新科技动态,时刻把握学科的发展态势。爸爸虽然偏重科学理论研究,但是很重视理论与实践相结合,曾与校友钱学森一起积极推动自动控制理论和系统工程理论在中国的传播和应用。

1989年后,在海外的弟弟妹妹考虑到爸爸年事已高,可以休息休息,享受天伦之乐,在中国、美国两边住住走走,几次写信想替父亲母亲办绿卡,但爸爸回绝了,说他的事业在中国,他的根也在中国。

1995年9月杭州国家重点实验室验收

1995年,爸爸已80岁高龄,他仍像年轻人一样活跃在教学和科研的舞台上。他要抢时间,在有生之年为中国的自动化和系统工程发展、为母校上海交通大学能与国际接轨跨入世界一流行列做出自己的贡献。只要不倒下,千方百计开拓合作,扩大学术交流,他的日程总是排得满满的。就在去世的 1995 年最后半年的岁月中,他是在"奔跑"中度过的。6 月初,在杭州浙江大学交流;6 月底,在三峡参加第二届亚太地区控制与测量学术会议;8 月中,在沈阳作为会议中方主席参加中韩双边学术交流会;8 月底,在天津参加智能自动化专业委员会成立大会和颁奖;9 月,在杭州参加浙江大学工业控制技术国家重点实验室验收及攻关项目鉴定;10 月初,在北京参加科学院院士增补大会;10 月末,在长沙参加中国智能机器人研讨会;11 月中,在上海交通大学徐汇校区登上教二楼 4 楼,为自动化系全体研究生做长达 3 小时的报告——"如何培养自己成为一个跨世纪的高级技术人才";11 月末,在南京东南大学和航空航天大学接受聘书和交流。

1995 年 10 月长沙中国智能机器人研讨会

然而,就在南京受寒感冒回沪后,他病倒了,12 月 4 日住进华东医院后,他还不忘工作,不忘指导学生论文,不忘学校的"211"工程。他坚信 1996 年 4 月 8 日,他能和全校师生共庆母校百岁生日,将完成的两本中英文论文集向校庆献礼,他有信心做跨世纪的人。但是,在 1995 年 12 月 29 日晚间,因肺炎加剧,气管堵塞,他满是遗憾,不甘心地离开了。至今我和我的女儿仍记得,离去的那刹那,他眼眶中滑落出那珍珠般大的泪滴……就在那前一刻,爸爸还充满希望地对我和我的女儿说:"会好起来的,明天一定会比今天好,还有很多很多事要去做。"在生命旅程的终点,他心中念念不忘的除了自己的家人,还有他的学生、事业和国家的美好将来。

对家人勇于担当

我的爸爸张钟俊出生于风景秀丽的浙江水乡——嘉善魏塘镇。祖传书香门第,张宅门头的正中间刻着张家的家训"谦尊而光"4个大字,意在:尊者谦和而彰显光明美德,即待人要谦和,与人为善。祖父张受均就职于杭州浙江第一中学高中部任英语和数学教师;祖母孙星英出身于县里的名门望族,几代人都是江南有名的诗人和书法家;爸爸的大舅孙文耀1908年考取浙江官费留欧,在比利时布鲁塞尔的鲁文大学专攻土木工程及铁路工程;小舅孙季华也曾留学欧洲,后任西安公用局总工程师。爸爸从小天资聪颖,因思维敏捷又好学强记,在学校学习屡次跳级,被周围亲朋好友喻为"神童"。家中共四兄妹(钟俊、钟杰、钟娴、景侠),爸爸是家中的老大。

1933年与父母和弟弟钟杰、妹妹钟娴合影

1938年夏,日军占领了杭州,全家逃难到了江西。爸爸接到祖父来信后,于暑假中毅然回国,先到中国香港和祖父母见面,拿出了在美国的全部积蓄用于安顿祖父母几年的生活,而爸爸同时担起兄长的责任,携我的叔叔钟杰、姑妈钟娴进川继续求学。不久,祖父因肺病在家乡去世,从此,爸爸撑起了家庭的重担。叔叔钟杰于1942年由爸爸安排去美国留学就读土木工程系,后在美任土木高级工程师。姑妈钟娴由爸爸牵线,与爸爸1934年交通大

学土木工程系毕业后留德级友薛履坦成婚,诞下女儿嘉陵后,全家于 1945 年随时任台湾省水利局水利司司长的丈夫去了台湾。后由于丈夫主持联合国援外水利工作,跟随丈夫定居美国纽约,成为一名作家。

爸爸最初担任武汉大学(当时已迁至乐山)电机系教授。不久,校舍遭日机轰炸,遂去重庆担任国立中央大学电机系教授。1939 年底,爸爸与交通大学校友一起筹建交通大学重庆分校。在重庆期间,爸爸结识了当时正内迁至重庆的复旦大学经济系的我姑妈的同学杨媞姝,最后成了他的另一半。爸爸和妈妈结婚后,我于 1943 年在重庆出生,为了纪念在重庆小龙坎九龙坡交通大学生下的我,取小名叫"珑珑"。

爸爸是个好丈夫,非常疼爱妈妈。1952 年全国大学院系调整,妈妈从交通大学管理学院离开,去财经大学执教。妈妈每天要花 4 小时用于上下班,同时还兼任在夜校部上课。于是,爸爸包揽了家里大多数的家务,晚上等妈妈回家才睡觉。有时在家,爸爸和我们像小学生一样坐着小凳听妈妈在家备好课试讲,爸爸经常帮助妈妈相互讨论,提高教学水平。晚年了,爸爸出差外出,总想让妈妈一起去,让她散心高兴。他们之间感情甚深,爸爸走后,妈妈一直郁郁寡欢,不到 4 年,妈妈也离开了,一定是去找爸爸了。

1991 年在美国与弟弟钟杰、妹妹钟娴、小弟景侠团聚

爸爸的性格单纯朴实,乐观开朗,宽以待人,有错就改,生活简朴,知足常乐,无形中也培养了我们良好的心理素质。爸爸为人低调,从来不向我们炫耀自己所获得的科学成就及经历,我们一直以为爸爸、妈妈都只是平凡的教书匠,直到"文革"期间,我从大字报中才略知爸爸曾经骄人的一二。他潜移默化地教导着我们做人要不求虚荣,清白做人,吃苦耐劳,踏实做事,不断学习。

1980 年爸爸妈妈与外孙、外孙女在家中

爸爸关心我和弟妹们的学习,但从不要求我们拼命读书,更反对我们死读书。他认为小孩应该顺其自然发展,而不该过早地被某个专业框死,他深知"授人以鱼",不如"授人以渔",所以对我们一直只采取启发式教育。在上小学时,当我们遇到数学难题解不开去请教他时,他从来不会直接说出答题的步骤和答案,而是会帮我们把题目分析一下,给出若干启示,最后还是靠我们自己悟出解题的方法。因为爸爸的教育方法,我们子女学习从不依靠父母,也不靠死记硬背。每次升学考试,我们都能顺利考上理想的学校,不用爸妈操心。

爸爸在生活上对我们的爱,对家人的关心和照顾是不遗余力的。1945年抗战胜利,我们一家三口乘船从重庆到南京,当时爸爸抱着不满两岁的我,下船时被绊倒了,他的手掌撑在乱石上鲜血直流,但爸爸还是忍痛紧紧地抱着我,保护我上岸。爸爸也因此在他的手掌小鱼际处留下了一道明显的疤痕。回到上海,爸妈都在交通大学执教,当时我们家先住在校外宿舍(现博学楼处),后搬入校内东六宿舍二楼(现钱学森图书馆附近)。我小时候很顽皮,和一批交大子弟放学后就集队在校园里奔跑、踢足球、捣乱……小学三年级一次玩疯了,晚上回家忘了带书包,第二天清晨才想起,被爸爸发现我丢了书包不肯上学后,他硬是逼着我陪我上学校。教科书丢了再也买不到了,晚上夜深人静,爸爸和妈妈默默地为我抄写课本。虽然那天爸爸严厉地教训了我,但也教导我懂得了从小一定要学知识,有了知识才会有本领。书里蕴藏着无穷无尽的知识,一辈子都学不完的。我小学一年级时,染上了伤寒和肺门结核,生命岌岌可危。当时需要买非常昂贵的盘尼西林才有希望治好我的病,爸爸在日常工作之余,全部精力用于翻译苏联关于电力系统的教材和书籍,最终用 8 本书的稿费为我购买了药品,治好了我的病。小学四年级时,我在交大大草地和男孩踢足球,不慎将膝盖髌骨损伤,半月瓣撕裂,只能躺在床上,不能下地走路,是爸爸背着我到处求医问药,半年后才慢慢康复,回校上课。

1991 年 10 月爸爸妈妈在佛罗里达大学

"文革"中,我被大连造船厂退回学校,待分配到石家庄车辆厂当工人,一周工作 7 天,劳动强度大,生活艰苦,下班后还要挖防空洞并进行防空演习和军训,以致我第一个孩子流产了。后来陆续流产 3 次,成了习惯性流产。直到1976年,我发现怀上了第五胎,回到了上海家中保胎。怀孕保胎期间,我睡在床上 7 个月不敢动,妈妈要上班路途又远,全是由爸爸来照顾我,给我牛奶喝,安排三顿饭,倒尿盆,无微不至地照顾我,直到 1977 年 6 月我生下了女儿,爸爸的大外孙女。

爸爸总是给我们带来快乐,给我们力量,给我们信心,弟弟妹妹们同样享受到爸爸给予的温暖。弟弟从小哮喘,爸爸经常带他治疗。他"文革"下乡插队得了肝炎病退回沪,也因病退,1977 年恢复高考时,虽考分极高,却按规定没有资格进重点高校,未能实现进上海交通大学求学的夙愿。但爸爸的榜样给了我们力量,使我们在困难中都挺了过来。改革开放后,1979 年,弟弟文澜自费去美国就读休斯敦大学电机系;1980 年,大妹妹文汇直接进入休斯敦大学就读计算机硕士,她是该校第一个大陆自费研究生,通过不断的学习努力,最终获得了博士学位;小妹妹文淑"文革"时没读上书,仅小学水平,1980 年也赴美就读休斯敦大学计算机系。他们都边打工边学习,最终出色地完成了学业,并在美国就业,文澜成了公司的高级工程师;文汇任大学教授,并曾担任计算机系系主任;文淑成为数据处理工程师。

1979 年夏全家福

为了让我们子女安心学习和工作,爸爸主动为我们分担照顾下一代的责任。1977 年,我生完女儿,考虑到我和丈夫都在北京工作,又经常出差搞课题,照顾女儿有困难,就把女儿留在了上海,由爸爸、妈妈照顾。女儿自小就在外公外婆身边,由外公外婆抚养长大成人。大妹妹 1980 年夏赴美留学,3 岁的儿子也一直由爸爸、妈妈一起照顾,直到外孙小学四年级时,大妹妹研究生毕业在美工作,生活稳定后,才赴美回到母亲身边读书生活。

1985 年爸爸妈妈与妹妹文汇夫妇、弟弟文澜夫妇及小妹文淑合影

我们家在"文革"前后是一个大家庭,祖母、外婆、爸爸、妈妈、我们 4 个孩子和爸爸的小弟弟——景侠叔叔。在 20 世纪 50 年代末,虽然爸爸工资比较高,每月可以领到 300 多元,但家中的开支都由他负担。爸爸从来不追求高消费,生活上崇尚简单和健康,自己既不喝酒也不抽烟。但每月也尽量保证带上全家去淮海路的小西餐馆"改善伙食"一次,制造和感受些小情趣和小浪漫,感觉我们全家生活得很和谐,处处充满了欢乐和笑声。

爸爸宁可对自己苛刻一点,也要家里人吃饱穿暖。在"文革"期间,爸爸受到冲击和迫害被隔离,单位还扣发了爸爸 3 年之久的工资,仅靠妈妈的工资要养活我们兄弟姐妹 4 个以及年迈的祖母和外婆,还要交昂贵的房租是不够的,因此妈妈不得不变卖衣物,省吃俭用,每顿只有一个青菜。等爸爸解除隔离回到家时,家中除了床已没有其他家具,也没有吃的。面对如此艰难困苦的局面,爸爸怕饿坏了家人,怕孩子们得肝炎,他硬是瞒着妈妈,冒着风险,偷偷地向朋友多次借款,累计达 3 000 多元,在当时那可是个天文数字。他始终相信党和国家,坚信全家能撑过这段最艰难的时期,一切都会过去,生活会好起来,所以也不怕借债。

爸爸很重视为人师表,对穿着要求得体大方,但新衣服并不多,对衣服的质量和数量是要求少而精。当他离开后,我为他挑选告别仪式服装时,发现正装竟然屈指可数,而且大多半旧。最终,我为他选择了一套曾在周总理、邓小平接见时穿过的正装,这是他最喜欢的,也是只有在重要场合才会穿的套装,让这套服装一直陪伴他吧。

学生的良师益友

爸爸自 1938 年从美国回来,便一直在国内高校任教,1939 年底,他与交通大学校友一起筹建交通大学重庆分校。1940 年 9 月,分校成立,聘请爸爸为电机系教授及系主任。为了培养电信方面的高级人才,在重庆国民政府交通部等单位的资助下,学校委托爸爸筹建电信研究所,1943 年,电信研究所成立,爸爸任主任,并开始招收研究生。抗战胜利,回到上海,1946 年上海恢复建立了交通大学,爸爸继续担任电信研究室主任。从 1944 年到 1949年,共培养了 24 名工学硕士,几乎占到民国期间中国培养的工程硕士总数的一半。教学中,他完全采用和采取美国麻省理工学院的教材和培养模式,毕业的学生解放后都成为国家科技和教育界的栋梁,其中数名还当选为科学院院士。1978 年恢复研究生制度后,爸爸是全国首批硕士生和博士生导师,1986 年国家设置博士后科研流动站,他主持的博士点又首批建立了博士后科研流动站,几十年来,他桃李满天下,为培养学科建设接班人做出了杰出的贡献。

爸爸内心有着孩童般的真诚和善良,毫不保守,爱学生,爱人才,把学生视为自己的儿女、朋友、兄弟姐妹,全身心地投入,培养他们成材,成为国家栋梁。他一辈子几乎都奉献给了学校,从事着唯一的教师职业。早在抗战期间,爸爸刚从美回国,在重庆招收研究生时,他的年龄和学生们相仿,个别学生甚至比他还大。他没有一点教授的架子,经常和学生们一起打篮球、打排球,和学生们亲如朋友、兄弟,被戏称为"Baby"教授。爸爸妈妈结婚时,学生们都来闹新房,把学校送来的新床都折腾坏了,校长不得不重新换了个送来。

爸爸喜欢招收全面发展、有创造力和想象力的学生,不喜欢学生死记硬背。他在招生时不看重分数和名次,看重学生对基础的掌握和要领的理解,特别关注对英语和数学的掌握情况。爸爸认为现代科学技术发展很快,所以在选择研究课题时,一定要有超前意识。他在担任博导时,不是给每个学生出一个孤立的题目,而是经过深思熟虑后给出一系列的题目。于是,一个博士生做完一个题目后,后一个博士后还可以接着做相关的课题,从而把研究工作持续地推进下去,一步步提高。对于博士生写的论文,爸爸都会认真审阅后,和学生讨论,提出详细的修改意见。对于其中的英文论文,他甚至会一字一句地修改,就在去世前他仍在病床上一一修改博士生的论文。在每次的研究生、博士生论文答辩中,作为答辩委员会主席,他往往会提出很基础但又很尖锐的问题,经常会让有的学生感到难以回答,甚至不知所措,但打分却相当宽松。

除了学业,爸爸也非常关心学生们的日常生活和精神生活,经常请研究生来家里做客吃饭,还会力所能及地资助经济特别困难的学生。他每次买来新书看完后,都会把书有针对性地送给自己的学生或青年教师。他教育学生学会做事要先学会做人,做一个勤奋、乐于助人的人,做一个诚实和高尚的人。爸爸绝对不能容忍的就是利用不正当手段,抄袭和剽窃他人的论文。

对上海交通大学自动化系的教师和科研人员来说,爸爸是亦师亦友。自动化系形成了一个学术梯队,发挥各自所长。他大力扶持有才学的年轻人,想方设法帮助他们早日晋升到高级职称,给机会,压担子,让贤。爸爸婉拒包括上海自动化学会理事长在内的各种学术职务,推荐出类拔萃的中青年学术骨干来担当。对于以他的名义申请来的课题经费,他从不占为己有,而是慷慨资助年轻人开展科研工作和学术交流,爸爸没有一本属于他自己的课题本。他心胸宽广,只要有利于祖国科学事业发展,只要是渴望学习,不管校内还是校外,只要有求于他,爸爸都会满腔热情,毫不保留,亦师亦友地接待,传授及探讨。他的学生满天下。

2015年是一个特别值得纪念的年份,爸爸已经离开我们20周年了。但在写这篇回忆纪念文章时,爸爸的点点滴滴、音容笑貌又浮现在我眼前。他的胸怀祖国、献身科学、勇于开拓、求真务实的精神,永远铭刻在我的心中。作为您的长女,今年也是我的本命年,我要像您一样,保有一颗充满活力、洁净的童心,学会感恩和宽容,活到老学到老,迎接更光辉灿烂的明天。

亲爱的爸爸,我也替您祝福我们的祖国更加强盛,祝愿我们的母校上海交通大学早日迈入世界一流大学。

（原载《厚德博学　孜孜一生——纪念张钟俊先生诞辰100周年》,上海交通大学出版社,2015,第27-34页）

参考文献

1. 《关于组织赴美教育考察团的请示报告》(沪交委(78)26 号,1978 年 3 月 30 日),上海交通大学档案馆,案卷号:永久 618。

2. 《关于派"交大八十周年校庆筹备小组"去美国事》((78)办秘字 256 号,1978 年 6 月 27 日),上海交通大学档案馆,案卷号:永久 618。

3. 《上海交通大学赴美访问的报告》((78)六机外字 803 号,1978 年 7 月 13 日),上海交通大学档案馆,案卷号:永久 618。

4. 《关于批准邓旭初等同志赴美访问的函》((78)六机政字 1045 号,1978 年 8 月 30 日),上海交通大学档案馆,案卷号:永久 618。

5. 《上海交通大学访问团汇报》(1979 年 1 月 15 日),上海交通大学档案馆,案卷号:永久 619。

6. 《外宾接待登记表》,上海交通大学档案馆,案卷号:长期 2177。

7. 《邀请交大代表团访美函电及交大回件》,上海交通大学档案馆,案卷号:长期 2172。

8. 《关于我校出访美国的日常安排(草稿)及有关问题的请示报告》(沪交(78)字第 337 号,1978 年 8 月 27 日),上海交通大学档案馆,案卷号:永久 618。

9. 《上海交通大学赴美访问团考察计划》(沪交(78)字第 366 号,1978 年 9 月 12 日),上海交通大学档案馆,案卷号:永久 618。

10. 《上海交通大学代表团访美概况》,上海交通大学档案馆,案卷号:长期 2171。

11. 张钟俊:《系统工程学及其在美国大学的教育概况》(1979 年 1 月),上海交通大学档案馆,案卷号:长期 2171。

12. 张钟俊、侯先荣:《系统工程学综述》,《上海交通大学学报》1979 年第 3 期,第 153 - 170 页。

13. 《一九七九年邀请外籍专家短期讲学工作总结》(沪交(79)字第 543 号,1979 年 12 月 12 日),上海交通大学档案馆,案卷号:长期 2289。

14. 《上海交通大学关于接待美籍学者顾毓琇教授来校讲学的具体安排》(1979 年 4 月 11 日),上海交通大学档案馆,案卷号:长期 2294 号。

15. 《关于美籍华裔陈启宗教授来我校讲学的情况汇报》(沪交(79)字 387 号,1979 年 9 月 14 日),上海交通大学档案馆,案卷号:长期 2295。

16. 张钟俊、沈锦泉:《自动控制理论及其发展概况》,《信息与控制》1978 年第 2 期,第 57 - 62 页。

17. 张钟俊:《张钟俊教授论文集(第一卷)》,上海交通大学出版社,1986,第 168 - 256 页。

18. 张钟俊、周斯富、司春林、黄培清:《经济控制论——控制理论在经济管理中的应用》,西安电子科技大学出版社,1991。

19. 《上海交通大学系统工程研究所简介》(1985 年),上海交通大学档案馆,案卷号:永久 1122。

20. 张钟俊、吴健中、王浣尘:《系统工程为国民经济服务的几点看法》,《系统工程》1984 年第 1 期,第 5 - 7 页。

21. 张钟俊、司春林、周斯富:《一个地区的生产计划管理模型》,《系统工程》1985 年第 4 期,第 11 - 15 页。

22. 张钟俊、周斯富:《应用环变量简化宏观经济系统问题的求解方法》,《系统工程》1985 年第 1 期,第 12 - 20 页。

23. 张钟俊、张启人、林国涕:《论能源经济系统》,《信息与控制》1983 年第 2 期,第 23 - 27 页。

24. 张钟俊:《一门新兴的边缘学科——现代时间序列分析》,《信息与控制》

1988 年第 4 期,第 62 - 64 页。

25. 《上海交通大学系统工程研究所简介》(1985 年),上海交通大学档案馆,案卷号:永久 1122。

26. 王宗光:《上海交通大学史》(第七卷,1978—1991),上海交通大学出版社,2016。

27. 邓旭初:《忆上海交大重振雄风》,东方出版社,1995。

28. 吴健中、王浣尘、苏懋康:《新疆社会经济发展的若干制约因素之探讨——新疆宏观社会经济模型—SD 应用之一》,《系统工程》1986 年第 1 期,第 17 - 22 页。

29. 吴健中、王浣尘、苏懋康:《二十一世纪新疆人口及某些资源问题的展望——新疆宏观社会经济模型—SD 应用之二》,《系统工程》1987 年第 1 期,第 21 - 29 页。

30. 上海交通大学系统工程研究所:《新疆维吾尔自治区 2000 年经济建设和社会发展规划宏观战略咨询报告》,1984 年 9 月。

31. 《发挥学科优势,在教学、科研上支援边疆社会主义四化建设》(1987 年 6 月 11 日),上海交通大学档案馆,案卷号:长期 3660。

32. 席裕庚主编《厚德博学　孜孜一生——纪念张钟俊先生诞辰 100 周年》,上海交通大学出版社,2015。

33. 蔡自兴、张钟俊:《机器人及其控制》,《机器人》1987 年第 1 期,第 11 - 17 页。

34. 交通大学校史撰写组:《交通大学校史资料选编(1927—1949)第 2 卷》,西安交通大学出版社,1986。

35. (美)N. 维纳:《控制论(或关于在动物和机器中控制和通信的科学)》,郝季仁译,科学出版社,2009。

36. 彭永东:《控制论的方法与传播研究》,山西教育出版社,2012。

37. 上海交通大学校史编纂委员会:《上海交通大学纪事(1896—2005)》上卷,上海交通大学出版社,2006。

38. 史贵全:《中国近代高等工程教育研究》,上海交通大学出版社,2004。

39. 万百五、韩崇昭、蔡远利:《控制论——概念、方法与应用》,清华大学出版社,2009。

40. 许晓鸣、张钟俊:《预测控制的研究现状和多层智能预测控制》,《控制理论与应用》1989 年第 2 期,第 1－7 页。

41. 张钟俊:《一类新型计算机控制算法:预测控制算法》,《控制理论与应用》1985 年第 3 期,第 1－9 页。

42. Rosenblueth, Wiener & Bigelow, "Behavior, purpose & teleology," *Philosophy of Science*, 1943(10), 18－24.

43. Kalman, R E, "A new approach to linear filtering and prediction problems," *Journal of Basic Engineering*, 1960(82), 35－45.

44. Richalet J, "Model predictive heuristic control: applications to industrial processes," *Automatica*, 1978(14)5, 413－428.

后记

　　2017 年仲春之际，我忽然接到上海交大电院莫光成老师的电话，说明年是交大电机工程学科创立 110 周年，学校要有一个比较大的纪念活动。为此，学院拟将原来内部少量出版过的《张煦传》正式出版，以作为纪念。来电征求我的意见，希望将原内部版稍加修改后公开出版。我略微思考了一下，觉得此时出版也正合适。《张煦传》原作为中国科协委托的项目，收集整理新中国老一辈科学家学术成长历程的资料，编写了有十多万字的项目报告，若稍加修改，也许能作为科学家传记出版，随即就应许下来。但随后莫老师又再次来电，询问我能否组织一个研究团队，给另一位同样资深的院士张钟俊教授也写一本传记，因为这"两张"在交大电院发展史上有特殊的历史地位，缺一不可。这一下子使我陷入了疑惑。

　　"张钟俊"这名字如雷贯耳，好似相熟？原来，当年考入交通大学读研时，第一天在闵行校区报到入住后，按照个人习惯，必先到图书馆附近看看。走到颇为壮观的包玉刚图书馆广场，看到边上有交大校徽标志的齿轮、铁砧、锤链和书本相结合的塑像，深感好奇，但不知其意。由于还未办理校园卡，不能进图书馆，只好在思源湖边随意转悠。当走到中院附近时，看到教学楼外草坪上有一尊汉白玉半身雕像，底座上镌刻有"张钟俊院士"几个大字，引我久久注目，非常崇敬。后来才得知，当时整个闵行校区，只有张钟俊院士在湖边有这么一尊雕像，是作为整个老交大传统的典型代表，有特别的象征意义。

原来老交通大学传统,行业间常称"东方 MIT"。早在 1908 年开始创建的交大电机工程学科,就开始仿照美国麻省理工学院的办学经验,聘请美籍教员,课程设置、使用的教材,乃至购置实验仪器设备等,都深受麻省理工学院的影响。张钟俊于 1934 年交通大学电机工程学院本科毕业后,到麻省理工学院留学,获博士学位归国后,于 1940 年回母校交大任教,一直工作到 1995 年去世,整整五十五年没有离开交大。他的教学、科研风格深受麻省理工学院的影响,是交大学子从麻省理工学成归国后,在母校工作时间最长、成果最丰硕、最受人尊敬的老教授之一,成为老交大传统的典型代表。交大校徽上的图案,强调工程技术与知识的结合,要求学以致用,正与麻省理工学院的"手脑并重"校训异曲同工。

写一部张钟俊院士传,这对我当然很有吸引力,但却令我十分担心,怕很难完成这个重务。一是时间十分紧迫,只有一年左右的时间就要交稿,同时还要修改《张煦传》,另有其他基金的项目也要完成。二是专业知识和史料方面的问题。张院士一生分别在电力系统、自动控制、人工智能、计算机、系统论在社会经济中的应用等多个方面都有重要贡献,要全面分析评价他的工作,非一人之力所能胜任。再则老先生离开我们已经有二十余载,而且走得非常突然,他是在外出差开会患感冒,回来加重转变为肺炎之后几天就去世的。他生前没有留下回忆性的文章,也没有写日记的习惯,他青年时代那些神奇而曲折的经历,我们如何能梳理勾画清楚?因此,当时只能说心向往之,但不敢直接答应莫老师的请求。随着暑假的来临以及其他事情的耽误,写传记的事情就此搁置下来。

但是,秋季学期刚刚开始,莫老师再次来电催问此事考虑得如何,态度十分恳切。我只好迅速向周边熟悉的同行寻求合作者,同时开始收集相关资料,看能否找到足够的材料可写。在得到交大档案馆姜玉平副研究员的大力支持,以及学自动控制专业出身的陶宇斐博士愿意加盟之后,方才有点信心答应去尝试完成这项任务。

幸运的是,交大档案馆保存有相当丰富的档案资料,包括张老当年在交大就读时的学籍档案、学习成绩单、回国工作后每学年的工作记录、职务任命等,线索都很清楚。加上思想改造、"反右"、"文革"等历次运动,以及选派出国学习考察人员等,都要求有海外经历的科学家写个人小传和检查交代材料,这给我们梳理他的生平经历提供了极大的方便。张老过去的学生和同事韩正之教授曾把张老发表的论文整理成文集出版,并写过数篇小传发表。在纪念张老诞生100周年之际,其过去的学生和同事席裕庚教授曾主编出版了一本纪念册,其中有张老的大女儿张文渊的纪念文章,还有张老的生前好友季文美、曹鹤荪等的纪念文章,也有他早年在电信研究所培养的研究生陈珽、陈太一、万百五等所写的回忆文章。这些丰富的史料,加上我们对张文渊、韩正之、席裕庚,以及张老生前一起共事的电院老同事王林教授、田作华教授的采访资料,共同构成了我们对张老一生学习和工作经历的基本认识。但是,对其少年时期的生活经历和家庭背景状况,资料还是显得偏少,我们只能根据其个人小传提供的信息,结合地方史、志,以及到嘉善和嘉兴采访收集到的信息尽力弥补,颇多缺漏,还谈不上完整。

本传记初稿由王延锋、姜玉平、陶宇斐三人共同完成。其中,王延锋撰写一至五章,姜玉平撰写第七、八两章,陶宇斐撰写第六、九两章,最后由王延锋统稿修改。在写作准备过程中,姜玉平利用其在档案馆工作的便利,抽时间完整抄写了张院士的所有个人小传及工作笔记等,共五个笔记本,费时一月有余。陶宇斐博士到档案馆扫描了张院士的个人档案及相关文件资料,整理文献和制作各种表格,做了大量工作。

在写作准备阶段,张文渊女士分别在徐汇校区的"教工之家"和闵行校区的电院会议室两次接受我们的采访,提供了她父亲的家庭背景信息以及大量珍贵的照片资料。韩正之教授在上海教育评估院热情地接待我们的采访,他很有准备地向我们详细介绍了张老的研究工作、科研风格和为师风范,并向我们赠送他发表的评价张老学术贡献的文章,使我们对张老的个性风格和学术兴趣有了一个大致的轮廓。席裕庚教授给我们提供了张老相关的重要资料信息,并向我们介绍了张老在学术上的主要贡献和同行对他的评价。王林教授、田作华教授分别向我们介绍张老在交大的主要任职以及和同行交往等信息。在此,对各位深表感谢!

本传记从开始筹划到完成的全过程都是在莫光成老师的精心安排下进

行的。在项目立项、资料采集、联系采访人员,以及跟出版社沟通等各个重要环节,都是莫老师提前帮助联系和安排之下才得以完成。在写作过程中,电院的郭成鹏老师一直参与我们的会议活动和相关讨论,协助我们联系相关人员,包括核对图片资料和请校领导作序等,做了很多工作。在此一并感谢!

由于时间紧迫,又学力有限,难免有些遗漏和谬误,恳请学界同仁及读者专家批评指正。

王延锋

上海交通大学科学史与科学文化研究院

2018 年 9 月 10 日